苏轼的朋友圈

郭瑞祥 著

岳麓書社 · 长沙

目　录

本书所涉年表

帝王	年号	公元
宋仁宗	景祐元年至景祐五年	1034年—1038年
	宝元元年至宝元三年	1038年—1040年
	康定元年至康定二年	1040年—1041年
	庆历元年至庆历八年	1041年—1048年
	皇祐元年至皇祐六年	1049年—1054年
	至和元年至至和三年	1054年—1056年
	嘉祐元年至嘉祐八年	1056年—1063年
宋英宗	治平元年至治平四年	1064年—1067年
宋神宗	熙宁元年至熙宁十年	1068年—1077年
	元丰元年至元丰八年	1078年—1085年
宋哲宗	元祐元年至元祐九年	1086年—1094年
	绍圣元年至绍圣五年	1094年—1098年
	元符元年至元符三年	1098年—1100年
宋徽宗	建中靖国元年	1101年
	崇宁元年至崇宁五年	1102年—1106年
	大观元年至大观四年	1107年—1110年
	政和元年至政和八年	1111年—1118年
	重和元年至重和二年	1118年—1119年
	宣和元年至宣和七年	1119年—1125年

序　苏轼这一生

古往今来，苏轼无疑是最伟大的文学家之一，是才华横溢的文艺天才，是受读者拥护的智慧人物。

暂且抛开苏轼的艺术创作和艺术成就，单从经历来看，苏轼的人生跌宕起伏，生与死、贫与富、顺与逆、南与北、信任与攻讦、朋友与敌人、朝堂与江湖、繁华与荒芜、豪迈与多情，交织错杂，起落不定，足以构成荡气回肠的乐章。

景祐三年十二月十九日（1037年1月8日），苏轼出生于四川眉山县。这是个典型的乡绅之家；爷爷苏序是个快乐逍遥的农村老头儿，好喝酒却经常喝得烂醉，不读书却能诌几句诗；父亲苏洵二十五岁才懂得发奋，热衷功名却屡考不中；母亲程氏是青神县的大家闺秀，知书达理又能相夫教子。

良好的遗传基因、自足的经济条件、和睦的家庭关系、自由的生活方式，就像空气、水和肥料一样，滋养、培育了苏轼这棵幼苗。

在苏轼八岁时，苏洵外出游学，把苏轼送到天庆观跟随道士张易简读书。四年后苏洵游学归来，开始认真教导子女。不过苏轼的史学观和人生观，受母亲程氏影响极大，母亲为他点评历史上的人物，帮助他分清忠奸善恶。苏轼很小就表示，要像汉朝范滂那样，做一个正直而勇敢、为追求真理不惜奉献生命的人。

长大后的苏轼灵活而机敏，不拘礼教，在儒学大盛的时代，他创立的蜀学最自由、最包容。但这并不意味着苏轼没有自己的立场，他在细节上可以变通，在大节上决不妥协——即便后来与王安石缓和了关系，仍坚决反对王安石陪祀宋神宗。也许从幼时读《范滂传》那一天起，这种为人处世的原则就牢固地扎根于他的心底，从来没有动摇。

十九岁，苏轼娶青神县王弗为妻，昔日活泼好学的天才少年长大成人了！父亲带着他和小他两岁的弟弟苏辙前去谒见知益州张方平，希望得到张方平的赏识和举荐。张方平惊叹于兄弟二人的才华，待以国士。张方平介绍他们到京城拜谒欧阳修，让他们在更高、更辽阔的天空中翱翔。

嘉祐二年（1057），苏轼、苏辙参加了由欧阳修主考的科举，欧阳修盛赞苏轼的文章，举为第二，认为"此人可谓善读书，善用书，他日文章必独步天下"。这一科，兄弟二人都中了进士，苏洵在欧阳修的宣扬下，文章被士大夫认可，父子三人名动京师，后来均列入"唐宋散文八大家"。

宋仁宗时期，文坛风清气正，朝臣处事公允，不计恩怨，像苏洵父子这样没有背景、没有关系的平民布衣才有可能脱颖而出，并享受众星捧月般的待遇。等到熙宁党争起，士大夫根据政治立场站队，争相攻讦，朝野再也没有鱼跃龙腾、百舸竞发的生动景象了。

兄弟二人成绩都不错，本来可以立即授官入仕，不巧，母亲程夫人去世了，按礼制当回乡守孝二十七个月。四年后，他们参加朝廷举行的特殊人才选拔——制科考试，苏轼以优异成绩获得三等，苏辙获得四等，苏轼被任命为凤翔府签判，而苏辙留在京城，陪伴年迈的苏洵，虽授官但未赴任。

苏轼在凤翔府受到历练，秩满后判登闻鼓院，招试馆阁，又以优异的成绩直史馆。而馆职一般被认为是宰相的后备队伍，其时苏轼年仅三十岁。

正当仕途顺遂、意气风发之时，妻子王弗和父亲苏洵相继病逝，苏轼与苏辙为父亲扶柩归乡，又在远离朝政的地方闲居了三年。丁忧期满，苏轼续娶王弗表妹王闰之为妻，携全家再次出川。这时在位的皇帝是宋神宗，他雄心勃勃地推行变法，任命王安石为相，相继出台青苗法、均输法、免役法等，物是人非，朝堂再也不是苏轼所熟悉的那个朝堂了。

仁宗朝老臣大多反对变法，苏轼天然地站入旧党的队伍。他上表反对新法，特别是反对改革贡举。然而朝廷最终采纳了王安石的建议，贡举取消诗赋科目，只考经文，苏轼对此不能释怀。由于苏轼反对激烈，王安石党徒谢景温状告苏轼守丧期间利用官船贩卖木材、私盐，苏轼被迫请求外放，于熙宁四年（1071）通判杭州。

杭州虽是"人间天堂"，但这毕竟是苏轼第一次在官场遭受挫折，这次外放预示着此后将官运多舛、坎坷多艰，对想要大展宏图的苏轼来说，这无疑像浇了一盆冷水，而心有不甘，于是牢骚满腹。

此后苏轼移知密州、知徐州、知湖州。在密州，他治匪治蝗，将一座废弃的高台修整一新，苏辙命名为"超然台"；在徐州，苏轼率领军民抗洪，水退后在城东门筑高楼，是为黄楼。苏轼广撒"英雄帖"，求当世名士为超然台和黄楼作记作赋，张耒、秦观等都有歌咏之作。

苏轼到地方后，文学创作渐入佳境，在杭州作《饮湖上初晴后雨》等诗；密州中秋夜怀念在齐州的弟弟，作《水调歌头·明月几时有》，这一时期还有《江城子·密州出猎》；告别徐州时，作《江城子·天涯流落思无穷》。其熙宁年间的词作，尽显豪放词风，让词坛继柳永之后，呈现出新的气象。

元丰二年（1079）四月，苏轼到任湖州。朝中御史何正臣、舒亶、李定等弹劾苏轼以诗歌攻击朝政，"包藏祸心，怨望其上，讪谤谩骂"，宋神宗下令勘查。七月二十八日，苏轼在湖州被捕，押解到京，打入御史台大狱。监察御史李定和知谏院张璪担任主审官，他们从苏轼的诗文集中吹毛求疵，寻找苏轼诽谤朝政、抱怨皇帝的证据，罗织了"乌台诗案"。苏轼在狱中被关押一百三十多天，险些丧命，最后责授黄州团练副使，本州安置，不得签书（宋人因避英宗赵曙讳，改作"签书"）公事。苏辙想要营救苏轼，反受牵连，责授监筠州酒税。王诜、王巩、司马光、张方平等二十余人受到牵连和不同程度的处罚。

在"乌台诗案"中捡得一命，到黄州后苏轼惊魂未定，不敢与亲戚朋友联系，也减少了与外界的书信往来。这时，隐士陈慥、书法家米芾、道士杨世昌、弟子李廌等前来看他，给他带来了很大的慰藉。从此，苏轼开始认真研读佛道典籍和陶渊明的著作，从中汲取精神力量，终于度过一生中最艰难的时刻。经历过乌台诗案和戴罪黄州的生死劫，苏轼对人生有了新的觉悟，看开了生死，放下了恩怨，变得豁达、超脱、淡然、从容。

在黄州，苏轼创作了前、后《赤壁赋》，诗词《念奴娇·赤壁怀古》《定风波·莫听穿林打叶声》等，标志着文学创作进入新的境界，超越了那个时代，达到文学史上的巅峰。

在黄州迫于生计，在太守的关照下，苏轼在城东得到一块废地，他开荒垦田，种上庄稼，名之"东坡"，也给自己起了个别号"东坡居士"。由于黄州经历在苏轼一生中占有特殊地位，时人爱以"东坡"称之。

元丰七年（1084），苏轼量移汝州，标志着朝廷对他的管束有所松动。他借此游览庐山，写下"不识庐山真面目，只缘身在此山中"的名句。他到江宁拜会王安石，二人多年恩怨得以缓解，苏轼发出"从公已觉十年迟"的感叹。

元丰八年，宋神宗去世，宋哲宗即位，宣仁太后摄政。太后先将打算赋闲的苏轼召为登州太守，上任仅五天，又调入朝中，不到一年四次升迁，历任起居舍人、中书舍人、翰林学士知制诰，为皇帝侍读。元祐年间，苏轼的仕途达到顶峰。

宣仁太后拜司马光为相，尽废新法，而苏轼认为，新法中也有可取成分。在讨论废除免役法时，苏轼同司马光发生激烈争执，司马光的党徒对苏轼怀恨在心。司马光去世后，旧党分裂，洛党以程颐为领袖，朔党以刘挚为领袖，蜀党以苏轼为领袖，三派在学术、政见、礼制上差异巨大，水火不容。苏轼受到以洛党成员为主体的台谏围攻，被迫再次请求外放，于元祐四年（1089）知杭州。在杭州任上，他开西湖，筑长堤，该堤人称"苏堤"。

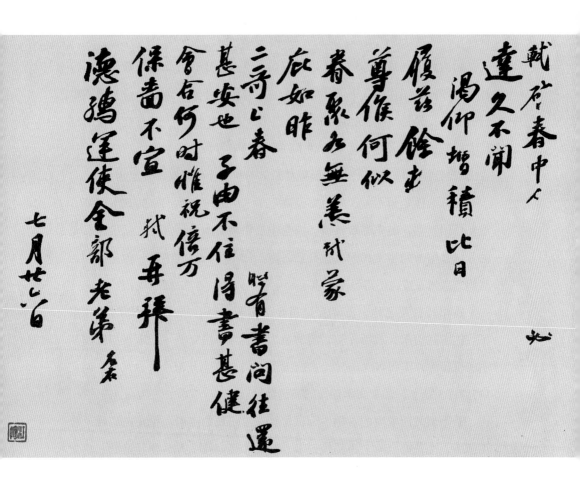

［宋］苏轼 《春中帖》 北京故宫博物院

宣仁太后对苏轼恩宠有加，元祐六年（1091）三月又召入朝，为礼部尚书，改翰林承旨。但这一次，他并没有在朝中待多长时间，御史台中好事者又从他的诗词中截取片言只语，攻击他听到神宗驾崩的消息后，不悲反喜。苏轼只好再次请郡，此后知颍州、知扬州。

元祐七年九月，苏轼再次以兵部尚书召至朝廷，寻除端明殿学士兼翰林学士侍读，守礼部尚书。但好景不长，元祐八年对于苏轼来说是祸不单行的一年，先是与他长相厮守的夫人王闰之去世，九月，一直庇护他的宣仁太后薨逝。在太后羽翼下委屈了许多年的宋哲宗得以亲政，意味着朝堂将出现剧烈震动。苏轼意识到形势对旧党不利，外出避祸，知定州。

苏轼上任定州不久，宋哲宗就确定了"绍述神宗政治"的基本国策，重新任用新党，旧党悉数外放。旧党中处罚最重的，是宣仁太后最为恩宠的苏轼：绍圣元年（1094），贬到海南，知英州，行到中途，敕命又到，落职，惠州安置，不得签书公事。

惠州乃蛮荒之地，苏轼在这里生活困苦，但心态比在黄州时平和多了。他游赏山水，遍历寺院，与僧道为伍，与平民交游，把惠州当作陶渊明的桃花源，作和陶诗109首，结集成册。苏轼在惠州31个月，共作诗词文章587首（篇），迎来文学创作的又一高峰。

看不到北回中原的希望，苏轼打算在惠州长久定居，他在白鹤峰上建了新居，准备把全家老小都接过来。房子才建好几个月，朝廷追贬元祐党人，苏轼又被流放到海南岛儋州了。

儋州的生活更加艰辛，不仅吃不到肉，甚至经常吃不到米饭，但苏轼都淡然处之。在儋州，他自食其力，还教化民众，兴办教育。他给琼州的学生姜唐佐题诗曰："沧海何曾断地脉，白袍端合破天荒。"姜唐佐苦学成才，赴广州参加乡试，获得省试资格，成为海南第一位举子。后人一直把苏轼看作海南文化的拓荒者。

元符三年（1100），宋哲宗去世，宋徽宗即位，主张政治融合，宽宥

［元］赵孟頫 《苏轼小像》 北京故宫博物院

元祐党人，苏轼遇赦北归。北归途中，天气炎热，苏轼中暑患病，于建中靖国元年七月二十八日（1101年8月24日）病逝于常州。

苏轼以诗文享誉后世，但他展示了多方面的艺术才华，绘画、书法都有很深的造诣。任职凤翔时，他结识了天才画家文同，跟随文同学习画竹，他的《墨竹画》不逊于文同，木、石则过之，成为湖州画派的代表人物。苏轼在历史上第一次提出"士子画"的概念，成为"文人画"的先声。

书法上，苏轼位列北宋四大家之首。他在黄州悲愤之中写下的《寒食帖》，被誉为"天下第三行书"。他的字在当时就被人们看重收藏。好朋友给他寄送物、信，下人争相当使者，就是为了得到他的字，以遗后世。

除了不可抑制的才华，苏轼还有一个特点：敌人多。新党执政时，他是重点打击对象，王安石指使人检举他，宋神宗将他下狱，想要置其于死地。旧党执政时，他受到洛、朔两党夹攻，致使在朝堂无法立足。还有些昔日好友背叛了他，如张琥、章惇等，对他变本加厉地进行迫害。王安石、章惇、吕惠卿、林希、程颐、刘挚，这些青史留名的人物，都曾是苏轼的政治对手，真可谓群狼环伺，步步惊心。

然而，他的朋友更多，远超于敌人。朝廷重臣中，司马光、张方平、范镇，既是长辈，也是朋友；李常、孙觉、王巩等与他交真心，为他受累受罚，没有丝毫怨言。他是艺术领袖，那个时代的文学家、艺术家没有不想与他结交的，书法家米芾、墨竹画家文同、山水人物画家李公麟、驸马王诜等，经常与他聚会，一起畅饮、纵谈、唱和。他的弟子遍天下，黄庭坚、秦观这些文学史上著名的文学家都归入他的门下，"四学士""六君子""后四学士"，他充当伯乐，善于发现和培养年轻人的文学才能，是当之无愧的文坛盟主。更有趣的是，他还有一帮僧人、道士、隐士朋友，在最困难的时候陪在他身边，伴他走过人生的沟沟坎坎。

苏轼的人生如此丰富多彩，苏轼的兴趣领域如此宽阔博大，苏轼的艺术如此精湛卓越！苏轼绝大部分文学作品都留了下来，又曾居政治旋涡中

截选自［宋］苏轼《天际乌云帖》 台北故宫博物院

心，史料记载俯拾皆是，所以苏轼的形象十分具体和丰富。从不同侧面、不同角度观察苏轼，会得出不一样的结论。目前市面上关于苏轼的图书非常多，但读者依然对这位天才充满好奇、充满疑问、充满从不同路径去探索的冲动。

本书以苏轼的朋友圈为观察点，通过考察他的社会和艺术交往，更深入、更详尽地去理解苏轼所处的社会环境，以及他的人生哲学、文学创作、艺术成就、宗教活动，让读者从熟悉的苏东坡里看到不同的面庞。

本书虽属通俗读物，但参考了大量原始历史资料、文学典籍以及现代学者的著述，本着"无一字无出处，无一事无来历"的原则，不杜撰、不附会、不猎奇，读者看到的苏轼，即是最接近历史真实的苏轼。

卷一

家人：更结来生未了因

第一章　父母为师，学霸的成长密码

"蜀道之难，难于上青天！"蜀地偏远，道路艰险，不与中原通人烟。然而蜀地天和地润，钟灵毓秀，中国顶级的文学天才半数在蜀地。汉赋的扛鼎之人司马相如、扬雄都是成都人，登临唐朝诗歌巅峰的李白是江油人，宋朝诗文革新运动主将欧阳修也出生在绵阳。

嘉祐二年（1057），苏洵带着苏轼和苏辙走出巴山蜀道，风尘仆仆来到汴京。他们带来一股新的文学旋风，人们再次对四川刮目而视，宋朝文学注定由此开启最绚烂的篇章。

苏洵和苏轼、苏辙并称"三苏"。三人并驾齐驱，看似文友，实际上苏洵既是二人的父亲，又是老师。

血脉上的烙印

现代基因学告诉我们，人们的生老病死、性格爱好都与DNA上那一串神秘信息有关，包括天赋。

苏家的基因里显然有文学天赋。苏味道生活在唐高宗、武则天时代，二十岁考中进士。要知道唐朝进士有多难考，科举不常设，每次录取的人数二三十人而已。白居易及第时欣喜若狂，写下"慈恩塔下题名处，十七人中最少年"的诗句，那一年录取的十七人中，所谓的"最少年"也已经快三十岁了。那位写过"春风得意马蹄疾"的孟郊，进士及第时四十六岁。唐朝才子中二十岁前及第的只有娄师德、常建等寥寥数人而已。苏味道天分既高，又会处事，一路仕途顺遂，官至宰相，还写下了《苏味道集》十五卷，并有一些诗歌传世，其中比较有名的如《正月十五夜》："火树银花合，星桥铁锁开。暗尘随马去，明月逐人来。"

苏味道的处世哲学是"难得糊涂"，比如当上宰相后，别人问他天下事，他总是"模棱以持两端可矣"，因此还为后世贡献了一个成语"模棱两可"。但此后苏味道的倒霉运就来了，吃过官司、坐过牢，武则天倒台后被贬到遥远偏僻的蜀中，任眉州刺史。

苏味道死于离任眉州的途中，当时他的次子苏份还没来得及启程，就在眉州安了家、落了户，繁衍后代。

这就是眉州苏氏，苏轼的族支。

此后苏家一直是眉州的豪绅。到了北宋初年，苏家家主是苏序。

苏序有一副侠义心肠。李顺起义时波及眉州，他在眉山县城参与防御，表现勇敢。眉山城中有个茅将军庙，香火旺盛，却骗人钱财。苏序不信鬼神，醉酒后带领二十多名村民将茅将军像砸毁。

苏序是一个热心且乐善好施的人。他家里有些土地，大部分被种上了不容易霉烂变质的粟，吃不完就装进粮仓储存起来，等到荒年开仓救济穷人。他平日里对自家事不管不问，邻里族人有事却分外热心。

苏序待人真诚、厚道。他出入很少骑马，且对孩子们说：碰到年老的长辈在路上行走，骑马怎么跟他们打招呼呢？

苏序对当官比较淡泊。宋仁宗庆历年间诏令各州府办学，鼓励县里也设立公办学校。公办学校有一个职位叫县学执事，有点文化的人都在争抢，苏序是眉山大户，是强有力的竞争者，但苏序主动放弃，甘心过淡泊自守的布衣生活。

虽然苏序不想做什么县学执事，但宋仁宗时期，政府一直在倡导地方办学，鼓励贵族和平民子弟学习文化。好文之风吹到眉州这个偏远小地方，改变了苏家的命运。

苏序有三个儿子，长子苏澹、次子苏涣、三子苏洵。次子苏涣在宋仁宗天圣二年（1024）考中了进士，对于苏家来说，这是件天大的事！从苏份开始，三百多年苏家还没有出过进士，也没有人能被朝廷选拔出来做官。从苏味道到苏涣，终于接续上了进士的族脉。

当官差送来报喜的公文和官服、笏板之类的公物，苏序正在乡下喝酒，喝得酩酊大醉。苏序接过喜报，抑制不住欢乐，当着众人的面高声宣读。他把官差送来的公物装进两个行李袋中，由于过于激动，吃剩下的半块牛肉也被一起装进了袋子。他骑着毛驴回家，雇了个村里的后生挑行李。村里的人跑来围观，看到毛驴上东倒西歪的进士父亲，和后面奇奇怪怪的行李，无不哈哈大笑。苏序就是这样一个有趣的人。

侠义、热心、真诚、淡泊、有趣，这些特质都被传承下来，融进了苏轼的性格当中。

苏序读书不多，不过喜欢写诗，常常不假思索，脱口而出。这些诗质量可能不高，但可见苏家的文学基因一直都在。

三子苏洵，从当时来看，远没有哥哥那么争气。

苏洵继承了苏序的一些特质，比如不爱读书但颇讲侠义，这使得他整日与眉山城里无所事事的少年混在一起，放鹰逐犬，斗茶饮酒，属于不走正道的"边缘少年"。有人向苏序告状，苏序淡然一笑："他这样一个人，不用担心他不学习。"苏洵也有与苏序大不同的地方，他沉默寡言，远不及苏序那样乐观豁达，这一点后来遗传到了苏辙身上。

知子莫若父，果如苏序所言，大约二十五岁时，苏洵觉悟了，开始疏远那些酒肉朋友，把心思用在了读书上。苏洵读书的本意当然是想像哥哥一样考个进士，但二十多岁才开始读书确实晚了些，他甚至没有通过进士的地方选拔——乡试。

不过苏洵通过读书收获了更多，他喜欢上了《论语》《孟子》和韩愈的文章。宋朝之前流行韵文，文章如诗歌，多由对仗、排比的句子组成，

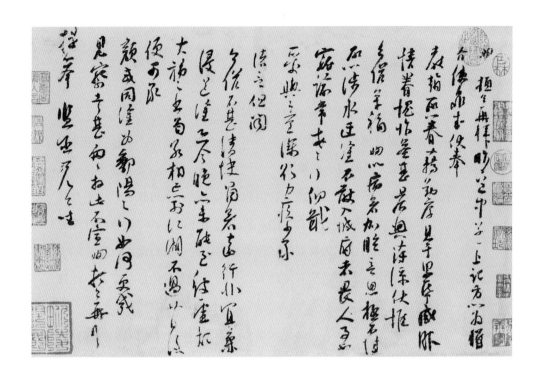

[宋] 苏洵 《致提举监丞帖》 台北故宫博物院

读起来很美，但限制了内容的表达。而先秦诸子文章却都是散文，表达自由，内容充实，主题更有针对性。唐朝韩愈反对骈文华而不实的文风，提倡古文即散文，后因五代战乱，这场古文运动被迫停了下来。到了宋朝，欧阳修等又掀起诗文革新运动，接过了韩愈的旗帜。四川偏僻，诗文革新之风还没有吹到这里，但苏洵弃时文、好古文，可见天才大多具有与时代同步的特质。

　　到二十七岁，苏洵文章精进，已经在当地小有名气了。流行于明清的蒙学读物《三字经》上有"苏老泉，二十七。始发奋，读书籍"的句子。苏家的祖坟在老翁泉，苏洵成名后便俗号老泉。

　　苏洵幡然悔悟、发奋读书，为儿子们的成长树立了良好的榜样。

经营家庭的女人

苏洵十九岁结婚娶妻，新娘是同城官宦、大理寺丞程文应之女。大理寺丞正七品，属寄禄官，只代表级别，不是实际工作岗位。不过对于苏家而言，与程家结亲已经属于高攀了。

程夫人下嫁，苏洵又是浪荡子，但程夫人并没有半句怨言，也不劝导苏洵。直到苏洵主动觉悟，发奋读书，程夫人才开口说："我早就打算督促你学习，但又不想让你为我而学。你如果有志向，安心读书，生计的事就让我来操心吧。"苏洵是个有福之人，父亲、妻子对他都很宽容，他终其一生很少过问家事。

结婚后苏洵与妻子从大家庭里搬出去，独立门户，在街上租房住，他们的生活陡然困顿起来。程夫人娘家富有，有人劝她去娘家求些钱财，程夫人担心苏洵会被人看低，宁愿过清贫俭朴的日子。一次，租住的屋子地面陷了个坑，露出一个大瓮，上面盖着乌木板。佣人们猜测里面一定藏着金银宝物，争相拿工具挖坑起瓮，但程夫人不愿得不义之财，很冷静地让人用土把坑填实，对大瓮里装着什么一点也不关心。

景祐二年（1035），程夫人生下个女儿，在大家庭排行老八，按风俗叫作八娘。八娘后来嫁给了程夫人的内侄程之才，婚姻并不幸福，不久后抑郁而亡。苏洵心疼女儿，写文章大骂程家，勒令妻儿与他们断绝关系。一人托两家的程夫人无疑更为痛苦，但她始终没有埋怨丈夫，而是默默地承受了这一切。

次年，景祐三年，苏轼诞生；又过了三年，宝元二年（1039），幼子苏辙诞生。

苏洵吸取自己"少壮不努力"的教训，重视对苏轼兄弟的教育，苏轼八岁的时候把他送到天庆观北极院学习，拜道士张易简为师。苏洵自己就

[清] 佚名 《苏洵像》 中国国家博物馆

是读书人，为什么还要把苏轼送到学堂读书呢？苏洵的文学成就集中在政论文，比如为人熟知的《六国论》，传世的诗歌却很少，律诗更少且质量平平。这说明一个问题，苏洵对于声律之学不太精通。在《上田枢密书》中苏洵说："曩者，见执事于益州。当时之文，浅狭可笑，饥寒穷困乱其心，而声律记问又从而破坏其体，不足观也已。"苏洵评价自己前期的文章浅狭可笑，原因之一是需要迁就声律。在《送石昌言使北引》中，他更坦承"吾后渐长，亦稍知读书，学句读、属对、声律，未成而废"。究其原因，大约少年是学习声律的最佳时期，有些事一旦错过就不易追回，苏洵被迫吞下了游荡不学的苦果。

当时诗赋是科举考试的一门主科，苏洵屡试不中，应该与不精声律有关。所以一次科举失败后，苏洵恼怒之下把读的书、写的文章一把火烧掉，开始醉心于《论语》《孟子》之文，于声律记问之学更加生疏了。

科举是读书人的唯一出路，苏洵可以自我放弃，但对儿子们的前程不敢有丝毫马虎。他把苏轼送到天庆观学习，主要学声律之学，补自己的短板。关于在天庆观读书，苏轼曾留下不少回忆，大多与诗词有关。如一位矮个子道士吟诵两句诗"夜过修竹寺，醉打老僧门"，苏轼觉得很可爱；又如一位朱姓老尼给他念蜀主孟昶的词，他印象深刻。

苏轼在张道士处读书，苏洵又按捺不住自己自由散漫的性情，仿效古人开始外出游历。四川名山无数，但苏洵似乎有恐高症，站在山顶头晕目眩、手足打颤，在游历了岷山、峨眉山之后，便不再登山。他坐船东下，从夔州（今重庆万州）经三峡到湖北襄阳，然后走陆路到汴京，去看京城的繁华世界，同时寻找新的发展机会。苏轼这边，学了三年，从天庆观"毕业"，程夫人独自承担起了抚养教育的担子。

程夫人认为读书是为了更好地做人，她告诫苏轼兄弟说："让你们读书，不仅仅是要一个书生的名头。"她教儿子们读史，从中挖掘丰富的人文思想，启迪儿子们做对国家、对社会有用的人。一次读《后汉书·范滂传》：汉桓帝时宦官弄权，以"党人"罪名打击士大夫，将李膺、杜密等二百多人下狱，并禁锢他们终身不得参政。汉灵帝即位后，太傅陈蕃、大将军窦武密谋诛除宦官，但宦官得知消息，提前动手，陈蕃、窦武反而被杀。宦官开始大肆搜捕党人，其中就有范滂。汝南督邮吴导奉命拘捕范滂，他有正义之心，不忍动手，在宿舍里伏床而泣。范滂听到消息，不想让吴导为难，主动投了案。

范滂的母亲与他诀别，范滂忍住眼泪劝慰母亲说："弟弟孝敬，足以供养母亲。我与父亲地下相见，生死各得其所。只希望母亲放下难以割舍的恩情，不要悲伤。"范母深明大义，反过来安慰他："你能够与李膺、杜密齐名，死也不留遗憾了。既想留下美名，还不想舍弃性命，世上哪有这样两全的事情！”范滂觉得临终前应该向儿子交代些什么，但此时天下所有的道理都苍白无力，他无奈地说出了自己的困惑和最后的控诉：“我想让你作恶，但这是不对的；我想让你行善，又怕你落得像我一样的下场。”路人听后无不流泪。

程夫人引导苏轼读这段，讲范滂的大义和临危不惧，苏轼深受感动。他仰起小脸问母亲：“我想做范滂这样的人，母亲许我吗？”程夫人知道儿子对名声气节已经“入脑入心”，暗自赞许，凛然答道：“你能做范滂，难道我不能做范母吗！你若真的为正义而死，我不会悲伤。”

程夫人十分宽容。苏轼兄弟爱去市集上看热闹，爱到山野里踏青，程夫人从不禁止。她认为小孩子就应该保持自然烂漫的天性。苏轼浪漫主义的性格和文风，既得自于祖父，也缘于母亲的呵护。

当年二老人，喜我作此音

苏序在庆历七年（1047）五月去世，苏洵奔丧回家，此后一直居家读书，亲自教授两个儿子，直到他们一起赴京考取功名。

这期间，苏洵给两个儿子取了学名，即“轼”和“辙”。苏洵有一篇文章《名二子说》，解释为什么取这两个名字：

> 轮、辐、盖、轸，皆有职乎车，而轼独若无所为者。虽然，去轼则吾未见其为完车也。轼乎，吾惧汝之不外饰也。天下之车，莫不由辙，而言车之功者，辙不与焉。虽然，车仆马毙，而患亦不及辙。是辙者，善处乎祸福之间也。辙乎，吾知免矣。

辐是连接车轮和车毂的木条，盖指车顶上的帐篷，轸是车厢底部四周的支架；轼是车厢前面的横木，用作扶手。古代车厢里没有座位，人只能

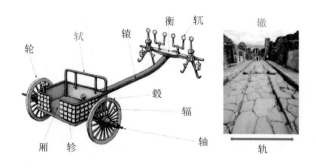

"轼"和"辙"示意图

站立车上，为防跌倒，在车厢前部安装轼，后来有了座位，但轼作为装饰品被保留下来。

车轮、辐条、车盖、车轸都属车辆的重要部件，人人都能认识到它们的作用。轼即使没有也不会影响车辆正常行驶，但这样车辆就不完整了。轼貌似无用，又不可或缺，苏洵为儿子取名轼，意在告诫儿子低调处世，掩饰自己，像车上的轼一样。

古代车轮是木制的，没有弹性，行车的道路便经常被碾压出深深的辙痕，后来的车辆沿着辙痕行走省力、平稳。车之所以能向前行走，人们会想到车轮、车身以及外力如马匹的功劳，大多会忽视车辙的作用。不过，如果车辆侧翻、马匹倒毙，也不会有人加罪于车辙。苏洵为小儿子取名辙，与轼相近，希望不求有功，但求避祸。

苏洵取这两个名字，绝非心血来潮或卖弄学问。知子莫若父，他太了解两个儿子的性情脾气了，名字或寄托希望，或隐含告诫，均有的放矢。

苏轼豪放不羁、锋芒外露，总是成为党争攻击的对象，特别是新党总会第一个拿他开刀。苏轼终究没有能成为"轼"，苏洵冥冥之中预知了苏轼遭遇的灾难。

苏辙含蓄稳重，一生虽然也起起落落，但没有像哥哥那样成为显眼的靶子，在旧党诸公中算是结局比较好的了。这一点苏洵也没有看走眼。

苏洵把他们读书的地方取名来风轩，在这里指导儿子们抄写史书，背诵史籍，并且要求严格，每天都指定具体的内容，确定可行的目标。譬如让苏轼兄弟抄写《春秋》《汉书》，每天抄多少字，多少天抄完，苏洵会亲自检查。

四十年后，遥远的海南，树木葱郁，天气清和，儿子苏过朗朗的读书声在绿荫中回旋。苏轼骤感似曾相识，思绪飘荡回少年时的眉州，想起自己在父亲督导下学习的情形，亲情漫溢，提笔写道：

今日复何日，高槐布初阴。

良辰非虚名，清和盈我襟。

孺子卷书坐，诵诗如鼓琴。

却去四十年，玉颜如汝今。

闭户未尝出，出为邻里钦。

家世事酌古，百史手自斟。

当年二老人，喜我作此音。

淮德入我梦，角羁未胜簪。

孺子笑问我，君何念之深？

当年，我如你这般大的年龄，父母也是这般欢喜地听我诵读啊！

苏洵教学手段灵活，除了诵读，还会有意提高他们联想和发散的能力。一次，读到名臣富弼出使辽国的语录。当时辽国趁宋夏战争向宋朝施压，威胁将发动战争。富弼对辽国君主说，战争只对臣子有好处，对你这个君主一点好处也没有。如果战胜了，功劳属于主战的臣子，君主还得赏赐他们；如果战败了，国家受其害。不管胜负，君主总是有弊无利。富弼的这番外交辞令打消了辽主发动战争的念头。苏洵赞叹之余，决定考考苏

照管程六小心吾惟頻與提舉是要

以久來蜀中一郡歸去相見素問惟

僅惶~不宣　　軾　手啟上

治平史院主徐大師二大士　傳者

　　　　　　　　　　八月十八日

[宋] 苏轼 《治平帖》 北京故宫博物院

022

軾啓久別思念不忘遠想

動中佳勝

法眷多無恙

佛閣必已成就

禁脩不易數年念經度得幾人徒弟

應師仍在思濛住院如何瞻望

示及

轼，问他说："古代有没有类似的说辞？"苏轼马上想到汉武帝时侍臣严安的一封奏书，虽然道理没有富弼讲得透彻，但大意相同。

读书的成就最终要体现在文章中，苏洵非常重视对苏轼兄弟的作文训练，经常给他们布置作业，让他们就某个历史事件作文，写感想，写策论。有一次，他以魏晋名臣夏侯玄（字太初）为题，要求苏轼写一篇《夏侯太初论》，苏轼文中有句曰："人能碎千金之璧，不能无失声于破釜；能搏猛虎，不能无变色于蜂虿。"苏洵看后脸上挂满欣慰的笑容。

苏洵仍担心苏轼兄弟的声律歌赋，便继续为他们寻找良师。有个叫刘巨的学者开馆授学，苏洵把兄弟二人送到那里就读。苏轼在这里进步巨大，显露了诗词天赋。一次刘巨作诗咏鹭鸶，有"渔人忽惊起，雪片逐风斜"两句，苏轼以为后句没有归宿，建议改为"渔人忽惊起，雪片落蒹葭"，动静结合，意境上更加完整。刘巨惊异，微微摇头说："我已经没有资格做你的老师了。"

到嘉祐元年（1056），苏洵带着两个儿子拜谒知益州张方平，标志着苏轼兄弟学问有成。张方平将他们介绍给文坛盟主欧阳修，三苏出川，更辽阔的天空等待着他们自由翱翔。

次年，兄弟俩进士及第，一夜之间成为京城名人。正当他们踌躇满志想要有一番作为时，四川传来消息，程夫人因病去世。这位苏家的有功之臣，相夫教子，操劳一生，没有等到儿子金榜题名的喜报，没有来得及享受儿子带来的荣耀，一个人撒手人寰。笃信佛教的她，一定天天焚香祷告，为儿子的未来祈福；她一定经常到城门口眺望，期盼喜从天降，儿子们衣锦还乡。然而她没有等到那一天，带着些许孤寂、些许遗憾，告别了她倾心爱过的世界。她一定想拉着儿子的手，再说一次：我愿意看到你成为忠义之臣！然而，她还是悄悄离开了人世，不想给儿子的功名带去一丁点的干扰。

按礼制，兄弟俩回乡为母亲行哀礼，守制二十七个月。

服丧期满后，他们再次出川。这次他们将家眷带在身旁，举家迁徙，在京城西冈租了个宅院居住。韩琦、欧阳修推荐苏洵任秘书省校书郎，这时老苏文章名满天下，不愿屈就，便以官职太低、薪俸太少为由拒绝出仕。次年被举荐为霸州文安县主簿，毋需赴任，只在朝廷中编纂礼书，老苏对做学问特别是儒学礼制怀有很深的情愫，半推半就做了官。这是他一生唯一的官职。

治平三年（1066）三月，苏洵编撰的一百卷《太常因革礼》完成，还未来得及奏报朝廷，即于四月二十五日去世，年五十八。天子闻而哀之，特赐光禄寺丞——终于赶上了他岳丈的职务。他还有一部《易传》写了一半，临终交代要苏轼按照他的构想帮助完成。

苏洵去世，苏轼兄弟哀痛不已，他们请交情深厚的大学者欧阳修为其作墓志铭，张方平为其作墓表。司马光来吊唁时，兄弟俩想起慈母去世已经九年，尚无人记述她的功德，哭请司马光为母亲作墓志铭。他们兄弟深知，成长的道路上，父母是不可或缺的因子，在那样一个父勤奋、母宽容的家庭里，藏着他们成长的密码。

治平四年十月，苏轼苏辙将父母合葬于安镇山之老翁泉旁。欧阳修在《故霸州文安县主簿苏君墓志铭》中说："伟欤明允，大发于文。亦既有文，而又有子。"文章和儿子，是苏洵不朽之杰作。司马光在《武阳县君程氏墓志铭》中写道："呜呼，妇人柔顺足以睦其族，智能足以齐其家，斯已贤矣。况如夫人，能开发辅导成就其夫、子，使皆以文学显重于天下，非识虑高绝，能如是乎？"睦族、齐家、相夫、教子，则是程夫人伟大的成就。

第二章　一起历劫的女人们

如果说人生如旅程，中途会遇到各种各样的劫难，陪你一起历劫的人，是最值得珍爱的。

有三个女人，相继陪同苏轼几乎走完一生。这三个女人，绝非过客，而是真正的伴侣。

最深情最难忘

眉山县南六十里，有一座秀丽的县城，叫青神县，相传蜀人先王蚕丛氏在这里穿青衣教人农桑，故得此名。青神县的名胜之地，当数"三岩"，即上岩、中岩、下岩，又以中岩为最，号称"川南第一山"。唐代时，有人在山中建寺，宋时依寺办学，教师为乡贡进士王方。

至和元年（1054），苏轼十九岁，到了婚龄，苏洵为他聘王方之女为妻。王女名弗，年十六。

苏轼与王弗是媒妁之言还是自由恋爱，史书未载。但至晚到清朝，青神县流传着苏轼与王弗"唤鱼池"的爱情佳话。

中岩是一座小山，像一方盆景伫立于岷江东岸，林泉清洌，环境幽雅。传说苏洵与王方是好友，曾送少年苏轼到这里读书。

寺院不远处有峭壁削立，下有一泓清潭，如善睐之目，如青冥之月。一日，苏轼在潭上观水，总觉得少了些什么，蓦然有悟：鱼是水之灵魂，如此好水，岂能无鱼？于是使劲拍手，竟有许多鱼应声跳出水面，凌空浮翔。围观的师生无不称奇。王方与寺院长老商量，美景当有美名，便邀请当地文士和寺中学生为潭水取名。众人情绪高昂，纷纷援笔，但都不能让人满意。最后苏轼亮出了他的题名"唤鱼池"，大家颔首称奇。这边赞叹之声未落，那边有丫鬟送来了王弗于闺中书写的题名，展纸一看，也是"唤鱼池"。一时间众人叹绝，认为这两个孩子心有灵犀，韵成双璧。王方欣赏苏轼的才华，有意玉成二人，向苏家暗示，这才有了二人的婚姻。

《青神县志》对"唤鱼池"传说的记载，反映出民间对苏、王二人郎才女貌、恩爱甜美的认同和祝福，但传说本身并不可信。

据苏轼亲笔记载，刚结婚的时候，自己并不知道王弗识字。苏轼读书，王弗红袖添香，终日不去。苏轼以为这是新媳妇黏夫君，并未在意。有一次，苏轼用到一个典故，怎么也想不起来，王弗在一边告诉他典故内容，出自哪本书第几页。苏轼大惊，才知道妻子也能识文断字，并且记忆力比自己还好。苏轼因此称赞王弗是个"敏而静"的女人。

王弗具有传统美德，是那个时代标准的贤惠女子。她待嫁时侍奉父母，出嫁后侍奉公婆，皆恭敬谨慎。他们结婚后两年，苏家的男人都离家进京赶考，家里只有王弗和婆婆程夫人、苏辙夫人史氏。程夫人年长且尊，在家是老太君，只需发号施令即可，史夫人是弟媳，年龄不大，所以家庭重担都落在了王弗身上。王弗关心照顾程夫人，友爱弟媳，像大管家一样操持日常，从无怨言。

程夫人病故后，王弗和史氏跟随夫君去了京城。此后王弗在苏轼身边照顾，直到她去世，再未离开。

王弗和程夫人一样，不贪财、不图利。苏轼《记先夫人不发宿藏》一文，先记述程夫人不发宿藏的故事，接着有个后续。

据说，苏轼在凤翔府任签判时，有一尺见方的地方不积雪，天晴了这个地方又隆起数寸。苏轼疑心下面藏有丹药，想要挖掘，王弗用程夫人的故事制止了他。这则故事至少说明三点，一是王弗无财利之心；二是王弗对婆婆非常敬重；三是王弗对丈夫"管教"很严。而苏轼对王弗的批评欣然接受，可见小夫妻感情深厚。

苏轼在书斋中长大，性情天真，社会经验少，又少年得志，不免轻狂。木秀于林，风必摧之，苏轼浑然未觉，而王弗却头脑清醒。在凤翔，苏轼每天去哪里、见什么人，王弗都要过问，并且反复叮嘱："离开了父母，不可以不谨慎。"她经常用苏洵告诫苏轼的话去规劝他。王弗担心苏轼在人际交往中受骗吃亏，家里有客人时，她在屏风后面听，事后帮助苏轼分析人物事理。比如王弗说："某人言辞模棱两可，你按照自己的意愿行事就行了，不用跟他商量。"有人来与苏轼结交，想拉关系，王弗给苏轼泼冷水："这个人急切靠近你，恐怕难以长久。"结果——被王弗说中。

王弗的谨慎，正是苏轼所缺乏的，二人可以说是一对互补型夫妻。若王弗一直在，苏轼人生也许会少些坎坷。

也许是操劳过度，治平二年（1065）五月，苏轼凤翔任满回京不久，王弗病逝，年仅二十七岁。苏洵嘱咐说，媳妇在艰难时跟着你，将来应该把她葬在你母亲旁边。六月初六，苏轼暂时将王弗殡于京城西郊。不想一个月后，父亲苏洵竟也亡故。苏轼辞去刚通过考试得到的直史馆一职，向朝廷申请船只，扶护父亲棺椁回乡，夫人王弗灵柩一并运送。

次年十月，按照家乡风俗，苏轼、苏辙合葬父母，一并将王弗葬在父母墓葬之西北八步。苏轼显达后，王弗被追封为崇德县君、通义郡君。因为王家祖上曾被封过魏城县君，苏轼也用这个封号称呼亡妻，在黄州期间，委托侄子到王弗坟前祭扫，有"哀哉魏城君，宿草荒新墓"的诗句。

王弗嫁到苏家十二年，生有一子，名迈，当时年仅六岁。苏轼对王弗一往情深，一生难忘。十年之后，熙宁八年（1075）正月二十日，苏轼任职密州，晚上梦见王弗，凄然作词：

十年生死两茫茫，不思量，自难忘。千里孤坟，无处话凄凉。纵使相逢应不识，尘满面，鬓如霜。 夜来幽梦忽还乡，小轩窗，正梳妆。相顾无言，惟有泪千行。料得年年肠断处，明月夜，短松冈。

首句"十年生死两茫茫"，直语贯出，字里行间却横亘着茫无涯际的荒凉。从来不曾想起，永远不会忘记，"不思量，自难忘"，情感如江水顺流直下，无需外力推动，自然势不可挡。

"上穷碧落下黄泉，两处茫茫皆不见。"曾经相濡以沫，如今却隔着冰冷的坟茔，手难牵，人难见，情知所起而不知何所已，这样的悲伤怎不痛彻心骨！

你的模样，都是回忆中的模样；你的盈盈一笑，永远定格在二十七岁美丽的韶华。"纵使相逢应不识"，所有离去的岁月都是画蛇添足，所有改变的容颜都是对感情的轻渎。

一个宦游无定所，另一个永远驻居于千里之外。两个人的伤心，无非找你不见，话你难传。你在他乡还好吗？你在另一个世界还好吗？我的牵挂你知晓吗？

"料得年年肠断处"，最是情深，最是难忘。

最长情最歉疚

苏轼服母丧的时候，曾与王弗到青神县岳丈家里小住，与王弗家亲戚熟识。王弗的弟弟妹妹都是苏轼的小粉丝，缠着苏轼听他讲故事，说京城的繁华和科举的荣耀。尤其十一二岁的堂妹王闰之，钦佩苏轼的学问，羡慕堂姐嫁了这样一个了不起的夫君。

王闰之字季璋，在家族中排行二十七，苏轼称她二十七娘。安葬了苏洵和王弗后，在两家的撮掇下，苏轼很快与王闰之订婚。由于有孝在身，暂时不能举办婚礼，大约在熙宁元年（1068）年中，苏轼服除，将王闰之

［宋］马麟 《芙蓉翠羽》 台北故宫博物院

娶进了家门。时王闰之二十一岁，苏轼三十三岁。年底，苏轼兄弟再度出川，携王闰之同行，王闰之开始了与苏轼长达二十五年的陪伴。

苏轼是政坛一颗冉冉升起的新星，王闰之内心满怀憧憬。但她没想到，正是从这次回朝开始，苏轼仕途坎坷，就像出川的道路，崎岖险要，处处荆棘。

到达京师已是熙宁二年（1069），宋神宗任用王安石为参知政事，开启了旨在为国聚财、富国强兵的变法运动。王安石成立了制置三司条例司，作为变法的指挥部，直接对皇帝负责，不受宰相制约，之后陆续出台了青苗法、募役法、方田均税法、农田水利法、市易法、均输法、保甲法、将兵法等新政，涉及农业、商业、教育、兵役等多个领域。以司马光为首的旧党反对新政，朝中党争激烈，旧党遭到贬黜打压。苏轼赞同改革，但不同意王安石的变法措施，站到了旧党阵营，成为新党的攻击对象，被外放通判杭州、知密州、知徐州。王闰之跟着他没有享几天福，反而辗转南北，受尽颠簸。

苏轼才华横溢，放荡不羁，将对新政的不满诉诸笔端。他诗名满天下，这些诗被广为传播，让新党人物感到害怕，必欲除之而后快。元丰二年（1079），苏轼调任湖州，按朝廷规矩给皇帝写了谢表。新党成员抓住其中"伏念臣性资顽鄙……知其愚不适时，难以追陪新进。察其老不生事，或能牧养小民"这几句话，弹劾苏轼愚弄朝廷。紧接着，御史中丞李定从诗集中寻找苏轼妄议朝廷的"证据"，上报宋神宗。宋神宗正要找个反面典型杀鸡儆猴，下令官差到湖州缉捕苏轼。

对于这个家庭来说，苏轼就是天，天塌下来了，妻子儿女自然惊惧失措。苏轼在《东坡志林》里记述：

> 真宗既东封，访天下隐者，得杞人杨朴，能为诗。召对，自言不能。上问："临行有人作诗送卿否？"朴言："惟臣妻有一首云：'更休落魄耽杯酒，且莫猖狂爱咏诗。今日捉将官里去，这回断送老头皮。'"上大笑，放还山。余在湖州，坐作诗追赴诏狱，妻子送余出门，皆哭。无以语之，顾谓妻曰："独不能如杨处士妻作一诗送我乎？"妻子不觉失笑，余乃出。

面对官差，苏轼自己也惶恐不安。但他们夫妻感情很好，苏轼不忍妻儿落泪，用杨朴妻子打油诗的典故化解王闰之的情绪，让王闰之乐观起来。从这则记载还可以看出，王闰之或许粗识字，但不能作诗，才情无法与王弗比肩。

王闰之情绪稍有舒缓，后面就发生了更恐怖的事情。苏轼在《黄州上文潞公书》中记述：

> 轼始就逮赴狱，有一子稍长，徒步相随。其余守舍，皆妇女幼稚。至宿州，御史符下，就家取文书。州郡望风，遣吏发卒，围船搜取，老幼几怖死。既去，妇女恚骂曰："是好著书，书成何所得，而怖我如此！"悉取烧之。比事定，重复寻理，十亡其七八矣。

被缉捕时，长子苏迈跟在苏轼身边，其他一家老小待在家里等候消息。到宿州这个地方，御史台有指令下来，派捕吏到湖州搜家。捕吏如狼似虎，一家人从来没见过这样的场面，差点被吓死。作为没有见过多少世面的家庭妇女，王闰之把满腹怨恨发泄到苏轼和他的诗文上，搜查结束后，将苏轼的诗文烧了，残留不足十之二三。苏轼存世作品中徐州、湖州时期数量较少，应与这次"焚书"有关。

不过，世人无权因此指责王闰之。她"恚骂"苏轼，是一位家庭妇女在特殊情况下的本能反应，恰好说明这件事给王闰之带来的伤害之深，让这位贤淑的女子精神接近崩溃。

其实王闰之的贤惠一点也不亚于堂姐王弗。

王闰之进苏家门时，王弗唯一的儿子苏迈年仅十岁，王闰之视同己出，即便在自己又生育苏迨、苏过两个儿子后，仍然像亲生母亲一样关心苏迈，从没有对他作任何区别对待。苏轼忙于公务和官场应酬，王闰之承担了所有家务，将家里打理得井井有条，对苏轼的照顾无微不至，这样苏轼才得以笔吟风月、翰墨丹青。

早在通判杭州时，苏轼于腊日进山访僧，写诗道："腊日不归对妻孥，名寻道人实自娱。"过节优哉游哉不回家，全凭王闰之应付家事，不需要他操心。

苏轼湖州被拘捕后，经过"乌台诗案"，贬任黄州团练副使，不得签书公事，事实上被监视起来。由于官职降低，薪资待遇也大幅减少，生活窘迫，不得已开荒种地五十亩。苏轼由优渥无忧的官员变成了亲自下田的农夫，王闰之也不能再待家里做"全职太太"了，养蚕织丝，春种秋刈，协助苏轼田作，以缓解家庭经济压力。

王闰之来自农村，小时候应该有过劳作经验，熟悉一些耕种知识。有一次家里牛生病了，全身长出大大小小的斑块，状似豌豆，叫作豆斑疮。豆斑只是外在表现，根源在于身体内有热毒，不能排出体外。牛痛苦难忍，抽搐不止。苏轼找来兽医，兽医没见过这种病，无从下手。王闰之了解情况后，用青蒿草煮粥喂牛，果然见效，不久牛就痊愈了。青蒿草中含有青蒿素，能抗菌消炎、去热解毒。屠呦呦就是因为发现和提炼出青蒿素而获得了诺贝尔医学奖。王闰之虽然不知道青蒿素，但曾经的农村生活让她了解了许多朴素的医学知识，挽救了牛的生命，保障了五十亩田地的耕作。

"乌台诗案"对苏轼最大的打击还是在精神上。之前一路顺遂，没有遭受过大的坎坷，"乌台诗案"险些要命，初到黄州，苏轼惊魂未定，常常郁郁寡欢、愁眉不展。后来他回忆道：

> 小儿不识愁，起坐牵我衣。
>
> 我欲嗔小儿，老妻劝儿痴。
>
> 儿痴君更甚，不乐愁何为。
>
> 还坐愧此言，洗盏当我前。
>
> 大胜刘伶妇，区区为酒钱。

年幼的儿子不知道父亲正心烦意乱，拉着衣服要跟他玩。苏轼想要对儿子嚷嚷，王闰之赶忙过来劝解。诗的第四、五、六三句都是劝解的内容，意思是你怪儿子愚钝，其实你比儿子更愚钝，愁有什么用，应该让自己开心起来！这样的劝解让苏轼豁然开朗，终于意识到自己的偏狭，不应该对儿子发脾气。见到丈夫情绪有所纾解，王闰之又忙着去洗碗刷锅了。

刘伶是晋朝名士，以爱喝酒闻名。刘伶妻子担心喝酒伤身，劝刘伶戒酒，把酒具藏起来不让用。刘伶的妻子并不是为了省钱才让刘伶戒酒，苏轼故意说她"区区为酒钱"，就是为了突出王闰之对自己的宽容和迁就。

苏轼爱饮酒，而且经常带朋友回家聚饮。黄州时，生活困顿，吃饭都是难题，酒算奢侈品了。但王闰之总是想方设法满足苏轼的"爱好"。苏轼在《后赤壁赋》中提到：

> 已而叹曰："有客无酒，有酒无肴，月白风清，如此良夜何！"客曰："今者薄暮，举网得鱼，巨口细鳞，状如松江之鲈。顾安所得酒乎？"归而谋诸妇。妇曰："我有斗酒，藏之久矣，以待子不时之需。"于是携酒与鱼，复游于赤壁之下。

月白风清的良夜，没有美酒佳肴，不能尽兴。他们守着长江，撒网捕鱼十分方便，但是酒呢？回家跟王闰之商量，得知王闰之早有准备，收藏了一些酒以备不时之需。正是因为王闰之，才有《后赤壁赋》这篇千古杰作。

婚姻生活中，爱的付出总是相互的。王闰之忍辱负重地照顾家庭和丈夫，近乎完美地诠释了传统女性的道德典范。苏轼对王闰之则心怀感恩，他在另一首诗中宣示"妻却差贤胜敬通"。敬通是东汉冯衍的字，慷慨大节，有文采，可惜妻子是有名的悍妇。苏轼认为自己其他地方或许比不上冯衍，唯有妻子比冯衍贤惠，这一点足以让苏轼自豪。

元祐年间，苏轼政治处境得到改善，知杭州。王闰之生日是闰正月初五，苏轼一般会在正月初五为她过生日。由于二人都信佛，这一年苏轼准备的生日庆贺别出心裁，他举行了一场放生活动：

> 泛泛东风初破五。江柳微黄，万万千千缕。佳气郁葱来绣户。当年江上生奇女。　一盏寿觞谁与举。三个明珠，膝上王文度。放尽穷鳞看围围。天公为下曼陀雨。

岷江穿青神县而过，故曰"当年江上生奇女"。三个明珠指苏迈、苏迨和苏过。王文度（名坦之）是东晋官员，从小受到父亲王述疼爱，长大了还经常坐在父亲膝上，这里代指儿女。曼陀雨是佛家认为的福德。

元祐八年八月初一（1093年8月25日），王闰之病逝。王闰之陪苏轼度过了最艰难的"乌台诗案"和黄州岁月，受尽惊吓和劳碌，苏轼对她深感愧疚，曾对兄弟苏辙吐露心声："身后牛衣愧老妻。"王闰之去世的次日，苏轼深情写下祭文：

> 呜呼！昔通义君，没不待年。嗣为兄弟，莫如君贤。妇职既修，母仪甚敦。三子如一，爱出于天。从我南行，菽水欣然。汤沐两郡，喜不见颜。我日归哉，行返丘园。曾不少须，弃我而先。孰迎我门，孰馈我田？已矣奈何，泪尽目干。旅殡国门，我实少恩。惟有同穴，尚蹈此言。呜呼哀哉！

通义君是王弗的追封，王闰之的封号为同安郡君。苏轼高度评价王闰之这位老妻：她和睦家庭，对三个儿子一视同仁；吃苦耐劳，对生活安之如怡。苏轼对王闰之的去世表示深深的遗憾和痛苦，曾承诺跟她一起退居乡野林园，过清净闲适的生活，这个愿望最终未能实现。苏轼郑重承诺，自己死后将与王闰之埋葬在一起，其实已下定不再娶妻的决心。

八年后，苏轼去世，苏辙将其与王闰之合葬，实现了祭文中"惟有同穴"的愿望。

比之王弗，王闰之是个普通妇女，她一生经营家庭，为苏轼解除后顾之忧，让苏轼能够享有大量的空闲时间，保持旷达洒脱的精神风貌。她像那种默默无闻的英雄，不耀眼，离不开。

如果说王弗是苏轼的"白月光"，王闰之就是他的"烟火灶"。

最真情最相知

宋朝士大夫待遇丰厚，许多家庭蓄养私妓，相当于歌舞班子，用于私人娱乐和宴会上招待客人。知名文官如晏殊、欧阳修等概莫能外。家妓是"私人财产"，没有人身自由，甚至可以买卖和送人，除了演奏、唱歌、跳舞，还得侍奉主人起居，在家里和酒宴上做一些服务工作。当然，长相漂亮、性情温柔的家妓有可能被主人纳为妾。

苏轼性情疏朗，好交友，应酬多，也不能免俗。通判杭州时，薪资待遇比在朝时丰厚，于是他买了四个侍婢教习歌舞，其中包括十二岁的王朝云。

苏轼还给朝云取了个字，叫"子霞"。宋朝许多女子没有名字，如苏轼姐姐不知名何，唤作"苏八娘"。苏轼的女人都有名，王闰之和王朝云还有字，应该都出自苏轼之手。比起同时期女子，她们无疑是幸运的。苏轼学识渊博、语言风趣、性情豁达，无论哪个时代都是受女性追捧的"国民老公"。能与苏轼月下品诗，为他研墨铺纸，看他潇洒挥毫，抑或红袖添香，与他一同享受读书的时光，还能吃到他做的东坡肉、东坡肘子，无疑是快乐的。何况因为嫁给了苏轼，她们有了名、字，并流芳百世。

朝云聪慧秀美、能歌善舞，在苏轼的"歌舞团"中很快脱颖而出。朝云还有一项技能是其他歌妓所没有的，那就是点茶。宋人喝茶很讲究，方式与今天不同。那时茶不是做成茶叶，而是做成茶饼，先将茶饼炙烤、捣碎处理，然后放入茶碗中，以沸水冲点，边冲边用茶筅搅拌直到出现泡沫，茶叶与水充分交融后成了乳状，茶才算点好，可以饮用了。点茶是技术也是艺术，很有难度。苏轼在家招待弟子或者尊贵的客人，用的必是上好的密云龙茶，这时必唤朝云取茶、点茶。学士们谈论学问，朝云得以在一旁聆听。由此可知苏轼对朝云的信任。

大约在黄州时，朝云已十七八岁，长成了大姑娘，苏轼将朝云纳为侍妾。元丰六年（1083）九月，朝云生下一子，取名苏遁，小名幹儿。次年四月，苏轼解除黄州被监视看管的处境，坐船东进，七月船到江宁时，因旅途奔波，不满一岁的幹儿竟因病早夭。朝云痛不欲生，苏轼亦为之落泪，写下两首诗，诗题很长，叫《去岁九月二十七日，在黄州生子遁，小名幹儿，颀然颖异。至今年七月二十八日，病亡于金陵，作二诗哭之》，其中第二首写道：

> 我泪犹可拭，日远当日忘。
> 母哭不可闻，欲与汝俱亡。
> 故衣尚悬架，涨乳已流床。
> 感此欲忘生，一卧终日僵。

丧子之痛对朝云的打击见诸笔端，苏轼对朝云的怜爱也显而易见。

十七年后，苏轼亦逝于七月二十八日，与幹儿同一个忌日。

宋神宗去世后，宋哲宗即位，宣仁太后摄政，任用司马光为相，尽弃新法，起用旧党，史称"元祐更化"。苏轼得以回朝，任中书舍人、翰林学士，苏轼的弟子们也聚集到了京城。一日，苏轼宴请弟子，秦观在座，见朝云十分美貌，写词赠予朝云：

> 霭霭迷春态，溶溶媚晓光。不应容易下巫阳，只恐翰林前世、是

［宋］佚名 《歌乐图》（局部） 上海博物馆

襄王。　　暂为清歌驻，还因暮雨忙。瞥然飞去断人肠。空使兰台公子、赋高唐。

这里用了"巫山云雨"的典故，把苏轼比作楚襄王，把朝云比作神女，把自己比作兰台公子宋玉。据宋玉《高唐赋》和《神女赋》：楚王到巫山高唐游赏，走累了就地休息了一会儿，梦见一美人入怀，说："妾乃巫山之女，听说您游高唐，愿意与您同床共枕。"于是楚王就临幸了她。美人离开的时候说："妾在巫山的南边，通常被高山阻碍，旦为朝云，暮为行雨，早晚都在高唐之下。"第二天楚王详细观察，果然如此，就在这个地方给巫山神女建了一座庙，叫朝云庙。后来宋玉把这个故事讲给楚襄

王听，引得楚襄王心驰神往，晚上果然梦中会见了神女。

词的妙处在于，巫山神女恰好名为朝云，与王朝云暗合。从秦观这首词可以揣测，苏轼为朝云取名，大概正是源出《高唐赋》和《神女赋》。

司马光任政的原则是：凡是敌人支持的都反对，凡是敌人实施的都要纠正。苏轼与司马光看法不一样，认为对新法要区别对待，因此与旧党也发生龃龉，在朝堂上闹得很不愉快。有一次散朝回家，苏轼吃过午饭，拍着鼓囊囊的肚子，问侍女们："你们有谁知道我这肚子里装着什么？"侍女们争先恐后地回答，有说全是文章，有说满腹经纶，苏轼都不以为然。只有朝云说："一肚子不合时宜。"苏轼大为赞赏："知我者唯有朝云。"

人们把最能引起自己情感共鸣的女性叫作红颜知己，王朝云就是苏轼的红颜知己。

宣仁太后去世后，宋哲宗复辟宋神宗政治，改元绍圣，苏轼的人生再次跌入低谷：绍圣元年（1094）贬到荒芜不宜居的惠州，据说贬到这里的人很少能活着回到中原；绍圣四年苏轼更被贬到远在天涯海角的海南儋州。苏轼曾经自嘲："问汝平生功业，黄州惠州儋州。"这三个地方是苏轼最"倒霉"的地方，他在这些地方度过了最艰难的岁月。

黄州还有王闰之陪伴，等贬谪惠州时，王闰之已经去世，其他侍女纷纷离去，只有朝云坚定地跟着他，甘愿共赴险难。人最落魄时才意识到不离不弃的可贵，苏轼写下大量诗词赠送朝云，其数量远远超过两位正妻。

苏轼感谢朝云陪同南迁，写《朝云诗》：

> 不似杨枝别乐天，恰如通德伴伶玄。
>
> 阿奴络秀不同老，天女维摩总解禅。
>
> 经卷药炉新活计，舞衫歌扇旧因缘。
>
> 丹成逐我三山去，不作巫阳云雨仙。

第一句用白居易典故。白居易字乐天，有美妾擅唱杨柳词，人称其为杨柳。白居易年老体衰，杨柳竟别他而去。第二句用晋人刘伶玄典故。刘伶玄年老时得一美妾叫樊通德，二人情笃意深，经常一起谈古论今。这两句说朝云不像杨柳那样薄情，而像樊通德一样与自己生死相伴。

第三句用晋初女子李络秀的典故。她嫁与周浚为妾，相夫教子，培养了两位显贵的儿子，只有小儿子阿奴平庸，在身边伴她终老。第四句"维摩"指维摩诘，是佛教中的菩萨。相传维摩诘善说法，讲到妙处，天女散花。这两句是说，王朝云虽然没有子女在身旁陪伴，但她就是纯洁的天女。

绍圣二年（1095）五月四日，苏轼在惠州贬所已是第二个年头了。端午节来临之际，苏轼再为朝云作词，为她祝福：

> 白发苍颜，正是维摩境界。空方丈、散花何碍。朱唇箸点，更髻鬟生彩。这些个，千生万生只在。　　好事心肠，著人情态。闲窗下、敛云凝黛。明朝端午，待学纫兰为佩。寻一首好诗，要书裙带。

此时苏轼已年近花甲，又笃信佛教，因此清净独居，戒欲一年多，与朝云主要是精神交流。这首词写他在"维摩境界"中发现了朝云之美，没有任何邪念淫欲，那是完全是纯粹的美。朝云在苏轼心中，不仅仅是伴侣，更像天女下凡，给自己带来感情的慰藉和精神上的救赎。

绍圣三年春，朝云生日，苏轼作词《王氏生日致语口号》：

> 罗浮山下已三春，松笋穿阶昼掩门。
>
> 太白犹逃水仙洞，紫箫来问玉华君。
>
> 天容水色聊同夜，发泽肤光自鉴人。
>
> 万户春风为子寿，坐看沧海起扬尘。

罗浮山是惠州的一座名山，首联写春景，颔联道家语，颈联写朝云容颜之美，尾联为她祝寿。

是年朝云三十五岁，苏轼希望她像天上的神仙一样长生不老，不想这年七月五日，朝云遭遇瘟疫，竟撒手人寰。

朝云刚到苏家不识字，跟着苏轼耳濡目染久了，粗通文字，能写有模有样的楷书，还能领悟诗词的意境。她生前最爱唱苏轼的《蝶恋花·春景》：

> 花褪残红青杏小。燕子飞时，绿水人家绕。枝上柳绵吹又少。天

涯何处无芳草。　　墙里秋千墙外道。墙外行人，墙里佳人笑。笑渐不闻声渐悄。多情却被无情恼。

有一年秋天，朝云在惠州为苏轼唱曲，唱到"枝上柳绵吹又少。天涯何处无芳草"时，歌喉将啭，继而泪流满面，哽咽不能继续。苏轼问其故，朝云回答，这两句太令人伤感了。苏轼笑道："我在这里悲秋，你却又伤春了。"朝云去世后，苏轼再也不听这首词了。

"枝上柳绵吹又少。天涯何处无芳草"原本告诉世人不要悲观，春天总在某处草长莺飞地焕发着生机。可朝云在惠州看到的春天，却不同于中原，人是而景非，故乡在遥不可及的地方，怎能不令人伤感而流涕？

朝云去世后，苏轼为她写了不少悼亡词，最著名的是一首《西江月》：

玉骨那愁瘴雾，冰姿自有仙风。海仙时遣探芳丛。倒挂绿毛么（同"幺"）凤。　　素面翻嫌粉涴，洗妆不褪唇红。高情已逐晓云空。不与梨花同梦。

这首词题作"梅花"，实悼朝云，"高情已逐晓云空"近乎明指。词以梅喻人，人梅合一，赞扬了其冰肌玉骨的高洁风采。"高情已逐晓云空。不与梨花同梦"，苏轼虽然后来再遭贬逐，但他的感情之魂留在了惠州，此后再未接近女人。

受苏轼影响，朝云亦信佛。苏轼把她安葬在栖禅寺东南，诗词里的惟不改为她写了墓志铭，还在墓上筑六如亭以示纪念，并亲手写下楹联：

不合时宜，惟有朝云能识我；
独弹古调，每逢暮雨倍思卿。

［宋］赵佶 《腊梅双禽图》 四川博物院

第三章　与苏辙的命运共同体

苏轼是苏辙的第一任教师。

苏轼比苏辙大三岁，八岁时到天庆观跟着道士张易简读书。等苏辙也到了蒙学的年龄，苏轼从苏道士那里退了学，两兄弟功课由父母教授，苏轼也常常把"正规学校"的知识传授给苏辙，所以二人既是同学，又是师生。正如苏辙所言："辙幼学于兄，师友实兼。志气虽同，以不逮惭。"

苏轼爱护苏辙，夸奖说："我少知子由（苏辙的字），天资和而清。……岂独为吾弟，要是贤友生。"苏辙敬重兄长，在《题东坡遗墨卷后》中写道："兄之文章，今世第一。"他还在一首诗中说："世人不妄言，知我不如兄。篇章散人间，坠地皆琼英。"这说的是文章，也是人品。

同学加师生，兄弟加朋友，这种情愫贯穿一生，构成他们情谊的基调。

飞鸿踏雪泥

嘉祐六年（1061）苏轼授官之前，与兄弟苏辙可谓形影不离。

出川前，父亲苏洵带着二人共谒益州守臣张方平，张方平出题笔试二兄弟，最后得出结论："二子皆天才，长者明敏尤可爱，然少者谨重，成就或过之。"张方平从细微末节上洞察出二人性格上的差异。

但这并不妨碍他们的情谊。

嘉祐元年暮春三月，苏氏兄弟启程从秦岭经长安赴京赶考，次年皆高中，进士及第。不料程夫人去世，二苏返回四川，守孝服丧。嘉祐四年，他们改走水路，从长江三峡下荆门，于次年二月重抵京师。他们拒绝了立即做官入仕，打算走一条"捷径"，参加嘉祐六年（1061）朝廷选拔特殊人才的制科考试，于是寄住在汴京怀远驿学习备考。最后苏轼得三等，授凤翔府签判；苏辙为四等，授商州军事推官。军事推官为属吏、幕职，苏辙嫌官职卑微，以照看苏洵为由上书请辞，获得朝廷允许。

十一月十九日，苏轼启程赴任，苏辙为兄长送行。

这是二十多年生命里他们第一次长期分离，心情复杂。二人从来没有去预想这一天，但这一天终究还是到来了。真到执手离别的时候，除了难分难舍，还有一些恐惧，他们不知道今后的生活里彼此会遭遇什么，会改变什么。苏辙从京师送到郑州，又送出郑州西门，这才泪眼婆娑地看着苏轼高大挺拔的背影，以及其妻儿家眷乘坐的车辆逐渐消失在邙山之坳。而苏轼也屡屡回头，眺望枯树下苏辙一直伫立的瘦长的身形。等到终于看不见了，苏轼拍马回程，登高回望，目送苏辙。他终于按捺不住内心悲伤的潮涌，写下了平生第一首赠子由诗：

> 不饮胡为醉兀兀，此心已逐归鞍发。
> 归人犹自念庭帏，今我何以慰寂寞。
> 登高回首坡垅隔，但见乌帽出复没。
> 苦寒念尔衣裘薄，独骑瘦马踏残月。
> 路人行歌居人乐，僮仆怪我苦凄恻。
> 亦知人生要有别，但恐岁月去飘忽。
> …………

路上行人和沿途居民人人脸上洋溢着快乐的神色，唯独兄弟二人凄苦悱恻。

收到赠诗，苏辙马上回诗一首，《怀渑池寄子瞻兄》：

相携话别郑原上，共道长途怕雪泥。

归骑还寻大梁陌，行人已度古崤西。

曾为县吏民知否？旧宿僧房壁共题。

遥想独游佳味少，无言鞑马但鸣嘶。

　　苏辙想起他们第一次出川时的往事，过秦岭后疲惫不堪，中途马匹竟劳累而死，只好换乘毛驴继续前行。走到渑池，借宿在僧舍，老僧奉闲对他们照顾十分周到，兄弟二人在寺院墙壁上题诗作为纪念。如今正是冬季，道路依然崎岖，加上雨雪载途，恐怕更加泥泞难行。过去尚有兄弟说话解闷，互相鼓励宽慰，现在兄长一人独游，只有鞑马嘶鸣为伴了。值得欣慰的是，从京城到凤翔还要路过渑池，兄长可以重温他们昔日僧房题诗的情谊。

　　苏辙嘉祐二年（1057）中进士时，被授官渑池县主簿，因此有"曾为县吏民知否"一说。

　　苏轼来到渑池，再访僧舍，没想到奉闲和尚已经去世了，葬于庙后，成为一座墓塔。兄弟俩题诗的墙壁泥皮脱落，诗文也全无踪迹。苏轼遗憾和诗，挥笔写下著名的《和子由渑池怀旧》：

人生到处知何似？应似飞鸿踏雪泥。

泥上偶然留指爪，鸿飞那复计东西？

老僧已死成新塔，坏壁无由见旧题。

往日崎岖还记否？路长人困蹇驴嘶。

　　人生东奔西走，飘忽不定，像什么呢？就像大雁偶尔在雪泥上落脚，虽然留下了爪印，但它还会很快飞走，不会留恋一处。老和尚已经死了，题诗也不见了。你还记得当年我们赶路的情形吗？道路崎岖，人困乏，驴羸弱。

这首诗的前四句包含着深刻的人生哲理。人生是一场漫长的征程，驻足之时皆是休整，是为了更好地出发，就像当年借宿在僧舍。苏轼洋溢着乐观的人生态度，劝弟弟不要伤感，不要留恋过往，要向前看，这里并非终点。

苏轼在凤翔干了三年，其间无时无刻不想念着苏辙，经常书信往来、诗歌唱和，有时很小一件事也要写信告诉苏辙。比如苏轼爱喝终南山下玉女洞里的泉水，经常派士卒专程去打水。然而他又怕士卒偷懒，中途用其他水冒充，想了很多办法仍然不能完全放心。他把这件事告诉苏辙，苏辙劝他放下欲望，与其大费周折防止士卒欺骗，不如就近喝自家井水方便安心。

三年后，苏轼任职期满，带着妻儿离开凤翔。终于快要见到弟弟了，苏轼抑制不住内心的兴奋，写诗向苏辙报信："三年无日不思归，梦里还家旋觉非。腊酒送寒催去国，东

［清］边寿民 《芦雁图轴》 北京故宫博物院

风吹雪满征衣。"他像小孩子过年一样迫不及待、欢喜雀跃。

回京后，苏轼判登闻鼓院、直史馆，但不久苏辙出任大名府推官，二人又被迫再次分开。治平三年（1066）四月，苏洵去世，兄弟二人扶棺返蜀，服丧丁忧。熙宁二年（1069）服除，二人相伴再次回到京城。朝中今非昔比，变法如火如荼地展开了，兄弟俩的命运随朝政起起伏伏，如浮萍入水，难计东西。

千里共婵娟

开始的时候，苏辙以积极的态度投身变法，被吸纳进入改革机构制置三司条例司。但他很快发现与王安石的政治主张南辕北辙，王安石推行的青苗法、均输法与民争利，这是苏辙无法认同的，于是上《制置三司条例司论事状》，批评新法，同时请求去职。恰好张方平知陈州，苏辙便应召为陈州州学教授，从此兄弟二人开始了离多聚少的日子。

熙宁四年（1071），苏轼也不为新党所容，外放通判杭州，七月离京，路过陈州看望苏辙，在这里住了七十余日。

陈州城北有个柳湖，是当地名胜。苏辙陪苏轼游览湖景，作长诗《柳湖感物》，其中写道："开花三月乱飞雪，过墙度水无复还。穷高极远风力尽，弃坠泥土颜色昏。偶然直堕湖中水，化为浮萍轻且繁。随波上下去无定，物性不改天使然。"苏辙用湖边杨柳作比，喟叹政治风波中飘忽无定的命运。后文他又用松树坚实的秉性作对比，提醒兄长并警醒自己要稳健行事，免得为人所嫌并招致祸端。苏轼却不这样看，和诗说："子今憔悴众所弃，驱马独出无往还。惟有柳湖万株柳，清阴与子供朝昏。"杨柳给人们带来阴凉，供人们歇息，有什么不好呢？

从这一唱一和两首诗，可以看出苏辙与苏轼性格的相异，也为他们后来的命运埋下伏笔。苏辙善于反省，在政治旋涡中懂得趋利避害。而苏轼随性自由，常按自己的意愿行事而不顾忌当政者的感受，更容易成为被枪瞄准的"出头鸟"。

九月，苏轼和苏辙一起去颍州拜会恩师欧阳修，又住了二十多日才依依惜别。此时秋风萧瑟，"自古多情伤离别，更那堪冷落清秋节"。苏轼更有别样感触："我生三度别，此别尤酸冷。"苏轼签判凤翔是一别，苏辙出任大名府推官是二别，苏辙为陈州学官是三别。这次分别不同于前三别，尤其"酸冷"，因为都是贬谪之身，预示着今后将仕途艰涩。刚出蜀时那种"楚人自古好弋猎，谁能往者我欲随。纷纭旋转从满面，马上操笔为赋之"的豪情渐渐消磨下去了。

熙宁七年（1074），苏轼杭州任期将满，此时苏辙已移官齐州（大致今山东济南）任掌书记。苏轼上章请求派个山东的差事，目的是离苏辙近些。是年九月，朝廷告下，苏轼以太常博士直史馆权知密州。在谢表中，苏轼表示自己很幸运。

在去密州的路上，苏轼得知苏辙喜添一子，取名"虎儿"，便以"虎儿"为题作诗："旧闻老蚌生明珠，未省老兔生於菟。"苏辙属兔，故以老兔代称；"於菟"即虎。这首诗幽默诙谐，乃嬉戏之作，可以看出兄弟二人确实如朋友一样无话不谈，不像有些兄弟之间只能板起脸说话。苏辙则回信说：我们家世世代代习文，我希望能培养一个猛虎般刚强威猛的人。为什么呢？"不见伯父擅文章，逡巡议论前无当。"他用跟儿子讲话的口吻说："你看看伯父，虽然写得一手好文章，但发表议论需踌躇再三，生怕祸从口出。"

苏轼刚到密州时，密州正遭遇蝗灾，百姓饥馑，他上奏朝廷请求调拨物资、免除课税，救百姓于水火之中；又针对食盐专卖、司农寺增损法令、消除贫困上书建言；因山东盗贼横行，苏轼悬赏缉盗，形成官民一心合力剿匪的局面，颇有成效；又大力整治弃婴，救助婴儿父母，政风民风为之一新。

任上一年有余，政局逐渐稳定，百姓安居乐业，政绩斐然。熙宁八年（1075），苏轼发现城西北有一座隋代的废旧城台，视野很好，登台可以望见周边的马耳山、常山、潍河等。在修葺官舍时，苏轼顺带对城台加以修整，以土培高，夯实周边，花钱不多，打造了一处登高望远、极目天舒的游赏景点。

城台修成，还缺少一个含义隽永、引人入胜的名字。苏轼写信向老弟求名，苏辙借用《老子》中的一句："虽有荣观，燕处超然"，取名超然台。苏辙还附寄一篇《超然台赋》，在序中说明了选用"超然"二字的理由：

> 今夫山居者知山，林居者知林，耕者知原，渔者知泽，安于其所而已。其乐不相及也，而台则尽之。天下之士，奔走于是非之场，浮沉于荣辱之海，嚣然尽力而忘反，亦莫自知也。而达者哀之。二者非以其超然不累于物故邪！

为生计奔波的民众，只是安于其所，不懂得享受快乐。奔走于是非之场、荣辱之海的士大夫，跟普通民众差不多。有见识的人为他们感到悲哀，因为他们不能超然于物外。

苏辙这篇赋，强调人要学会随遇而安、乐天知命、及时行乐，超脱于是非荣辱之外。苏轼随即写了《超然台记》，文中说：苏辙见我不管在什么处境下，都能保持一颗快乐的心，因为我"盖游于物之外也"，能够超脱凡俗，不为欲望所累。苏轼自认为达到了"超然"的人生境界，其实苏辙何尝不是在规劝他做事不要太过认真，不要计较是非，不要在意荣辱。而苏轼直到"乌台诗案"之后，才顿悟了这一点。

熙宁九年中秋，苏轼于超然台上宴请僚友，几乎通宵达旦。等大家散去，台上顿然空寂，只剩下一轮清月相伴。苏轼想起在齐州的苏辙，如此良宵却不能同乐，生出无限惆怅，作词曰：

> 明月几时有？把酒问青天。不知天上宫阙，今夕是何年。我欲乘风归去，又恐琼楼玉宇，高处不胜寒。起舞弄清影，何似在人间。　　转朱阁，低绮户，照无眠。不应有恨，何事长向别时圆？人有悲欢离合，月有阴晴圆缺，此事古难全。但愿人长久，千里共婵娟。

这首词富有夐（xiòng）绝尘寰的宇宙意识，在古诗词中或许只有张若虚的《春江花月夜》可以与之相提并论。更难能可贵的是，在渺茫的宇宙设问之中，又准确无误地将感情落脚于两点之间，大与小、虚与实、动与静就这样奇妙地融合在了一起。词中无一句不寄含深情，无一句不深蕴哲理，难怪有人评价："中秋词，自东坡《水调歌头》一出，余词俱废。"从此，"婵娟"便成为表达思念亲人的代名词。

乞纳官以赎兄身

苏轼奏请任职密州，是为了离苏辙更近些，方便见面。然而宋朝规定，官员任期内非必要不准离开驻地，兄弟俩始终未得相见。熙宁九年（1076）十一月，苏轼从密州离任，差知河中府。他次年正月到齐州，打算与兄弟团聚，过一个热热闹闹的新年。苏辙的三个儿子将他迎候到家里，可惜苏辙临时赴京公干，暂时无法相见。

苏轼在兄弟家住了个把月，得知苏辙不再回齐州，便与弟媳侄儿一并回京与苏辙团聚。苏辙一直远迎到澶濮之间——现在河南濮阳和山东鄄城一带。兄弟二人已经七年不见，感慨万千，相约同游。

不久苏轼接到敕令，迁知徐州，而苏辙受张方平召辟，到南京应天府任职，刚好同道。由于外官不准入京，苏辙和苏轼在京西郊范镇的东园借住两个多月，而后一同赴徐州。苏辙在徐州盘桓百余日，兄弟俩仿佛回到了出仕之前，可以随时见面。

苏轼虽然新官上任，公务繁忙，仍尽量抽出时间陪伴苏辙。徐州城东有泗水，苏轼与老弟同游，二人议论着河两岸应该种植什么植物，苏轼畅想种上柳树，跃马柳下，但又觉得年已不惑，不该再年少轻狂。

除了公务，二人出则同车，睡则同眠。七月的一个风雨之夜，二人同宿逍遥堂。苏辙想到他们又即将分离，作《逍遥堂会宿二首》，诗前有一段长长的引言：

> 辙幼从子瞻读书，未尝一日相舍。既仕，将宦游四方，读韦苏州诗至"安知风雨夜，复此对床眠"，恻然感之，乃相约早退，为闲居之乐。故子瞻始为凤翔幕府，留诗为别曰："夜雨何时听萧瑟？"其后子瞻通守余杭，复移守胶西，而辙滞留于淮阳、济南，不见者七年。熙宁十年二月，始复会于澶濮之间，相从来徐，留百余日。时宿于逍遥堂，追感前约，为二小诗记之。

制科考试前，他们寄住在汴京怀远驿备考，相约将来早点退休，住在一起，在风雨之夜对床而眠，享受闲居之乐。而今宦游漂泊，"夜雨对床"的旧约终为空文。苏辙是个稳重内敛的人，悲喜不外露，这两首小诗却格外凄楚。其一曰：

> 逍遥堂后千寻木，长送中宵风雨声。
>
> 误喜对床寻旧约，不知漂泊在彭城。

读此诗，苏轼亦不能不伤感。但作为兄长，他还是尽量宽慰兄弟："犹胜相逢不相识，形容变尽语音存。"总比相见不相识好吧，样貌虽然一天天在变老，乡音未改，兄弟还是过去的兄弟！

苏轼坚持留苏辙住到中秋，那天他邀请许多人设乐置酒，在泗水上泛舟畅饮，为苏辙送行。苏辙作词《水调歌头》，遥相呼应去年中秋苏轼的《水调歌头》：

> 离别一何久，七度过中秋。去年东武今夕，明月不胜愁。岂意彭城山下，同泛清河古汴，船上载《凉州》。鼓吹助清赏，鸿雁起汀洲。　　坐中客，翠羽帔，紫绮裘。素娥无赖，西去曾不为人留。今夜清尊对客，明夜孤帆水驿，依旧照离忧。但恐同王粲，相对永登楼。

汉末王粲滞留荆州十二年，不得施展才华，常登楼远眺，怀念家乡，作《登楼赋》。苏辙希望他们兄弟不要像王粲一样怀才不遇，流落他乡。

苏轼则和词曰："一旦功成名遂，准拟东还海道，扶病入西州。"用东晋谢安的典故，意指想要归隐家乡而不得。

中秋团圆本是幸事，他们却悲戚难抑。

令苏轼苏辙兄弟想不到的是，更大的政治风浪正向他们袭来。

元丰二年（1079），苏轼移知湖州，先往南京会见苏辙，住了半个月才动身赴任。湖州任上刚三个月，即发生"乌台诗案"，官差到湖州将苏轼拘捕。苏轼自觉凶多吉少，而只有苏辙可以依靠，便留下一封信给苏辙，让他料理后事。

苏轼被羁押到京，关进御史台大牢。据说，宋太祖为约束后世君主，盟誓"不杀士大夫"，但宋神宗此时已有杀苏轼之心。苏轼以为必死，在狱中写下绝命诗与弟弟诀别：

> 圣主如天万物春，小臣愚暗自亡身。
>
> 百年未满先偿债，十口无归更累人。

是处青山可埋骨，他年夜雨独伤神。

与君世世为兄弟，更结来生未了因。

其意为：今生的缘分到此为止了，但兄弟间的感情没有尽头，我们还有很多约定没有实现，愿世世代代成为兄弟，重续今生没有了结的因缘。

苏辙内心非常焦急，他既要承担起照顾大家庭的责任，又要想办法营救苏轼！他家里人口本来就多，仍然毫不犹豫地把苏轼家眷接了过来，靠举债养活两家。苏辙职位很低，在皇帝、宰相面前说不上话，没有渠道营救兄长，但仍然义无反顾地越级上书。他表示，愿意用现任官职去赎兄长之罪，最低保住性命。其兄弟情深，令人泪下。

通过苏辙以及其他人的营救，宋神宗终于回心转意，将苏轼发配黄州。而苏辙也受牵连，贬为监筠州盐酒税务，相当于筠州的市场管理局和税务局局长。

年底岁末，苏轼出狱。虽然被关押一百三十多天，受尽折磨，但能保住一命，已经非常庆幸了。他听到苏辙为他纳官赎身的消息，写诗感谢说："堪笑睢阳老从事，为余投檄向江西。"应天府旧称"睢阳"，"从事"是属官，苏轼戏称苏辙为"睢阳老从事"；而筠州在江西，苏辙因为上书被贬到了这里。

元丰三年（1080）大年初一，苏轼在御史台官差的押解下前往黄州，约苏辙在陈州见面。初十，兄弟见面，有一种劫后余生的喜悦。晚上同室而卧，苏辙劝苏轼吸取教训，少写诗词，不要惹是生非。苏轼答应了，说今后一定"畏蛇不下榻，睡足吾无求"。苏轼虽然还挂着"团练副使"的空头官职，但不得签书公事，薪金也降了，以后生活会面临很多困难。苏辙为兄长担忧，苏轼说：你住长江东，我住长江西，同在一条长江之上，没有什么不方便的。

苏轼于二月初一到达黄州，苏辙将自己家眷安顿在江西后，雇船送嫂子、侄子和兄长仆从去黄州。苏辙在黄州住了十天，与苏轼一起游览了武昌县寒溪西山寺后，因江西一大家子需要照顾，又有公务在身，只好告别。

世无斯人谁与游

在黄州五年，苏轼终于恢复有限的自由，可以脱离监视居住了。苏轼第一个愿望就是去看苏辙。他一路走来，一路不断派人给苏辙送信，告诉他走到哪里了，其迫切心情由此可知。这年端午他们终于在筠州团圆，熬过了最艰难的日子，彼此分外珍惜，非常满足。

第二年，宋神宗驾崩，宣仁太后实施"元祐更化"，苏轼、苏辙兄弟迎来了人生的高光时刻。他们双双还朝，苏轼任翰林学士知制诰，苏辙任中书舍人。翰林学士知制诰负责在宫廷里为皇帝起草诏书，称"内制"；中书舍人在中书省起草文件，称"外制"。兄弟二人同时掌内外制，一时传为佳话。他们同朝为官，经常见面，少了些两地相思之苦。

事实证明，苏辙低调内敛的性格在党争中更适合生存。即便旧党执政，苏轼仍免不了多次出守地方，先后知杭州、知颍州、知扬州。而苏辙于元祐五年（1090）任御史中丞，元祐六年任尚书右丞，元祐七年任门下侍郎，成为副宰相。

可惜好景不长，元祐八年，宣仁太后去世，哲宗亲政，新党再次控制了朝政。苏轼、苏辙都预感到时局变化，一场血雨腥风恐不可避免。于是苏轼请郡定州，到东府（尚书省）向苏辙告别：

庭下梧桐树，三年三见汝。

前年适汝阴，见汝鸣秋雨。

去年秋雨时，我自广陵归。

今年中山去，白首归无期。

客去莫叹息，主人亦是客。

对床定悠悠，夜雨空萧瑟。

起折梧桐枝，赠汝千里行。

重来知健否，莫忘此时情。

东府的院子里有一棵梧桐树，苏轼每一次来与苏辙告别或者相聚，都恰巧赶上雨天。梧桐静静地矗立在那里，默默地承受着风吹雨打，不知是悲还是喜。从元祐六年（1091）算起，出知颍州在这里告别，扬州还朝在这里相聚，加上这次到定州去，已经是三年三见了，梧桐见证了兄弟友谊，更见证了悲欢离合，只是这次分别后，是否还有归来日？诗中第一个"客"指苏轼自己，"主人"指苏辙，可苏轼有不祥的预感，苏辙这位主人不久也会离开，成为"客"。苏轼再次想起"夜雨对床"的承诺，但"对床"遥不可期，只有"夜雨"敲打着离人的愁绪。

这次出守之后，苏轼再也没有回到京师。

绍圣元年（1094），苏辙终于未能幸免，落职汝州，而苏轼更被贬到远在岭南的惠州。闰四月，苏轼路过汝州，苏辙从本不宽裕的家资中拿出七千贯钱，交给苏轼长子苏迈，让他到宜兴买地置产，为苏轼在江南留下一支。盖岭南九死之地，苏辙担心他们一家有去而不复返矣！

绍圣四年二月，噩运再次袭来，苏辙也被流放到了岭南，雷州安置。唯一值得欣慰的是，兄弟俩同在岭南，离得稍微近了些。然而老天弄人，新党不愿他们兄弟连枝，竟将苏轼放逐到海外——海南岛儋州。在北宋，流放海南仅次于直接付诸绞刑。

五月，苏轼在贬谪的路上听到苏辙贬雷州的消息，派人骑快马给苏辙送信，约在藤州等候，期盼二人能见上最后一面。

这次相见属苏轼听到消息后临时动议，他们各赴险地，却仍然感到意外之喜。苏轼最担心苏辙经受不住政治打击，但看到苏辙白须红颊，便放心多了。吃饭的时候，他们买汤饼进食。岭南人不常吃汤饼，口味远不如中原。苏辙难以下咽，苏轼却早已习惯了，三口两口吃完，打趣说："你还要细嚼慢咽吗？"为了宽慰苏辙，苏轼作诗："莫嫌琼雷隔云海，圣恩尚许遥相望。"雷州在琼州海峡北岸，与海南遥遥相望。即便在最恶劣的环境里，苏轼也能找到不悲伤的理由。

兄弟俩同吃同住，边走边聊，恋恋不舍，尽量拖延行程，六月初五才到雷州。苏辙执意送苏轼到海滨。是夜，苏轼痔疮发作，彻夜疼痛不能入眠。苏辙在一旁照料兄长，为他诵读陶渊明《止酒》诗，劝他戒酒。

此后虽海峡两隔，兄弟俩仍书信不断。这是他们保持了一生的习惯，只要分隔两地，定然互通音讯。苏轼经常遥控指导弟弟怎样适应海滨生活，劝他入乡随俗，从乡野粗鄙中找到生存的乐趣。元符元年（1098）二月二十日，苏辙六十岁寿，苏轼没有礼物可送，便亲手为他制作了一根黄花梨木手杖，这在穷厄之中显得弥足珍贵。

宋徽宗即位后，大赦元祐党人，苏辙定居颍昌，并邀请苏轼同居于此。苏轼考虑到苏辙家境并不宽裕，决定不与苏辙同住。但苏辙一再托人来劝，苏轼只好答应了下来。就在他们即将实现"夜雨对床"夙愿的时候，朝中再度风雨飘摇，宋徽宗开始厌恶元祐党人了。苏轼唯恐再受政治牵连，不愿靠近京师，最终决定定居常州，然而不久竟然病逝。

在最后的时光里，苏轼念念不忘苏辙，说："惟吾子由，自再贬及归，不及一见而诀，此痛难堪！"

苏轼逝后，苏辙主持将苏轼安葬于郏城县。墓地附近有座小山，酷似峨眉，让兄弟俩有魂归故里的感觉。苏轼生前与苏辙商议，由苏辙买下这块地，他们百年后都葬在这里。

苏辙在颍昌闭门谢客，专心著书，绝口不谈时事，号"颍滨遗老"。他常常怀念与苏轼在一起的点点滴滴，迎西风而望黄昏：

［宋］李唐 《归去来兮图》 美国克利夫兰艺术博物馆

归去来兮，世无斯人谁与游？

政和二年（1112），在苏轼去世十一年后，苏辙也走完了人生旅程，葬在苏轼墓旁。

苏轼、苏辙虽为兄弟，但亲如一人，属于同一个命运共同体。他们政治观相同，人生观接近，文采相当，同气连枝，并驱而驰；他们生不逢时，命运随着党争起起伏伏，同进共退，荣辱与共；他们人不分彼此，财不分你我，居则对床同卧，分则鱼书雁信，兄友弟恭到这般亲密，古今无两。

第四章　惟愿孩儿愚且鲁

苏轼生有四子：长子苏迈，为王弗所生；次子苏迨、三子苏过，均为王闰之所出；四子苏遁，小名幹儿，母亲为侍妾王朝云，不满一年而早夭。

苏轼历尽政治风波，因诗词而遭祸。他不愿儿孙像自己一样锋芒外露，聪明反被聪明误。苏遁满月时，他作《洗儿》诗：

> 人皆养子望聪明，我被聪明误一生。
>
> 惟愿孩儿愚且鲁，无灾无难到公卿。

这既是他对苏遁的期盼，也是他对所有儿孙的祝福。

苏迈"颇有父风"

长子苏迈，字伯达，嘉祐四年（1059）生于眉山，这时苏轼和王弗结婚已经五年，苏轼回眉山服母丧结束，正准备回京。

治平二年（1065）五月王弗病逝，苏迈年仅六岁。好在苏轼续娶的王闰之是他的堂姨，妇德贤淑，把苏迈当作自己的亲儿子抚养。后来王闰之陆续生了苏迨和苏过，对三个儿子一视同仁，不分彼此。所以，苏迈虽然幼年不幸，但并不缺少母爱。

苏轼到地方上做官，总是携家带口，让家眷同行。苏迈因此能跟着游历各处，增长了不少见识。熙宁十年（1077），苏迈十九岁，与父亲结婚时的年纪一样，苏轼便张罗着给他说亲。苏轼中意的亲家是同乡的吕陶。吕陶是仁宗皇祐二年（1050）进士，属旧党，两家有许多共通之处。苏轼在是年三月写信为苏迈求婚：

> 里闾之游，笃于早岁；交朋之分，重于世姻。某长子迈，天资朴鲁，近凭一艺于师传。贤小娘子，姆训凤成，远有万石之家法。聊申不腆之币，愿结无穷之欢。

先是攀关系，我们是老乡，很早就有深厚的交情。接着介绍苏迈，朴实、迟钝，这显然是谦辞，不过也符合苏迈的性情特点：算不上多么聪明，但忠诚可信，还有一些学问。这里的"艺"指诗文书画等艺术修养。然后赞扬吕陶的女儿有女德，有"万石君"的家风。万石君指西汉大臣石奋，他对子女严格教育，恭敬谨严，讲究礼仪。最后，苏轼切入正题：送一些聘礼，希望两家缔结婚姻之好。

不久，苏迈与吕家小娘子结婚，次年生下儿子苏箪。

苏轼因"乌台诗案"在湖州被捕时，苏迈二十一岁。由于苏迈其他兄弟还小，苏轼让他一个人跟着进京，一路上好有个照应。苏轼被关押进御史台，苏迈每天给父亲送饭，并传递一些外面的消息。狱卒在场时，有些话不便明讲，二人便约定，平时只送肉食和蔬菜，如果有凶讯就送鱼。有一次，苏迈脱不开身，委托朋友代劳送饭，却没有交代他们的约定。朋友不明就里，送的饭菜里偏偏有一条鱼。苏轼以为皇帝下了处斩令，绝望之中给苏辙写下两首绝命诗。两首诗传到神宗手里，神宗看到"圣主如天万物春，小臣愚暗自亡身"两句，认为苏轼感念皇恩，并有悔过之意，一高兴放了苏轼一马。

此后苏轼责授黄州团练副使，为维持生计在城东开垦了一片坡地，苏迈是主要劳动者。苏轼半生奔波，没有时间好好教育子女，在黄州清闲下来，便重视起对子女的诗词训导。有一次，晚上父子对坐，苏轼要跟苏迈联句。当时月明星稀，寰宇清廓，苏轼首先起句："清风来无边，明月翳复吐。"苏迈很快对出："松声满虚空，竹影侵半户。"苏轼又曰："暗枝有惊鹊，坏壁鸣饥鼠。"苏迈再对："露叶耿高梧，风萤落空庑。"苏轼又出："微凉感团扇，古意歌白纻。"苏迈再回："乐哉今夕游，复此陪杖屦。"从对句中不难看出，苏轼隐隐透露出悲愁失落，而苏迈总是有意向轻松高亢的格调上引导。

苏轼高兴苏迈有这样的诗才，作诗夸苏迈超过了杜甫的儿子，让他很欣慰。

苏迈幼年即表现出一定的诗词才能，曾经作诗吟咏一种类似于苹果的水果——林檎，有"熟颗无风时自脱，半腮迎日斗先红"两句，苏轼赞赏"于等辈中，亦号有思致者"。后来苏迈做酸枣县尉，作诗："叶随流水归何处，牛载寒鸦过别村。"苏轼鼓励"亦可喜也"。不过，苏迈文才不甚突出，譬如"叶随"两句，苏轼背后嘲笑"此村长官诗"，意思是描写农村生活很真实，但立意平平。

在黄州，苏迈还遭遇一次人生变故，原配吕氏去世了，后来又续娶石扬休的孙女。石扬休字昌言，也是眉州人，两家住得很近，算是世交。石扬休比苏洵还要大十四五岁，常常拿大枣、栗子让苏洵吃。苏洵贪玩，学习句读、属对、声律，半途而废，而石扬休好学，对苏洵很失望。后来石扬休考中了进士，苏洵才意识到二人的差距，从此发奋努力，埋头苦读。

苏家与石家还是姻亲，苏洵的二姐嫁给了石扬休的弟弟。苏轼提亲时，石扬休早已去世，石扬休之子石康伯欣然将女儿嫁到苏家成为继室，亲上加亲。石氏在元祐二年（1087）生育一子，即苏迈次子苏符。

元丰七年（1084），苏轼处境好转，苏迈也被授了官，为饶州德兴县尉。这意味着苏迈从此将独立生活，长年与苏轼分居两地。苏轼亲自为苏迈送行，一直送到江州湖口县，六月九日游览了石钟山，写下著名的《石钟山记》。临别，送给儿子一方砚台作为第一次出仕的纪念，苏轼亲手在砚台上刻字：

以此进道常若渴，以此求进常若惊，以此治财常思予，以此书狱常思生。

这四句话寄寓着苏轼的为官之道：用它学习知识要如饥似渴，用它谋求晋升要感到不安，用它管理钱财要想到让民众受惠，用它书写案卷要考虑给人留下生路。

苏迈没有辜负父亲的教诲，《德兴县志》记载："迈公有政绩，后人立'景苏堂'仰之。"苏轼则向朋友夸耀："长子迈作吏，颇有父风。"

元祐元年（1086），苏辙弹劾新党骨干吕惠卿。当时吕惠卿的弟弟吕温卿知饶州，饶州与江州同属江南东路，饶州是江南东路提点刑狱司的治所，对各州有司法调查权。苏辙担心吕温卿对苏迈不利，上奏将他改任酸枣县（今河南延津）尉。元祐五年，苏迈任雄州防御推官，元祐六年出任河间县令。元祐八年因继母王闰之去世，苏迈离职服母丧，陪伴父亲。

绍圣元年（1094）闰四月，厄运再次降临苏家，苏轼被远谪岭南，苏辙也被贬到汝州。苏轼一家路过汝州与苏辙相会，经过商议，苏辙分七千贯钱给苏迈，让他到宜兴置地办产，为苏家留条后路。就这样，苏迈没有随父亲到岭南过困苦的生活，与二弟苏迨以及家里大部分成员去了宜兴。

绍圣四年，为了离父亲所在的惠州近一些，苏迈请求任职岭南，得韶州仁化县知县。他风尘仆仆赶到广东，不料朝廷一纸诏令，说韶州毗邻惠州，需要回避。苏迈尚未上任，便径直去了惠州与父亲相见，孰料苏轼又被贬到了海南儋州。

苏轼自认为必死于海南，执意不让苏迈随行。苏迈送到海边，一家人不忍分别，哭声连天，悲泣海涛。苏轼交代了后事，写信让惠州太守方子容照顾苏迈及其他家人。他留给苏迈一幅画像《背面图》，上书"元祐罪人，写影示迈"。他希望苏迈接受他的教训，引以为戒，"慎言语，节饮食，宴寝早起"，宁愿庸碌无能，也不要重蹈自己覆辙。

苏轼坐船出海，苏迈不忍就这样任凭父亲流寓海外，便没有回宜兴。苏轼在惠州白鹤峰建有新居，还未来得及居住，苏迈带领一家老小住在了那里。恰巧苏辙被贬雷州，也把家眷留在了惠州。两大家子生活在一起，苏迈是总家长。他要扛起家庭重任，还要定期采购米面、酒肉和药品、书籍托运给父亲，为苏轼当好"后勤部长"。

元符三年（1100），苏轼侥幸不死，遇赦回到内陆，苏迈带领一家老小赶去迎接父亲。苏轼曾犹豫晚年在哪里安家，考虑过与苏辙住在一起，又担心离京城太近，再受党争之祸，最后决定定居常州。可惜刚到常州便感染痢疾，不幸去世。根据苏轼遗嘱，苏迈到郏城考察墓地，又到京城把王闰之的灵柩一并运来，协助叔父苏辙将父亲安葬在小峨眉山下。

宣和元年（1119），苏轼去世十八年后，苏迈去世，年六十一。

苏迨"有世外奇志"

爱炫娃的苏轼夸耀次子苏迨"迨好学，知为《楚辞》，有世外奇志"。这"世外"既可以理解为不同于常人，也可以特指不在俗世中的和尚、道士、隐士。这个词用在苏迨身上颇恰当，他还真做过一段时间和尚。

苏迨出生于熙宁三年（1070），字仲豫。他生下来身体不好，苏轼形容他的古怪相貌："我有长头儿，角颊峙犀玉。"说苏迨的脸很长，头顶两端兀起，像两个犀牛角。这种相貌很像弱智儿，不过苏迨长大会作诗，不至于有智力缺陷。也有人说是脑积水，脑积水有可能影响视神经、脑神经，导致智力下降、走路不稳，这个更像苏迨的身体特征：苏迨四岁前不会走路，要靠人背着或者抱着。

古代医学不发达，没有人认识这种病，只好求助于玄学。苏轼通判杭州时，请天竺寺的辩才法师为苏迨摩顶。摩顶是佛教仪式，接受摩顶的人意味着皈依了佛门，成为出家人，故苏迨得了法名"竺僧"。宋代和尚、道士要登记造册，发放专用身份证明——度牒，所以苏迨虽仍然生活在苏轼身边，但从官方资料来看，他已经是天竺寺的一名小和尚了。

据说，苏迨摩顶之后马上便会走路，"师来为摩顶，起走趁奔鹿"，走起路来像小鹿奔跑那样敏捷。脑积水的儿童四五岁会走路也属正常，但是苏轼把它归功到了佛法的名下。至于敏捷肯定是夸张的手法，反映了苏轼爱子和喜悦的心情。

此后，苏轼从没有间断为苏迨治病。熙宁十年（1077），苏轼在徐州，请到一位叫李若之的道士。李若之自言能够"布气"，就是把自身多年颐养的"气"输送给病人，使人精力充沛。苏轼请他为苏迨治病，李若之与苏迨对坐，苏迨感到腹中涌入一股暖流，如朝阳初升。

苏迨身体虽弱，但在诗词文学方面还是遗传了苏家的天赋。他十六岁那年随父亲到登州上任，途中遇大风雨，作诗《淮口遇风》，苏轼夸赞写得好，欣然和诗鼓励儿子。原诗失传，和诗曰：

> 我诗如病骥，悲鸣向衰草。
>
> 有儿真骥子，一喷群马倒。
>
> 养气勿吟哦，声名忌太早。
>
> 风涛借笔力，势逐孤云扫。
>
> 何如陶家儿，绕舍觅梨枣。
>
> 君看押强韵，已胜郊与岛。

诗中形容苏迨的诗如万马奔腾，如风卷残云，已经胜过了唐代诗人孟

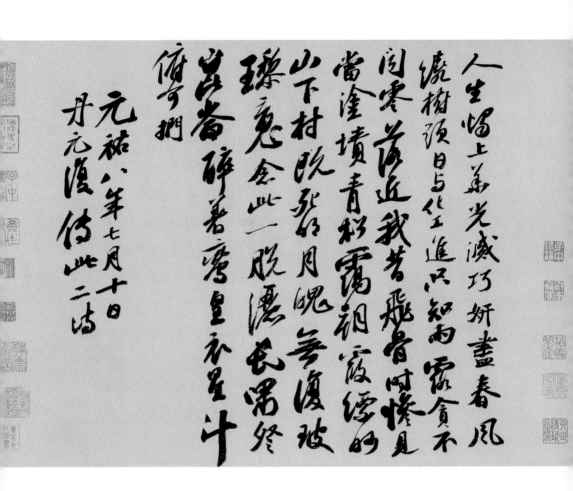

［宋］苏轼 《李白仙诗卷蜡笺》 日本大阪市立美术馆

郊和贾岛。苏轼不惜拿陶渊明的儿子跟自己的儿子作对比：陶渊明的儿子只知道绕着房子找梨枣吃，哪有我家迨儿这样出息？沾沾自喜之余，苏轼又告诫，出名不要太早，要低调，要厚积薄发。

几个孩子中，苏轼给予苏迨更多的关怀和爱，苏迨稍微有点成绩苏轼就不吝笔墨大加赞扬，许多用词过分夸大显得不真实。这大概是苏轼有意为之，这孩子天生条件不好，不能让他心理过于失衡。其实诗中"声名忌太早"，可能包含言外之意，警醒苏迨不要对自己抱有过高幻想。

苏轼给友人的信函中也多有夸耀苏迨的语句，如《与陈季常书》：

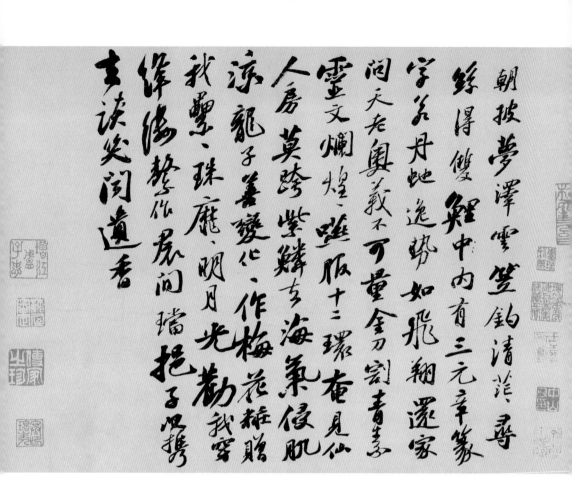

朝披梦泽云笺钓清泷，寻
绎得双鲤中内有三元辛篆
字羌丹地逸势如飞翔还家
闿天老奥义不可量金刀割青青
灵文烂煌噀服十三镮奋见仙
人房莫跨紫鳞吞海气侵肌
涼龍子善变化作梅花糁赠
我灵珠庞明月光劝我窃
绦滿鹜作晨间璙挹子収携
吉谈笑闿道香

"长子迈作吏，颇有父风。二子作诗骚，殊胜吔吔。"

元祐元年（1086），苏迨十七岁，可以授官了。但苏迨是个出家人，自然不能做俗世的官。苏轼连忙给辩才和尚写信，让他剃度另外一个人以顶替苏迨，为苏迨还了俗。这一年，苏迨被授予承务郎的职衔。承务郎为文官第三十一阶，从九品，大多用于恩荫，领取一份薪水，不需要实际上班。

也是在这一年，苏轼向欧阳修夫人及其三儿子欧阳棐提亲，为苏迨娶到欧阳棐第六女。元祐八年左右，欧阳氏去世，苏迨又续娶了欧阳棐的第七女。

绍圣元年（1094），苏轼贬岭南时，苏辙资助苏迈到宜兴落脚就食，其余人等随苏轼去岭南。到了当涂，苏轼改变了主意，坚持要一个人去。是年苏轼已经五十八岁，儿孙们怎么会忍心让他独自生活在蛮荒之地？苏迨等一大家子人围着苏轼哭，执意同行。最后苏轼决定由三儿子苏过陪同自己，苏迨带着其他家眷到宜兴投奔苏迈。

分别时，苏轼手书六篇赋送给爱子，还送给他一方砚台，上面刻写了《迨砚铭》：

> 有尽石，无已求。生阴壑，闷重湫。得之艰，岂轻授。旌苦学，畀长头。

意思是说这方砚台非常珍贵，得来不易，把这么珍贵的砚台送给苏迨，以表扬他勤奋学习。畀（bì），即给予。长头指苏迨，看样子是苏迨的乳名。

苏轼追贬海南时，苏迈暂居惠州远程照顾苏轼。由于身体原因，苏迨生活在宜兴。元符三年（1100）苏轼获赦北归，苏迨也赶到惠州，同苏迈会合后一起去广州迎接父亲。听闻二子相迎，苏轼深感欣慰："北归为儿子，破戒堪一笑。"

关于苏迨还有一些传闻。据说他化名跟着横渠先生张载学习道学，又化名苏鼎考中哲宗朝进士。张载是著名理学（北宋叫"道学"）大师，"北宋五子"之一，他的名句"为天地立心，为生民立命，为往圣继绝学，为万世开太平"被誉为传统知识分子的理想追求。不过苏迨的这些传闻并不可信。张载在熙宁十年（1077）就去世了，那时苏迨只有七岁，刚会走不久。传闻还说苏迨跟随张载最久，被关中士大夫称为"门人之秀"，从年龄和时间段来说，更不靠谱。

据家谱记载，苏迨亡于宋钦宗靖康元年（1126），年五十七岁。苏迨至少有一个儿子苏箕，小欧阳氏所生。

苏过"小东坡"

苏轼诸子中，苏过陪伴苏轼的时间最久，文学艺术成就也最高。苏轼号东坡，他称自己这个儿子是"小坡"。

苏过，字叔党，生于熙宁五年（1072），当时苏轼通判杭州。

苏过二十岁那年，苏轼为苏过求婚于同乡范百嘉之女，把苏过比作孔子的弟子南容。《论语》说："南容三复《白圭》，孔子以其兄之子妻之。"南容多次吟诵《白圭》之诗，孔子就把侄女许配给了他。苏轼这样作比，意思是儿子勤学习、品行好。

苏轼被贬岭南时，按照礼制，长子需要撑起门户，所以苏轼把苏迈留在了中原；苏迨身体不好，也不宜去岭南；只能由小儿子陪伴，随时照顾老父起居。苏过不愿妻子一同受苦，让妻子跟随家族去了宜兴。

虽然是被贬，喜欢游山玩水的苏轼一路还是观赏了不少风景。每到一处，不仅苏轼作诗，苏过也不甘落后，二人争相题咏，还相互唱和。苏过诗才明显高于两个哥哥，苏轼欣然："过子诗似翁，我唱儿辄酬。"表扬苏过的诗风与自己最为接近。

贬谪岭南，对于苏轼在物质上和精神上都是严重打击，苏过想方设法宽慰父亲，让父亲开心起来。他在罗浮山时说，人生短暂，如朝露和闪电，都有逝去的那一天，没有必要为此悲伤。传说彭祖活了八百岁，但比起八千岁的椿树仍然如白驹过隙。他又跟父亲调侃道："我们来到大海边，与神仙居住的蓬莱更近了，至于富贵，如敝屣，不值得考虑，在这里与麋鹿为友，总好过被狰狞的豺狼盯着吧。"狰狞的豺狼指的当然是朝廷中的政敌。

苏轼晚年爱作画，尤其喜画枯木竹石。苏过也跟着父亲学画，像苏轼

洞庭春色賦

吾聞橘中之樂不減商
山豈霜餘之不足而四老
人者遊戲於其間惟此世
之泡幻藏千里於一班舉
棄藥之有餘納芳子莫
何銀宜賢玉之達觀寧
泛天宇兮清閑吹洞庭
逸想於人寰娟娟兮春風
之白浪潑比活之茗灣攪
佳人而往游勤霧鬢與風
鬟命蒼頭之千奴卷震
澤而與俱還糅以二米之
難乃三者之菁忽雲孚而
冰解施珠零而漸潛翠
勻銀甖縈絡青綸隨
屬車之鷗炱歆木門之
銅環鏤兮帝鶴之餘瀝

始予宦遊于衡漳軍
沙而夜號燧松明以記
淺散星宿於亭皋
欻風中之香霧美訴于
石連宣千歲之妙質而
死斤斧於鴻毛歆區之
以明更行樂而來蔂爛
文章之紆縈驚節解
而流膏嘖樣優其之遠
尚藥石之可重奴治用
於柔榆製中山之松膠
救尔尿燼之中免余螢燭
之勞取通明於盤錯出
賦澤於焦熬與春麾而
甘熱沸春聲之噌吰味
之勞取小苦歎幽姿而
高知甘酸之易壞笑涤

[宋]苏轼　《洞庭春色赋·中山松醪赋》（局部）　吉林省博物院

一样表现出多方面的才能。苏轼题苏过的竹石画，其中一首写道：

> 老可能为竹写真，小坡今与石传神。
> 山僧自觉菩提长，心境都将付卧轮。

"老可"指苏轼的朋友文与可，苏轼在他的影响下开始画竹石。"小坡"则是苏轼对苏过的爱称，间接认可苏过得了自己的真传。这首诗后，苏过"小坡"、"小东坡"的雅号广为流传。

苏过把家眷留在宜兴，在惠州长期单身，苏轼觉得愧对儿子。他写信让苏迈申请来广东做官，其中一个原因就是让他把苏过的妻小带来团聚。如果一大家人都到惠州，住房肯定不够。绍圣三年（1096）四月，苏轼花了六七百贯铜钱，买下惠州城东白鹤峰上白鹤观地基作为"宅基地"，建造房屋，迎候苏迈和苏过家小居住。房屋二十余间，全部建在山上，工程量可想而知。而这些体力活儿几乎全是苏过干的——苏轼已老，自然干不动了。他在给友人的信中表现出对儿子的怜惜和无奈："小儿数日前暂住河源，独干筑室，极为劳冗。"

苏迈带着两家家眷来到惠州，苏轼却又被贬到海南儋州，跟随苏轼的还只能是苏过！花一身力气盖好了房子，苏过自己却无福受用；还未来得及享受夫妻重逢的恩爱，就又背起行囊浮槎渡海。苏过极为悲伤，后来回忆说："人皆有离别，我别不忍道。……未温白鹤席，已饯罗浮晓。江边空忍泪，我亦肝肠绕。"

儋州的日子比惠州更加艰难，苏轼总结了"六无"："此间食无肉，病无药，居无室，出无友，冬无炭，夏无寒泉。"确实，他们来后面临的第一个问题是住在哪里。官家房屋不让住，他们只得自己盖房子。虽然苏过有了惠州盖房的经验，但仍劳心劳力，连苏轼都"躬泥水之役"，其艰辛又非惠州所能比。

[宋] 苏轼 《枯木怪石图》 私人收藏

　　有了房子，吃饭仍是问题。不仅"食无肉"，而且经常食无米。苏轼写给苏辙的诗中说："五日一见花猪肉，十日一遇黄鸡粥。土人顿顿食薯芋，荐以熏鼠烧蝙蝠。"海南不生产稻米，粮食以薯芋为主，土著还会吃蝙蝠和熏鼠，这让苏轼父子感到恶心，呕吐难食。官方为了解决岛上北方人的生活问题，会从大陆运米过去，但受天气等多种因素影响，"北船不到米如珠"。为了破解吃饭难题，苏过发明了一种新的食品：以薯芋为主，掺入米粒，混合着吃，以节省大米。苏轼给这种饭取名"玉糁羹"。

　　苏轼是著名的美食家，发明了"东坡肉"等新菜品，苏过继承了父亲的美食基因，无愧于"小东坡"称号。

　　苏过从出生起，基本上没有离开过苏轼，其中单独陪伴苏轼七年，尝尽了岭南和海南的艰辛困苦。

苏轼去世后，三个儿子跟随苏辙生活在颍昌，宜兴土地只用来收租。土地收入无法供给一家人的生活，苏辙还要补贴他们很多。为了增加收入，苏迈、苏迨申请外出做官，但他们是"罪人"之后，官职都很低，苏迈谋的差事是嘉禾县令，苏迨是武昌管库官。苏过则继续陪伴老父亲，为苏轼守墓。

直到政和二年（1112），苏过才到太原府谋取了一个监税的小官，这一年他四十一岁。四十五岁升颍昌府郾城知县，不久又遭罢免。颍昌离京城比较近，苏过得以偶尔出入京城，据传与宫中大宦官梁师成有交往，梁师成对他多有关照。

梁师成深受宋徽宗信任，赐进士出身，拜太尉、开府仪同三司，在历史上口碑很差，是著名的"六贼"之一，同列"六贼"的还有蔡京、童贯等。他权势熏天，有"隐相"之称。就是这样一个人，却对苏轼佩服得五体投地。在苏轼被打压得最厉害时，全国焚毁苏轼作品，不得阅读、买卖、收藏苏轼的文、诗、画，苏轼后代不准入京为官。然而就在这至暗时刻，梁师成公然宣称自己是苏轼的"出子"，成为历史上的一桩公案。梁师成自述，苏轼曾将一个婢女送人，但不知这位婢女已身怀六甲，后来就生下了梁师成。梁师成多次在徽宗面前为苏轼辩护求情："先臣何罪，禁诵其文章，减其尺牍？"因为是宠臣，徽宗并没有治他的罪。

梁师成自己没多少文化，却酷爱收藏书画，尤其是苏轼遗墨。苏轼在海南即将北归时，曾手书八篇赋，后来落入梁师成手中。有分析认为，应该是苏过送给或者卖给了梁师成。梁师成同样视苏过为亲兄弟，据朱熹记载，梁师成曾对家里的府库说："凡是小苏学士用钱，一万贯以下的无需禀报我。"

尽管傍上这样一位"大人物"，但苏过的结局依然悲惨。宣和五年（1123），他出任中山府通判，赴任走到镇阳道中，遭遇强盗，强盗居然想拉他入伙。苏过抬出苏轼的名头，强盗才没有再为难他。晚上，苏过或许有些害怕，或许有些得意，举杯痛饮，竟猝死于途中，时年五十二岁。

苏过住在颍昌时，给自己的住处取名"小斜川"，自号"斜川居士"，他的诗文结集成《斜川集》。苏轼三个儿子，唯苏过有诗文集行世，也唯苏过在《宋史》有传。

清朝建有眉州试院，上有对联：千载诗书城，坐修竹林中，尽饶佳士；四贤桑梓地，问《斜川集》后，谁嗣高文？将苏过与苏洵、苏轼、苏辙并称"四贤"，这是对苏过的充分肯定。只不过比起父祖辈，他的文学光芒显得比较微弱。

卷二　师长：安得如公百无忌

第五章　自屈自信张方平

古人相信人生有轮回，只不过喝了孟婆汤，记忆被抹去，前生不可溯，但最深刻最熟悉的印象，往往在恍惚之间会被唤醒。

苏轼第一次游杭州寿星寺时，眼前所见，仿佛都经历过，他甚至能说出对面忏悔堂前有九十二级台阶。苏轼断定，自己前世是这里的山僧。据寺里的和尚回忆，苏轼夏天在寺里脱衣睡觉，看见背上有七粒黑痣，如星斗状，而世俗之人则看不到。

无独有偶，北宋另一个人也有类似的经历。

宋仁宗庆历八年（1048），张方平出知滁州，参访琅琊寺，在僧舍中看到一本抄了半部的《楞伽经》，忽而灵光乍现，记忆起自己前世乃本寺僧人，这半部《楞伽经》正是前世手笔，当时没有抄完就因病辞世了。

他们都是前世的僧人，有佛缘，而俗缘更深。可以说，张方平是苏家第一个贵人，是苏轼的引路人。

慧眼识骐骥

张方平年长苏轼三十岁，当苏轼八岁入道观读书时，张方平已经成了翰林学士。张方平最显著的才能是记忆力超群，读书几乎过目不忘。他少年时家贫，向别人借书读，《史记》《汉书》《后汉书》这样的大部头，只看一遍，根本不需要重温，所以十来天就归还了。当时人们只笼统地认为张方平聪慧，有奇才，殊不知这就是"最强大脑"！这样的大脑更适合与数字打交道，入仕后，张方平在财赋税收方面表现出特殊的兴趣和才能，被任命为三司使，在王安石之前，他是宋朝最优秀的理财大师。

苏轼十九岁的时候，广西一带少数民族首领侬智高有叛乱迹象，蜀中震恐，百姓不安，朝廷派张方平应对乱局，镇守益州。苏轼与张方平的缘分就从这里开始了。

张方平是天下名臣，苏轼的父亲还是白衣，一心求取功名，便递上帖子前去拜访。张方平没有因为地位悬殊而慢待苏洵，立刻安排见面。二人谈经论道，交流文学，十分投机。张方平认真赏读了苏洵带来的作品如《权书》《衡论》等，感叹苏洵是困于棘茨的鸿鹄，有治史之才，湮没乡野十分可惜，当即奏请朝廷，保举苏洵为成都学官。

彼时苏洵已年近半百，比较而言，他更在意两个儿子的前途，便向张方平推荐了两个儿子。张方平读苏轼的文章，议论风生、纵横捭阖、雄放恣肆，意识到这是百年不遇的旷世奇才！他没有把苏轼当作一般的后起之秀，而是"待以国士"。朝廷重臣这样抬举未出茅庐的年轻人，可谓非同寻常的礼遇。

参加贡举是读书人唯一的出路，苏洵父子也不例外。宋朝贡举须经乡试、省试、殿试三级选拔，乡试即州府组织的考试。苏洵本打算让二子在益州乡试，张方平则说，以苏轼之才，参加益州考试好比骑着骏马在乡间小巷里奔跑，太委屈了。他建议三人直接参加开封府的乡试，那里人才会聚，更能彰显他们的水平。

在这之前，苏洵几次到京师参加科考，均无建树。他揣度大约是蜀中偏僻，人无名气，不为士大夫所重。这一次他把心思放在了两个儿子身上，不愿儿子们像自己一样蹉跎蹇塞，希望能够通过张方平结交京城名士，为贡举铺路。于是他投书张方平：

　　　　闻京师多贤士大夫，欲往从之游，因以举进士。洵今年几五十，

[宋] 李公麟 《西园雅集图》（局部） 台北故宫博物院

以懒钝废于世，誓将绝进取之意。惟此二子，不忍使之复为湮沦弃置之人……明公居齐桓、晋文之位，惟其不知洵，惟其知而不忧，则又何说；不然，何求而不克？轻之于鸿毛，重之于泰山，高之于九天，远之于万里，明公一言，天下谁议？将使轼、辙求进于下风，明公引而察之。有一不如所言，愿赐诛绝，以惩欺罔之罪。

苏洵说："张先生，以您的地位，就是天下盟主，说一句话天下谁人不服？"苏洵还赌咒："我说的都是真的，如果有一句假话愿天诛地灭。"

"好风凭借力，送我上青云"，无论多么杰出的人才都离不开别人的帮助，特别是前辈的提携。张方平当然很乐意做让后辈名扬天下的"好风"。但张方平的长项是财会，文坛地位难以登顶，何况人在蜀中，这"风"也吹不了那么远。他思来想去，还是把苏氏父子举荐给更有影响力的人物为妥。

　　推荐给谁呢？当时文坛盟主非欧阳修莫属。但早年欧阳修追随范仲淹推行新政，张方平与他们政见不同，甚至给新政增加过麻烦：支持新政的青年才俊苏舜钦等人公款聚餐，酒后作诗辱没儒家先圣周公、孔子，张方平身为御史，不留情面，建议处以极刑。从那时起，张方平就被庆历革新派视为异类。

　　尽管二人有过龃龉，但张方平爱极了苏轼、苏辙之才，他还是决定把这两颗"未来之星"交到欧阳修手上："吾何足以为重，其欧阳永叔（欧阳修字永叔）乎！"他硬着头皮给欧阳修写了封推荐信，为了"万无一失"，同时也向朝廷重臣韩琦推荐了苏氏父子。

　　不要小看这一"转手"。宋人非常重视师生关系，苏轼若被欧阳修向朝廷举荐，即可视为欧阳修的门生，意味着张方平与苏轼只是普通的熟人、朋友，不再有师生的名分。能够遇见和发现苏轼这样数百年一遇的人才，无论对于谁都是莫大的荣耀。张方平把苏轼推荐给欧阳修，相当于主动放弃了这份荣光，这种胸怀、这份牺牲的勇气不是任何人都具备的。

离蜀前，张方平对苏轼兄弟进行了一场特殊的考试，出了六道题让兄弟俩去做，他躲在隔壁暗中观察。苏轼得题后便提笔疾书，苏辙却迟疑不定，手指第一题示意兄长，想让其给予提示。苏轼拿笔倒敲几案，意思是题目出自《管子》一书。苏辙又询问第二题，苏轼打了个叉，将题目勾去。原来第二题没有出处，是张方平故意拿来迷惑两兄弟的。这些过程都被张方平看在眼里，他说："二子皆天才，长者明敏尤可爱"。

苏家本不富裕，家里的男丁全部赴京，对于这个小地主之家是笔不小的开销，张方平为此还资助了他们一些旅费。

拿着张方平的推荐信见过欧阳修，在欧阳修的大力鼓吹下，苏氏父子一夜之间名扬天下，苏轼兄弟还考中了进士，他们的人生由此进入快车道。

张方平无疑是苏轼迈入社会的第一个引路人。

十五年间五见公

如果生活在现代社会，张方平一定是位数学家或者金融大鳄，这样的人逻辑思维发达，思考问题大多呈线性方式，解决问题直截了当，不像一般的政治家，总是用玄学去思考问题，从古书或者旧制中寻求答案。

宋神宗即位，国库很穷，穷到给宋英宗办丧事都捉襟见肘。朝廷为什么这么穷？宋朝享国日久，便生出许多弊端，最显著的是"三冗"，即冗兵、冗官、冗费，换句话说就是兵多、官多、花费多。张方平这时任翰林学士承旨，他给宋神宗解释"三冗"时用数字说话：中央禁军，一个士兵一年消耗五万钱，十万人就是五百万缗。庆历五年（1045），禁军数目比景祐初年增加了四十余万人，仅这笔开支就增加了二千万缗。单为军队购买丝绸绢帛一项，景祐中不足二百万匹，庆历中增长到三百万匹。而宋神宗即位时，距离庆历五年又过了二十年，这些数字增加更剧。

宋神宗询问治理"三冗"的对策，张方平就提出一个字：减！多了就减，减人省钱，道理就这么简单。这就是线性思维。而王安石的对策是什么呢？向尧舜学习，实行国家主义经济"公有制"，换言之，就是国家控制经济，财赋就进入国库了，这就是所谓的"民不加赋而国用饶"。张方平节流，王安石开源，宋神宗觉得王安石的办法好，不要裁减部队、精简官吏、节俭用度，想花多少钱就有多少钱，这样就可以武装部队收复汉唐故土了！所以宋神宗起用了王安石进行变法。

思维不同，决定了政治观点不同。在王安石变法中，张方平属反对派，主要反对两点，一是新法扰民，二是宋神宗和王安石一心想同西夏开战，而他反对战争。张方平劝谏宋神宗说："民犹水也，可以载舟，亦可以覆舟；兵犹火也，弗戢必自焚。若新法卒行，必有覆舟、自焚之祸。"这话说得很重，宋神宗不高兴。张方平也知道在朝中与王安石无法共事，力请知陈州。

苏轼和苏辙也不同意王安石的改革方案，和张方平属于同一阵营，与变法派发生了激烈冲突，受到王安石打压。张方平虽在陈州，但一直心系苏轼兄弟。依据资历他可向朝廷举荐谏官，他便举荐了苏轼，说他"文学通博，议论精正"；又于熙宁三年（1070）奏请苏辙为陈州教授，将苏辙置于自己羽翼之下。

熙宁四年七月，苏轼被谢景温弹劾，外放通判杭州。他携带一家老小乘舟出京，第一站便是陈州。苏轼在陈州住了七十多天，多次拜谒张方平。张方平向苏轼诉说新法推行之苦，动容地说："吾衰矣，雅不能事少年，不如归去，以全吾志。"遂上书请任南都（即应天府，今河南商丘）御史留台闲职。

尽管情绪低落，张方平还不忘宽慰苏轼："趣时贵近君独远，此情于世何所希。车马尘中久已倦，湖山胜处即为归。洞庭霜天柑橘熟，松江秋水鲈鱼肥。地邻沧海莫东望，且作阮公离是非。"意思是劝苏轼远离是非，远离祸端。诗中的"阮公"或指"竹林七贤"之一的阮籍，用醉酒去逃避政治；或指南朝阮孝绪，朝廷征召不至，一心讲学和著书立说。苏轼则作《送张安道赴南都留台》（张方平字安道），为张方平有志难伸、有才难用而鸣不平，诗中充满对张方平的敬仰之情，甚至萌发了"从公当有时"的念头。

在世俗观念中，年轻时应当积极进取，打拼出光辉前程；到了一定年龄会产生隐退之心，安享清闲富贵。张方平与苏轼却恰好相反，长者劝年轻人安心江湖之远，年轻人惋惜长者未能在庙堂施展才华，看似不合常伦，但在旧党普遍遭受打压排挤的特殊形势下，恰恰体现了他们关爱对方、为对方着想的真挚情感。

此后张方平一直居住在南都。他建造了"乐全堂"，自称"乐全居士"。"乐全"取自《庄子》"乐全之谓得志"，体现的是一种洞察世事、与世无争的人生态度。此后苏轼"十五年间，六过南都，而五见公"，只要方便，就会到南都乐全堂拜谒张方平。

第一次在熙宁十年（1077），苏轼由知密州改知徐州，恰好张方平被任命为南都留守兼知应天府，他辟召苏辙签书应天府判官。徐州离南京不远，苏轼利用转官的机会，和苏辙一起赴南京，住了半个多月。

第二次在元丰二年（1079），苏轼知徐州任满，将赴湖州，路过南京看望张方平和苏辙，又住了半月。

第三次在元丰八年二月，苏轼结束黄州编管，到南京拜谒张方平。

第四次在元祐四年（1089），苏轼再陷党争，这一次是被旧党围攻，苏轼请求外放知杭州。五月，他路过南京，再拜谒张方平。

第五次见张方平在元祐六年五月，苏轼短暂被朝廷召还，从杭州至京师，路过南都。

熙宁十年四月看望张方平时，他们谈及对外战争，忧心忡忡。彼时王韶在西北开边，收复熙、河、洮、岷等数州，将宋朝疆域扩大了一千多平方公里；章惇在西南平定诸蛮，开发梅山、沅江五溪和泸州一带；郭逵南征交趾。宋朝四面开花，战事不断。这些战事虽然都取得了胜利，但他们一致认为对外用兵不是好事，是国家败亡的开始。张方平愤慨地说："朝中无人敢进逆耳之言。我已七十一岁，老且将死，福祸在所不计，死后见到先帝也算有所交代了。"便让苏轼执笔，以他的名义向宋神宗上《谏用兵书》。奏书开头就用惊异之笔写道：

臣闻好兵犹好色也。伤生之事非一，而好色者必死；贼民之事非一，而好兵者必亡：此理之必然者也。

接着提出立论："圣人不计胜负之功，而深戒用兵之祸。"

文中分析了"好兵者必亡"的原因，列举了历史上所谓的"胜者"如秦始皇、汉武帝、隋炀帝、唐太宗等，他们貌似武功卓著，实则造成国力凋敝、内政不稳，埋下了败亡的祸因。

奏书结合当时的形势，指出战争给民众带来的痛苦，给国家造成的灾难，说明民心向背才是王朝兴衰的关键。最后毫不客气地进谏："今陛下深居九重，而轻议讨伐，老臣庸懦，私窃以为过矣。"

这篇奏书洋洋洒洒两千多字，引古证今，持之有据，言之成理，文字雄奇，笔力矫健，其中凝聚了苏轼和张方平、苏辙三人的智慧，更凝聚了三人对社稷前途的忧虑。这篇奏章呈送朝廷后很快天下传诵，但没能改变宋神宗的决策，直到元丰五年（1082）永乐城兵败，才悔之晚矣。

元丰八年二月，张方平已经七十九岁，体衰多病，尤其眼睛几近失明。苏轼在黄州也患有角膜炎，一直难以治愈，趁拜谒的机会让张方平的"家庭医生"王彦若给予诊治。王彦若使用器械割除眼中的翳膜，这在当时难以想象。苏轼作诗《赠眼医王生彦若》记述了这件事，感慨从眼中割除翳膜比农民在谷田里刈除杂草难多了。

张方平毕生研究《楞伽经》，他想把这一佛教宝典传诸后世，付三十万钱委托苏轼在江淮间找地方印刷。离开南京后，苏轼亲自抄写经文，从杭州寻找刻工制成雕版，藏于润州金山寺中。苏轼打算把雕版永久保存下去，使张方平的心血传之不尽。当然，世事无常，这也只能是良好的愿望罢了。

元祐四年（1089）五月，苏轼第四次在南都见到张方平，其时张方平已八十有三。苏轼知道张方平来日无多，主动提出为张方平文集作序。张方平进一步请求苏轼为他整理文稿，"删除其繁冗，芟夷其芜秽，十存三四，聊以付子孙而已"。苏轼欣然答应。

元祐六年五月苏轼最后一次见张方平时，张方平亦有所请，嘱代撰滕元发墓志铭，苏轼一口应承下来。

除了多次看望张方平，每逢张方平生日，苏轼都要写诗贺寿，并寄去礼物以表心意。比如张方平七十五岁寿辰，苏轼在黄州虽然生活艰辛，仍寄去一根吴越王钱镠（liú）用过的铁柱杖作为寿礼。这根铁柱杖大有来历，相传为闽国开国国君送给吴越开国国君钱镠的，钱镠赐给了一个和尚，最后辗转到了闽人柳真龄手中，由柳真龄赠给苏轼。苏轼对此视作珍宝，与苏辙都有诗作吟咏。将这件珍贵的礼物送给张方平，亦见情义，张方平感动之至，作诗谢之。

父子般的情义

元丰二年（1079），李定等人借口苏轼诗词中有攻击宋神宗、反对新法的句子，对苏轼展开围剿，酿成北宋历史上第一个有影响的文字狱——"乌台诗案"。苏轼被关押在御史台一百三十多天。"乌台诗案"还牵连了苏轼许多朋友，其中就包括张方平。张方平曾托女婿王巩给苏轼捎来自己的诗集《乐全堂杂咏》，苏轼在后面题写：

荒林蜩蚻乱，废沼蛙蝈淫。

遂欲掩两耳，临文但噫喑。

萧然王郎子，来自缑山阴。

云见浮丘伯，吹箫明月岑。

遗声落淮泗，蛟鼍为悲吟。

愿公正王度，祈招继愔愔。

诗中把新进的变法人物比作"蜩蚻（即蝉）""蛙蝈（即青蛙）"，把张方平比作汉初的儒者和隐士浮丘伯，希望他"正王度"，为朝廷拨乱反正，恢复朝廷的和谐秩序。

后来，这首诗成为张方平与苏轼串通恶意诋毁新法的证据，张方平受到罚铜处分。

宋神宗对苏轼起了杀心，朝中大臣大多避之不及，张方平虽然自身难保，仍勇于出头，上书为苏轼讲情，言辞激烈，苏轼日后见到奏折内容都为之咋舌。张方平托南都官员将奏书呈交朝廷，南都官员怕惹祸上身，不敢接受。于是张方平派儿子张恕到京城投书，并教他敲登闻鼓，喊冤进呈。但张恕远没有其父的勇气和胆识，看到登闻鼓院戒备森严，踌躇再三，竟不敢靠近。

苏轼获罪后，被发配到黄州接受监管，心情一度糟糕透顶，闭门谢客，不愿与旧人故友互通书信，但张方平是个例外。外界误传苏轼得病亡故，张方平非常着急，写信询问，苏轼回信说："每念违去几杖，瞻奉无期，未尝不临风嗟惋。万一天恩放停逐，便当不远千里见先生也。"大意是说每想到自己远离先生，未能在身边侍奉，再次见面也不知何时，只能临风叹息，等恢复了自由身，一定不远千里去看望您。

后人评价苏轼与张方平"谊兼师友"，其实他们更像父子，一个舐犊情深，一个敬奉恭谨。

元丰八年（1085），宋神宗驾崩，宣仁太后摄政，苏轼得以回朝，先后入侍延和殿、除中书舍人、擢翰林学士知制诰。在宣仁太后跟前刚能够说得上话，他便上《乞加张方平恩礼札子》，请求朝廷加恩劳问。

元祐六年（1091）八月，张方平病重，苏轼得知消息，连忙为张方平文集作序，对张方平一生进行了总结性评价。序中把张方平同孔融、诸葛亮相提并论，足见评价之高。

> 公为布衣，则颀然已有公辅之望。自少出仕，至老而归，未尝以言徇物，以色假人。虽对人主，必同而后言。毁誉不动，得丧若一，真孔子所谓大臣以道事君者。世远道散，虽志士仁人，或少贬以求用，公独以迈往之气，行正大之言，曰："用之则行，舍之则藏。"上不求合于人主，故虽贵而不用，用而不尽。下不求合于士大夫，故悦公者寡，不悦者众。然至言天下伟人，则必以公为首。

这段是对张方平人品的评价，说他不媚上、不欺下，有自己的品格和气节，无论褒奖还是贬毁都不能改变初心。苏轼由衷赞叹他是伟人中的领袖，这个评价已经高到不能再高了。

张方平在临终前看到了苏轼写的"叙"（苏轼避祖父讳，所有诗文的"序"均写作"叙"），虽然病重卧床，不能执笔，仍口述了一篇谢文让人送给苏轼。苏轼在"叙"中自称"门生"，张方平执意不从，他认为二人是忘年交，嘱咐苏轼务必将"门生"二字删除。

十二月二日，张方平卒。宋朝为了防范朋党，明令弟子不能为老师服丧，苏轼时在颍州，仍超越常规为张方平披麻戴孝三个月，还停止了一切歌舞娱乐。他在给赵令畤的诗中写道："白酒真到齐，红裙已放郑。"红裙指歌妓舞女，放郑指弃绝。诗后特意加以说明："酒尚有香泉一壶，为乐全先生服，不作乐也。”

苏轼还为张方平写了三篇祭文和墓志铭，其中云：“可望可见，而不可亲。师心而行，自屈自信。”“我晚闻道，困于垢尘。”一个伟大的人，才智未能尽其用，悲喜未能折其志，苏轼对张方平的哀悼，也是自伤。

他们之间的关系，超越了朋友，超越了师生，有着近乎父子的情义。

第六章　与余俱是识"翁"人

　　苏轼小时候在道观读书，有人从京城回来，传抄了一首《庆历圣德颂》。这是大名士石介的作品，名义上是为宋仁宗歌功颂德，其实突出的是四位贤臣：范仲淹、韩琦、富弼和欧阳修。苏轼从此记住了这四位的名字，做梦都想一睹风采。

　　嘉祐年间三苏出川时，张方平写信将他们推荐给欧阳修和韩琦。苏轼没有想到，小时候的四位偶像有两位将成为自己的荐主；他更没想到的是，除了范仲淹已经去世，其他三人将与他同朝为官，在王安石变法中成为坚定的盟友。

千年第一榜

　　欧阳修在北宋具有特殊地位，于政治上、文学上、史学上都达到了时代高峰。

　　宋仁宗景祐年间，欧阳修支持范仲淹弹劾权相吕夷简，斗争失败后被贬夷陵，在这里专心修史，自撰了《新五代史》。庆历年间，宋仁宗任用范仲淹、富弼推行改革，当时欧阳修任谏官，是庆历新政的坚定拥护者，新政失败后再次被贬，在滁州写下文学史上的不朽名篇《醉翁亭记》。嘉祐元年（1056）欧阳修为翰林学士，嘉祐末拜参知政事，官至副宰相。

　　欧阳修在文学上更重要的成就是接过唐代韩愈、柳宗元的旗帜，大力推行古文运动。汉朝以后，社会上流行句式工整、讲究对仗和声律的骈体文，有名的如《三都赋》《与朱元思书》《滕王阁序》等，像先秦《庄子》那样句式自由的散文反而没人写了。韩愈以复兴儒学为出发点，在文学上提出"文章合为时而著"的口号，反对骈文，提倡古文即散文。到了北宋，欧阳修大力倡导古文，社会上对古文基本形成共识，但在一些重要环节仍然以骈文为主。比如科考，考生以骈文作策论文，内容空洞，只好在语言上标新立异，追求险怪、奇涩，时称"太学体"。

苏洵带着张方平的举荐信拜访欧阳修，欧阳修又读了苏洵的文章，非常赞赏。苏洵科举不中之后，就摒弃了骈文，专心写古文，正好契合欧阳修的文学主张。欧阳修称赞他的文章博辩宏伟，即使贾谊、刘向也不过如此。他上书《荐布衣苏洵状》，向朝廷推荐这位"特殊人才"。由于欧阳修的推荐和宣扬，苏洵声名鹊起，很快融入京城的文化圈，与韩琦、富弼等达官贵人坐而论学。

嘉祐二年（1057），欧阳修以翰林学士知贡举，主持这一年的礼部省试。这让欧阳修有机会改变科考风气，淘汰"太学体"，扶持平易质朴的文风。

和欧阳修一起主持考试的还有韩绛、王珪、范镇、梅挚等，欧阳修又举荐另一位文坛骁将梅尧臣担任点检试卷官。点检官负责对考生试卷进行初分类，确定等级，然后上交贡举官。

苏轼、苏辙兄弟参加了这次科考，但苏洵没有。苏洵被科考伤透了心，以他现在的名气和年龄，也不需要进士的光环了。

经过几十年的摸索，到了宋仁宗时代，宋朝科考制度已经非常完备，形成了一整套防舞弊的体系。考前考官要"锁院"，住在贡院里不得与外界接触。锁院持续五十多天，出题、阅卷、定榜都在贡院里进行。考试之日，举子们进入贡院，经过搜身，按榜就座。考生试卷要"糊名"，经过第三人誊录才能到参详官和贡举官跟前。所以即使贡举官有心偏向某某考生，也很难认出他的试卷。

考试的科目繁多，主要有论、诗、赋，其次还有策、帖、对义等。

欧阳修出的策论题目是"刑赏忠厚之至论"，围绕主政者奖惩赏罚进行议论。一些善于"太学体"的考生答题："天地轧，万物茁，圣人发。"欧阳修啼笑皆非，提起朱笔批道："秀才刺，试官刷。"毫不客气地在上面画一道红杠，宣判"死刑"。

有一篇策论引起了点检官梅尧臣的注意。文章提出要赏罚分明，认为可赏可不赏的，要赏，以示广恩；可罚可不罚的，不罚，以示慎刑。最后得出结论："立法贵严，而责人贵宽"，这样才能"以君子长者之道待天下，使天下相率而归于君子长者之道"。文章的观点完全符合儒家的"仁政"思想，梅尧臣称赞其"有孟轲之风"，马上将试卷推荐给欧阳修。欧阳修看后也赞叹不已，特别是朴实畅达的文风更为欧阳修所欣赏。梅尧臣建议将其确定为第一，欧阳修判断只有自己的入室弟子曾巩能写出这样好的文章，担心遭外界非议，最后定为第二。

欧阳修这个"有心之举"小小坑了苏轼一下，因为这篇文章的作者是苏轼，并不是后来同样名列"唐宋八大家"的曾巩。苏轼本来策论第一变成了第二。

在对义《春秋》中，苏轼还得了第一名。

然而遗憾的是，声律一向是苏家的薄弱环节，即使日后苏轼以诗赋闻名，考试中引人注目的却是策论，诗赋成绩一般。

锁院结束，真相大白，欧阳修对苏轼有些歉意。不过他更迫切地想和这位考生探讨一下文章中的一些内容。文中提到一个典故："当尧之时，皋陶为士，将杀人。皋陶曰'杀之'三，尧曰'宥之'三。"说的是尧宽厚仁政的故事。欧阳修学富五车，却想不出这则典故出自何处。他问苏轼，苏轼说："记得在《三国志·孔融传》里。"欧阳修是个有考据癖的历史学家，回家仔细查找了一遍《孔融传》，还是没有找到。再问苏轼，苏轼回答："曹操灭袁绍，将袁绍儿媳赐给自己的儿子曹丕。孔融说，过

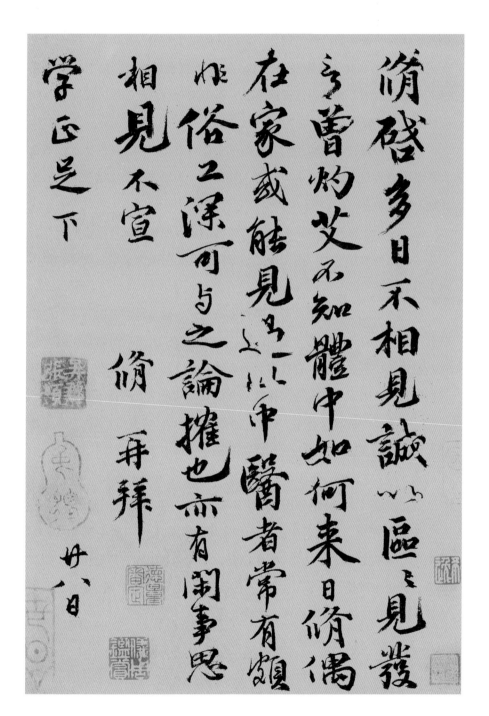

修启 多日不相见 诚以区区见发

区曾灼艾不知体中如何来日修偶

在家或能见过以中医者常有咨

修俗二深可与之论摅也亦有闲事思

相见不宣　修　再拜

　　　　　廿八日

学正足下

[宋]欧阳修 《灼艾帖》 北京故宫博物院

去武王伐纣，曾将妲己赐给周公。曹操惊问见于何书。孔融说，以今日之事观之，想来如此。皋陶、尧之事，我也是想来如此。"读书而不读死书，可谓善读书。苏轼自己编排典故，不但没有惹恼欧阳修，反而更令欧阳修对这位年轻人刮目相看。

后来欧阳修在一封写给梅尧臣的信中盛赞道："读苏轼的文章，不觉大汗淋漓，真是痛快！老夫当避路，放他出一头地也。"这是成语"出人头地"的由来。

欧阳修乐于提携后生，是名副其实的伯乐。他把苏轼介绍给韩琦、富弼等人，这些政坛勋旧以国士待之，苏轼一夜之间成为文坛、政界一颗冉冉上升的新星。

礼部省试之后，仁宗皇帝要亲自主持殿试，确定最终名次。这一榜的状元是福建人章衡，第二为窦卞，第三为罗恺。三人日后虽籍籍无名，但这一科进士中声名显赫、百代留名的为数甚多，如苏轼、苏辙、曾巩位列"唐宋散文八大家"；程颢、张载是开山立派的理学大师；王韶、郑雍、梁焘、吕惠卿、苏辙、林希、曾布、张璪、章惇九人担任过宰执；在《宋史》中有传的多达二十四人。历代所有科举考试中，这年的科举考试榜单出的人才最多，号称"千年第一榜"。

除了制度、文化上的原因，"千年第一榜"应归功于欧阳修。

按唐朝规矩，考生若中进士，与主考之间即形成"师生"关系，终身不变。宋朝为了防止主考与贡生结党，形成利益集团，特地增加了殿试环节，即进士皆是"天子门生"。但在民间话语中，主考依然是考生的恩主。从这个角度讲，欧阳修算苏轼的老师。

颍州之乐

苏轼进士及第后，连续遭遇母丧、父丧，除了在凤翔府任三年通判，其他时间几乎都在丁忧，跟欧阳修很少有交集。等苏轼再次出仕，已是熙宁二年（1069），宋神宗任用王安石，开始了轰轰烈烈的变法运动。而欧阳修早在治平四年（1067）即被排挤出朝，苏轼未能见到他。

其实欧阳修也是王安石的恩主。王安石是曾巩的朋友，曾巩是欧阳修的入室弟子，当曾巩把王安石的诗文介绍给欧阳修时，欧阳修一下子就被这位年轻人打动了，那时王安石还是东南沿海一个小小的县令。二人虽然还未谋面，但已经开始隔空唱和。欧阳修在滁州写当地美景，有一首诗叫《幽谷晚饮》，王安石看到后，写了一首《幽谷引》作为回应。这以后二人多次书信诗词交往，欧阳修把王安石比作李白和韩愈，预言"后来谁与子争先"——这世上，没有人是你的对手。

除了苏轼，欧阳修还没有这么卖力地称赞过其他后生，可见苏轼和王安石是他最为欣赏的两个人。

王安石恃才傲物，却独独折服于欧阳修。嘉祐年间，宋仁宗想要将王安石调入朝中，王安石推辞不就。仁宗让欧阳修去做他的思想工作，王安石便愉快地就任了群牧判官和三司度支判官。

然而到了熙宁年间，随着变法的展开，尽管欧阳修已不在朝廷，二人还是成了政治上的对手。

熙宁二年八月，苏轼为国子监举人考试官，拟定策问考题时讥讽王安石独断专行。王安石到宋神宗面前告御状，其中一条就是苏轼阿附欧阳修，只要有人非议欧阳修，苏轼就写文章猛烈抨击人家——为了打击苏轼，他把欧阳修也拉扯了进来。

欧阳修对王安石的变法措施也不满意，对新政软抵硬抗。朝廷推行青苗法，发放青苗钱，各地出现了不同程度违背农户意愿，强制农户借贷的问题。彼时欧阳修知青州，他在辖区内公开阻止推行青苗法，两次上书陈述青苗法的弊端。在反对未见效果的情况下，欧阳修不愿晚年名节有亏，更不愿等矛盾不可调和时被变法派驱逐，便主动请求致仕。

苏轼听闻消息后，献《贺欧阳少师致仕启》，祝贺这位"事业三朝之望，文章百代之师"的老前辈"明哲保身"，并高度评价欧阳修对自己的影响："轼受之最深，闻道有自。"

欧阳修在皇祐年间曾出知颖州，看中了颖州的山水，退休后就居住在颖州。他淡泊政事，作《六一居士传》，描述自己的生活是"藏书一万卷，集录金石遗文一千卷，琴一张，棋一局，酒一壶"，加上自己这一个老翁，故自号"六一居士"。

看到《六一居士传》，苏轼在后面作记曰："居士殆将隐矣。"

熙宁四年（1071），苏轼因批评新法被外放通判杭州。他先去陈州看望张方平，九月跟苏辙一起去颖州探视欧阳修。从史料记载来看，这应该是苏轼丁父忧后二人仅有的一次见面。

听闻苏轼兄弟前来，欧阳修非常高兴，在颖州西湖宴请两兄弟。也只有同这两兄弟在一起，欧阳修才敢无所顾忌地谈论时政，谈论文学。

苏轼用诗歌记录下这次会面的盛况：

> 谓公方壮须似雪，谓公已老光浮颊。
>
> 揭来湖上饮美酒，醉后剧谈犹激烈。
>
> 湖边草木新着霜，芙蓉晚菊争煌煌。
>
> 插花起舞为公寿，公言百岁如风狂。

欧阳修须发皆白，病魔缠身，特别是眼睛高度近视，几近失明。不过这天他精神矍铄，红光满面，穿着道袍一样的衣服，像飘逸长寿的仙人。其实欧阳修刚刚过完六十五岁生日，苏轼把老师比作芙蓉、晚菊，为他插花起舞，祝他长命百岁。

师徒三人无话不谈，甚至谈起了医药。欧阳修叙述中医的医等同于"意"，举例说，一个人乘船受到惊吓得了病，医生从舵工汗水浸渍过的舵把上刮下粉末作为药引，佐以丹砂、茯神，病人吃了就能痊愈。欧阳修总结说："医以意用药多此比。初似儿戏，然或有验，殆未易致诘也。"他让苏轼不要怀疑。

苏轼不相信所谓的"以意用药"，跟欧阳修抬杠：按照这个逻辑，把笔墨烧成灰给那些正在学习的人喝，脑子就不昏惰了？喝伯夷的洗手水，能够治贪心？吃比干的剩菜剩饭，能够治奸佞？舔樊哙的盾牌，能够治怯懦？闻西施的耳环，能够治各种恶疾？

欧阳修无言以对，哈哈大笑。

欧阳修家里有一块砚屏石，视如珍宝。砚屏是置于砚端以障风尘之屏，多以玉、石、漆木为之，据考证出现在宋仁宗庆历年间，欧阳修和苏轼是最早接触砚屏的一代人。这块砚屏石来自虢山，呈紫色，上面有天然纹理如一幅自然风景图，月白如玉，树木森然。欧阳修又请人画上山峦劲松，取名"月石砚屏"或"紫石屏"。它是中国历史上有记载的最早的砚屏。欧阳修让苏轼、苏辙以此为题各咏一诗，苏辙的诗清淡平白，而苏轼的诗则气势恢宏：

何人遗公石屏风，上有水墨希微踪。不画长林与巨植，独画峨嵋山西雪岭上万岁不老之孤松。崖崩涧绝可望不可到，孤烟落日相溟濛。含风偃蹇得真态，刻画始信天有工。我恐毕宏、韦偃死葬虢山下，骨可朽烂心难穷。神机巧思无所发，化为烟霏沦石中。古来画师非俗士，摹写物象略与诗人同。愿公作诗慰不遇，无使二子含愤泣幽宫。

这首诗颇有李太白《梦游天姥吟留别》之风。李白记梦，苏轼写画，都包罗万象，想象雄丽，充满浪漫主义情调。

苏轼兄弟在颍州住了二十多天，才别过老师继续南下。

离开颍州时，欧阳修向苏轼举荐自己的方外之交惠勤。惠勤在杭州孤山上修行。欧阳修喜爱山水，羡慕惠勤自由自在的生活，但在朝为官，身不由己，便作《山间乐》三章赠予惠勤。欧阳修告诉苏轼，惠勤是个有趣的人，他们如果认识，一定会成为朋友。

苏轼到杭州第三天，就按照恩师意愿到孤山探访惠勤。果然，二人一见如故。他们抵掌谈论人物，惠勤告诉苏轼，欧阳公是天上的神仙，不过暂时寄寓在人间而已。人们能看到他的凡身肉体，却不知道他能乘云驭风，历五岳而跨沧海。他虽然没有来过杭州，但西湖只不过是他桌台几案上的小物件而已。

他们都对欧阳修这种神仙一样的风采佩服不已。

欲吊文章太守

除了高度近视，欧阳修患有严重的糖尿病，全身消瘦，步履维艰，这在古代属不治之症。颍州之聚后不足一年，即熙宁五年（1072）闰七月，欧阳修病逝，享年六十六岁，谥"文忠"。颍州一别竟是永别。

身为朝廷命官，行动不自由，无法离开任所，苏轼便在惠勤的僧房里设台，吊唁欧阳修，以尽弟子之谊。他深情写下祭文：

> 民有父母，国有蓍龟；斯文有传，学者有师；君子有所恃而不恐，小人有所畏而不为。譬如大川乔岳，不见其运动，而功利之及于物者，盖不可以数计而周知。
>
> …………
>
> 昔我先君，怀宝遁世，非公则莫能致；而不肖无状，因缘出入，受教于门下者，十有六年于兹。闻公之丧，义当匍匐往吊，而怀禄不去，愧古人以忸怩。缄词千里，以寓一哀而已矣！盖上以为天下恸，

而下以哭其私。呜呼哀哉！

大意是：因为先生，百姓有了依靠，国家少了困惑；因为先生，文化得到传承，学者得到教诲；因为先生，君子有所依仗而不会害怕，小人有所畏惧而不敢妄为。先生像高山大川，看不到他的运动，但恩惠遍及万物，无法用数字去计算衡量。

…………

以前我的父亲有才学而不为人知，非先生不能扬名于世；我有幸跟随先生，在先生门下接受教育，到现在十六年了。听闻先生去世，按情理应当匍匐前去凭吊，但公务在身不能前往，真愧对先生。我在千里之外写这篇悼词，为天下人感到悲伤，也代表了我个人的哀悼。

欧阳修是一个时代的伟人，在苏轼看来，他的去世是天下人的损失，是文化的损失，也是苏轼个人的损失。

十八年后，苏轼再次赴杭州任知州，其时惠勤已经去世，其弟子将欧阳修与惠勤二人的画像挂在一起。弟子们还告诉苏轼，不久前僧舍后面忽然冒出一泓清泉，苏轼将泉命名为"六一"。苏轼与惠勤因欧阳修而结识，纪念欧阳修就是纪念和惠勤的友谊。

对苏轼人生影响最大的人，除家庭成员，应当首推欧阳修。欧阳修生前他们没有太多时间相处，去世后苏轼从来没有停止过对他的怀念。

欧阳修曾和苏轼谈论诗歌和音乐的关系，问苏轼哪首琴诗写得最好，苏轼背诵韩愈的《听颖师琴》："昵昵儿女语，恩怨相尔汝。划然变轩昂，勇士赴敌场。"欧阳修却断定韩愈弄错了古琴和琵琶，诗中所描述的音乐起伏跌宕，大开大合，只有琵琶才能弹出这样的声音，而古琴声音的特征是清微淡远。苏轼接受了这种美学观点，到杭州后写《听杭僧惟贤琴》："大弦春温和且平，小弦廉折亮以清。平生未识宫与角，但闻牛鸣盎中雉登木。门前剥啄谁扣门，山僧未闲君勿嗔。归家且觅千斛水，净洗从前筝笛耳。"苏轼自信这段描绘能得到老师的肯定，但还未来得及寄出，欧阳修竟已作古。元丰四年（1081），苏轼回忆起这段故事，将它写进了《杂书琴事》中。

元祐五年（1090）三月，苏轼拜访刘季孙，见到欧阳修的一幅墨迹，勾起了他的怀念，题跋写道：

> 处处见欧阳文忠书，厌轩冕思归而不可得者，十常八九。乃知士大夫进易而退难，可以为后生汲汲者之戒。

士大夫都想仕途高进，而欧阳修想隐退却不得。苏轼由此警示后生：进易退难，不要到时候再后悔。

这则跋中苏轼还评价了欧阳修的书法：欧阳公书，笔势险劲，字体新丽，自成一家。

元祐六年六月，欧阳修第三子欧阳棐刻印《六一居士集》，请苏轼作序。苏轼欣然命笔，在序中评论说：

> 自欧阳子出，天下争自濯磨，以通经学古为高，以救时行道为贤，以犯颜纳谏为忠。长育成就，至嘉祐末，号称多士，欧阳子之功为多。

苏轼写出了欧阳修对人才培养以及对天下学风、文风的影响，认为嘉祐末人才济济，欧阳修的功劳最大。

苏轼还称赞欧阳修阐述道理像韩愈，议论事物像陆贽，记述事物像司马迁，吟诗作赋像李白。苏轼强调这不是他个人的评价，天下人都这样评价。

此后不久，朝中旧党又分裂出朔党、洛党、蜀党，苏轼受到排挤，知颍州。颍州是欧阳修工作过的地方，也是他终老的地方，苏轼看到颍州的一草一木、一山一水，都仿佛重新看到了恩师的音容笑貌。

欧阳修生前最爱颍州的西湖，任颍州太守时曾作《玉楼春》描写西湖风景：

> 西湖南北烟波阔，风里丝簧声韵咽。舞余裙带绿双垂，酒入香腮红一抹。　　杯深不觉琉璃滑，贪看六幺花十八。明朝车马各西东，惆怅画桥风与月。

上阕起句状其辽阔，次句写其繁华，后两句写湖上歌舞欢娱的美好时光。下阕写观舞人的情态：如痴如醉，酒杯快从手中滑落了都毫无察觉。末两句写天下没有不散的筵席，曲终人散，惆怅落寞。

苏轼旧地重游，想起他们西湖聚会的场景，作《木兰花令》。"木兰花令"与"玉楼春"原是两个词牌，后来两调混用，可以视为一个曲调两个名称。苏轼《木兰花令》曰：

> 霜余已失长淮阔，空听潺潺清颍咽。佳人犹唱醉翁词，四十三年如电抹。　　草头秋露流珠滑，三五盈盈还二八。与余同是识翁人，惟有西湖波底月。

湖面上歌妓还在唱着欧阳修的词，一晃却已四十三年。月圆月缺，美好的时光如风驰电掣。现在与我一样认识欧阳先生的，只有西湖波底的月光了。

是年，刘季孙路过滁州，滁州百姓想把欧阳修《醉翁亭记》刻在石头上。找谁书丹呢？苏轼是最合适的人选。刘季孙向苏轼提出这个请求，苏轼回应说，自己是先生门下士，义不容辞。十一月，他把一份手书的《醉翁亭记》交给了刘季孙。

［宋］夏圭 《西湖柳艇图》 台北故宫博物院

欧阳修还在扬州任过太守，其间修建一处房屋叫平山堂，作词《朝中措·平山堂》自称"文章太守"。元丰二年（1079），苏轼自徐州移知湖州，路过扬州，知州鲜于侁在平山堂宴请苏轼。苏轼感念欧阳修，在这里作《西江月》：

　　三过平山堂下，半生弹指声中。十年不见老仙翁。壁上龙蛇飞动。　　欲吊文章太守，仍歌杨柳春风。休言万事转头空。未转头时皆梦。

欧阳修生前对苏轼寄以很高的期望，希望他接替自己成为文坛盟主。事实上，无论儒家道统、散文、诗、词，苏轼都全面继承并超越了他的恩师。宋代古文运动，由欧阳修掀起高潮，到苏轼胜利完成，二人并称"欧苏"；诗和词苏轼更在欧阳修之上。钱锺书的父亲钱基博认为："苏轼之于欧阳修，犹欧阳修之于晏殊，皆由门下开拓，不拘师法。而欧之境，去晏未远；苏之笔，视欧益豪。"

继承和发展，是最好的纪念。

第七章　忠义范镇，岂以闾里

范镇在后世名声不大，但在当时声震朝野。

宋仁宗没有儿子，又迟迟不愿立嗣，大臣们很着急，上奏请皇帝认真考虑接班人的问题，宋仁宗都不予理睬。大臣们碰了个软钉子，都怏怏而退，只有范镇，连上十九道奏章，并当面与宋仁宗争执，累计百余日，因此须发皆白。宋仁宗罢去他谏官之职，他仍执着不懈以死直谏，司马光由衷赞叹："景仁之勇决，皆予所不及也。"景仁是范镇的字。

范镇与苏轼是老乡，成都华阳县人，离眉山很近。范镇比苏轼大二十九岁，比苏轼的二伯父苏涣小七岁，比苏洵大两岁，可称是苏轼的长辈。范镇是仁宗宝元元年（1038）进士，比苏涣进士及第晚了十四年。

出川前，苏轼和父亲苏洵并不认识范镇。嘉祐二年（1057）的科考，欧阳修任主考官，范镇权同知贡举，也是考官之一。这一次考试拉开了他们交往的帷幕。

欣然为我解东阁

苏轼科考后，写信感谢考官们，其中就有范镇。当时范镇是中书舍人，这封信叫《谢范舍人书》。因为是老乡，苏轼在文中追溯蜀中文风之盛，"文章之风，惟汉为盛。而贵显暴著者，蜀人为多"，然后谈到本朝，"比之西刘，又以远过"。

确如苏轼所言，宋仁宗后期，眉山科举呈现井喷之势。苏轼在文中透露，同一年参加礼部考试的眉山举子多达四五十人，考中的有十三人。苏轼认为这是蜀人的光荣："夫君子之用心，于天下固无所私爱，而于其父母之邦，苟有得之者，其与之喜乐，岂如行道之人漠然而已哉！"

通过打"乡情牌"，苏轼成功地与范镇建立了交情。不过同乡只是契机，他们交往的基础还是共同的价值观。后来苏轼在《祭范蜀公文》中写道："吾先君子，秉德不耀。与公弟兄，一日之少。穷达不齐，欢则无间。岂以闾里，忠义则然。先君之终，公时在陈。宵梦告行，晨起赴闻。"其中一句"岂以闾里，忠义则然"，意指是忠义让他们走到了一起。

嘉祐六年（1061）苏轼兄弟参加制科考试，范镇仍然是考官之一。这次考试中，苏辙在文章中抨击皇帝，言辞激烈，很多人主张黜落，范镇就是其中一员。这也正应了苏轼所言："岂以闾里，忠义则然。"在忠义面前，老乡和亲情都不算什么。

熙宁三年（1070），宋神宗再次诏令大臣举荐谏官，时任翰林学士的范镇举荐了苏轼。谏官职级虽然不高，但有进谏皇帝、弹劾大臣的职能，岗位非常重要，在北宋作用尤其突出，范仲淹、欧阳修、范镇无不是谏官出身。苏轼丁父忧回朝不久，工作经历也不丰富，能够被举荐为谏官，足见范镇对苏轼的抬举。

让范镇没有料到的是，这次举荐将变法派的"火力"引向了苏轼。侍御史知杂事谢景温弹劾苏轼丁父忧期间往返于江南、荆湖和西川路之间，假公济私，借用兵夫贩卖木材、私盐、瓷器等物资。范镇立即上章为苏轼辩护。他陈述说："苏轼父亲死在京城，先帝赐绢百匹、银百两都被推辞了，韩琦赠他白银三百两、欧阳修赠他白银二百两，他也没有要，这样高风亮节的人却被诬陷贩卖私盐！苏轼文章不输古人，当世无双，又敢于直言朝廷得失，所以臣曾推举他为谏官。现在获罪外放，臣岂能保持沉默！陛下口口声声要做尧舜，却嫌弃忠言、直言，臣深感惋惜。"

范镇对苏轼的品格、学识评价都非常高。

"贩私案"查无实据，不了了之，但宋神宗至此对苏轼有了恶感。范镇深感不安，要求致仕，并在奏章中大肆攻击新法及王安石的党羽。奏章经过中书省时，王安石看后大怒，起身要与范镇决斗，被人劝住。王安石亲自草拟了一道圣旨，骂范镇："每托论议之公，欲济倾邪之恶；乃至厚诬先帝，以盖其附下罔上之丑；力引小人，而狃于败常乱俗之奸。"最后罢去范镇翰林学士，只以户部侍郎致仕，相当于降一级退休。

范镇虽然惹怒了王安石，但在朝廷内外赢得了声誉。苏轼安慰他说："您虽然退了下来，名声却更响了。"范镇很失落，感叹没能消除后患于未然，自己享受了高洁的美名，天下却受到伤害。退休后范镇依然与朝臣来往不断，有人劝他称病不出，范镇说："生死祸福都交给上天了，我不管那么多。"

熙宁十年（1077）春，苏轼利用转官机会到齐州去会苏辙，苏辙却进京去了。苏辙借住在范镇家，还在范镇家过了新年。苏轼离开齐州，苏辙迎到澶濮之间。外官未有诏令不得入京，他们就住在范镇在京城西郊的宅院，其名为东园。

范镇对苏氏兄弟极其热情。"欣然为我解东阁，明窗净几舒华茵。"范镇一向健谈，说话无所顾忌，"隐君白发养浩气，高论惊世门无宾"。平日里人们担心惹祸，不敢与范镇交往，现在与苏氏兄弟谈论朝政、品评人物，范镇无处倾诉的话语像是找到了出口，滔滔不绝、高昂激烈。其时正是春天时节，"青天露坐列肴豆，落花飞絮飘衣巾"。苏氏兄弟很敬仰范镇的胸怀坦荡，苏辙作诗说："交游畏避恐坐累，言词欲吐聊复吞。安得如公百无忌，百间广厦安贫身。"我什么时候能像范镇公这样无所顾忌地谈论时政呢？

三人交换对时局的看法。当时王安石已经罢相，接替他的是吴充和王珪，平庸无为而且内斗不已。范镇为国家焦虑，感到有必要面见在洛阳隐居修书的司马光。他是个雷厉风行的人，说走就走，在东园与二苏简单吃了顿告别宴，就径直前往洛阳了。苏轼有两首诗为他送行，其中一首《送范景仁游洛中》还在"乌台诗案"中给范镇带来了麻烦，诗曰：

> 小人真暗事，闲退岂公难。
>
> 道大吾何病，言深听者寒。
>
> 忧时虽早白，驻世有还丹。
>
> 得酒相逢乐，无心所遇安。
>
> 去年行万里，蜀路走千盘。
>
> 投老身弥健，登山意未阑。
>
> 西游为樱笋，东道尽鹓鸾。
>
> 杖屦携儿去，园亭借客看。
>
> 折花斑竹寺，弄水石楼滩。
>
> 骥马衰怜白，惊雷怯笑韩。
>
> 藓书标洞府，松盖偃天坛。
>
> 试与刘夫子，重寻靖长官。

这首诗写范镇精神矍铄，身体硬朗，本来与政治没有太大的关系，但开篇"小人"无疑指变法派成员，在政敌眼里，便属于"谤诗"了。

主人不在，二苏依然住在东园。苏轼在这里给长子苏迈成婚，给次子苏迨治病，还经常宴请京城里的一些朋友如王诜等，像住在自己家一样随意。

等范镇回来，二苏告辞，他们在东园已经住了两个多月。

患难之交

元丰二年（1079），苏轼遭遇"乌台诗案"，因被指来往勾结，范镇受到牵连，办案人员三番五次向他索要有关证据。在自身难保的情况下，

105

范镇依然积极奔走营救苏轼，上书为苏轼喊冤。结案时，范镇与张方平、司马光等都受到了经济处罚。

苏轼在黄州时与范镇仍然书信往来。元丰五年（1082）八月，范镇移居许昌，建造"长啸堂"。他给苏轼写信，希望苏轼将来也能落户许昌。苏轼在回信中说："能与老师比邻而居，是非常荣幸的事情。由于刚让儿子到荆州购买庄园，囊中羞涩，不可能同时买两块地。"但苏轼表示愿意把京城里的房子卖了，在老师长啸堂旁边买两间屋子。当然，苏轼这个愿望最终也未能实现。

事实上，苏轼直到元丰八年才在宜兴买了一块地，回信中所谓"已令儿子持往荆渚，买一小庄子矣"，或是婉拒，或是买地没有结果。苏轼内心不愿到许昌居住，就像晚年不愿受苏辙之邀到颍昌居住一样，怕离京城太近，怕再次沾惹上是非。

同月，范镇请苏轼为其父撰写墓碑，然而苏轼曾发誓平生不作墓志和碑，也婉拒了。

次年，苏轼在黄州遭遇疾病侵袭，开春受了风寒，引起肺炎；五六月间，眼睛炎赤肿痛，几乎失明。这年四月十一日，曾巩去世，有谣传说苏轼也在同一天去世了。

这个消息传到皇宫，宋神宗信以为真，叹息再三，说："才难。"消息传到许昌，范镇悲伤欲绝，大哭一场。他备好祭品让子弟前去黄州吊唁，子弟倒脑子清醒，提醒这只是道听途说，应该核实一下。范镇想着有理，派门客去黄州一探究竟。苏轼得知由来，大笑不已，赶紧回信让他安心："春夏间，多疮患及赤目，杜门谢客。而传者遂云物故，以为左右忧。"

元祐元年（1086），元祐更化，苏轼还朝。韩维奏请起用范镇，于是拜为端明殿学士。端明殿学士只是待遇，宣仁太后想给他个实职"门下侍郎"，是年范镇已七十九岁高龄，坚决辞谢，最后改提举崇福宫，一个不太管事的闲差。其时苏轼任翰林学士，替朝廷写诏书，称颂范镇："方其犯雷霆于一时，岂意收功名于今日。"

范镇还是音乐家。朝廷常干常新的一件事便是修订祭祀、庆典用的音乐，北宋几乎每一任皇帝都有修订音乐的冲动和举措。修订音乐需要先修订音准，这是件非常麻烦的工作。宋神宗曾让范镇和刘几一起定乐，但两个人意见不一致。刘几沿用前人的音乐，稍加改订，率先向皇帝报告完成了任务。皇帝诏令赏赐，范镇拒绝不受，说："这是刘几的音乐，与我有什么关系！"他继续独自制造乐器黄钟，到元祐年间终于完成新的音乐，皇帝和太皇太后非常满意，下令嘉奖，苏轼代拟有"赐端明殿学士致仕范镇奖谕诏"。庆功宴上，范镇高兴地作诗感谢帝、后赐酒，苏轼有诗和之。

元祐三年（1088），范镇去世，苏轼破例为他作墓志铭。正如苏轼在黄州婉拒为范镇父亲作墓碑时所说，苏轼一生很少给人写墓碑、墓志之类，政坛人物只有范镇和张方平二人。两年后，另一个政坛人物赵瞻去世，其家人请苏轼作碑状，苏轼再拒，解释了为什么只为范镇作墓志铭："又为范镇撰墓志，盖为镇与先臣洵平生交契至深，不可不撰。"

苏轼还为范镇撰写了祭文，就有那一句：

> 岂以闾里，忠义则然。

"忠义"是苏轼对范镇的最高评价。

同为蜀党

除了范镇本人，苏轼与范镇的儿子范百揆、范百嘉、侄儿范百禄、从孙范祖禹以及范祖禹的儿子范冲、范温都有交往，且关系良好。并且苏、范两家世代结亲，范百嘉的女儿嫁给了苏轼的儿子苏过；苏辙三子苏远续娶范百揆的女儿；苏轼孙女、苏迈之女配于范百禄之孙；苏轼之孙、苏迨的儿子苏篑又娶了范镇的曾孙女为妻。

因为与范百嘉是亲家，他们来往较多。苏轼今存有十封信是写给范百嘉的，其中三封写于徐州任上。他想要调到南方，就写信请求范百嘉在京城斡旋。之后苏轼调任湖州，应该有范百嘉的努力。

比范百嘉来往更密切的是范镇的侄孙范祖禹。

范祖禹比苏轼小四岁，算是同龄人。范祖禹少小即孤，范镇把他养大，亲如祖孙。范镇对范祖禹十分器重，曾预言："此儿，天下士也。"

范祖禹最突出的事迹是协助司马光在洛阳修《资治通鉴》，是司马光最得力的助手，在洛阳一干就是十五年，不求闻达，一心著述。《资治通鉴》修成，正赶上哲宗即位，范祖禹擢任右正言，但他是宰相吕公著的妹婿，不适合在言官任上，改为祠部员外郎、著作郎兼侍讲，历任给事中、国史院修撰、礼部侍郎和翰林学士。

范祖禹属于正统的学者，不苟言笑，严谨治学，苏轼对他很敬重。苏轼爱开玩笑，有时不看对象、不分场合，但唯独不敢拿范祖禹寻开心。同样参与编撰《资治通鉴》的刘攽也是苏轼的朋友，刘攽晚年鼻梁塌陷，苏轼拿这个生理缺陷来戏谑，聚会时高声朗诵"大风起兮云飞扬，安得猛士兮守鼻梁"，弄得刘攽十分狼狈，当时就要跟苏轼翻脸。范祖禹很严肃地批评了苏轼，劝他不要乱开玩笑，苏轼只好听从。以后再有类似事情，苏轼会交代在座的朋友不要告诉范祖禹。

范祖禹心里装事，有时难免想得太多。元祐七年（1092），苏轼从扬州回来，给好朋友带了一些礼物，其中给范百禄是一套月石砚屏。这套月石砚屏应该是欧阳修家里那套，欧阳修、苏舜钦、梅尧臣、苏轼都有题咏，苏轼赠送时有"笑彼三子欧苏梅，无事自作雪羽争"之句，说的就是这个典故。这是史书记载的第一套砚屏，见过的无不赞绝，自然十分珍贵。

苏轼送给范祖禹的是一块涵星砚。涵星砚材质是龙尾溪石，形制为风字形，下有二足，砚池里有三颗星星，故得名。涵星砚也是珍品，但应逊于月石砚屏。按一般礼仪，文人收到礼物要写诗答谢，范祖禹认为自己受到了轻视，对苏轼不回礼、不答谢。苏轼知道老学究生气了，赶紧补送了一套月石风林屏，并明确讨要答诗，范祖禹才勉强转变了态度。

元祐年间，旧党分裂为洛党、蜀党、朔党。苏轼从杭州还朝，向朝廷报告浙西水灾，朝廷下诏拨付米百万斛、缗钱二十万赈灾。程颐弟子、侍御史贾易等人借机围攻苏轼，指责他谎报灾情，"乞行考验"，就是请求再行调查。当诏旨的词头下到中书省时，幸好给事中范祖禹当值，范祖禹以其职权封还词头，并录黄解释说：

> 国家根本，仰给东南。今一方赤子，呼天赴诉，开口仰哺，以脱朝夕之急。奏灾虽小过实，正当略而不问。若因此惩责，则自今官司必以为戒，将坐视百姓之死而不救矣。

范祖禹说得入情入理，朝廷收回了成命，不再调查此事。范祖禹仗义执言，不仅保护了苏轼，也拯救了一方生灵。

元祐八年（1093），洛党将范百禄与苏轼、范祖禹一道列入"蜀党"领袖名单进行弹劾，范百禄被罢知河中府，进而流放河阳、河南，不久去世。但范祖禹继续受到攻击，特别是新党执政后，被贬到岭南。时苏轼在惠州，同处岭南却不能相见，免不得经常回忆他们在京城的快乐日子："予在都下，每谒范纯夫，子孙环绕，投纸笔求作字。每调之曰：'诉旱乎？诉涝乎？'今皆在万里，欲复见此，岂可得乎？"那时候，只要去范祖禹家，范祖禹家的小辈便缠着苏轼写字作画。

范祖禹没能熬过这段政治严冬，于元符元年（1098）去世。苏轼在海南儋州听闻消息，深感震惊，连续写八封信寄给范祖禹长子范冲，表示哀

［宋］马麟 《长松山水图》 美国大都会艺术博物馆

悼。其中写道：

先公清德绝识，高文博学，非独今世所无，古人亦罕有能兼者，岂世间混混生死流转之人哉？其超然世表，如千佛之所言者必矣。况其平生自有以表见于无穷者，岂必区区较量顷刻之寿否耶？此理卓然，惟昆仲深自爱。

苏轼还说，他想偷偷过海看范祖禹最后一眼，但思虑再三，还是不敢。

苏轼与范家交往凡四十余年，他们既是老乡，又是政治盟友，更是学问上的同道中人。范家得苏轼为友，幸哉；苏轼得以结交范氏，也足慰平生。

第八章　和而不同司马光

宋仁宗嘉祐年间，政坛出现了两位众所瞩目的年轻人，一个是王安石，一个是司马光，这种局面一直延续到熙宁变法。

人们之所以看好这两位，一是他们学问好，司马光是史学大家，王安石在经学方面独领风骚，在崇尚知识、儒学复兴的背景下，他们的声誉和威望超出了同侪；一是他们都执着、坚忍，不轻易动摇和改变自己，这是普遍认同的"领袖人格"，非如此不足以成大事。宋神宗选择主持变法人选时，在二人中间犹豫了好一阵子，直到一次"延和殿"论辩，才最终确定了王安石。

按宋朝惯例，年底要举办南郊祭祀，礼仪之后要大赏群臣，花费很多。这年黄河泛滥，河朔地震，灾情严重，财政吃紧，宰相曾公亮在制订十一月份的郊祭方案时，建议裁减赏赐，并从宰辅做起。八月十三日，神宗召翰林学士承旨王珪和翰林学士王安石、司马光到延和殿，打算让他们根据曾公亮的建议拟写圣旨，颁布实行。

召集翰林学士不过是走个过程，神宗并没有想到会节外生枝，所以接下来的辩论更像一次突发事件。

神宗介绍完意图后，王安石高声抗辩："国家富有四海，大臣郊祭赏赐才花几个钱？省下来的既富不了国，反而有伤皇家体面。国用不足不是当务之急。"

朝野上下都知道国库没钱，连赏赐都捉襟见肘，居然还不是当务之急？人们向王安石投去疑惑的眼光。只见王安石胸有成竹地说："国用不足是没有找到善于理财的人。"

司马光终于听不下去了，呵呵冷笑："所谓善于理财，不过是加重赋税把百姓的钱压榨到国库里而已。百姓穷困，流离失所，落草为寇，这对国家有利吗？"

可王安石摇摇头："这不叫善于理财。善理财者，民不加赋而国用饶。"

"民不加赋而国用饶"是司马迁对汉武帝时大臣桑弘羊改革的评价，意思是不向老百姓增加赋税也能使国库充盈。作为史上数一数二的史学家，司马光焉能不知？他马上意识到王安石的意图所向，愤然道："天地所生货财百物，只有此数，不在民间则在公家。你说的'民不加赋而国用饶'是桑弘羊欺骗汉武帝的话。"

虽然双方最终没有辩出个子丑寅卯，但宋神宗已经听明白了。他需要的就是国库充盈、国富兵强，至于与商人争利还是与百姓争利，是次一级的问题。

桑弘羊和商鞅一样，多被历史学家列入法家。儒家可以与佛、道借鉴融合，但与法家是生死仇敌。苏轼曾攻击商鞅和桑弘羊："自君子视之，二子之名如蛆蝇粪秽，言之则污口舌，书之则污简牍。"

宋朝儒学大盛，儒家忌言利，这是大多数士大夫反对变法的根本原因。王安石高擎变法大旗，司马光则举起反变法的招牌，下面的人纷纷站队，苏轼理所当然地站到了司马光一边。

司马光长苏轼十七岁，既是苏轼的长辈，又是苏轼的盟友。

从座主到盟主

司马光跟范镇是好友，二人同气连声，所言如出一口，所做如出一辙。"其道德风流，足以师表当世，其议论可否，足以荣辱天下。二公盖相得甚欢，皆自以为莫及，曰：'吾与子生同志，死当同传。'而天下之人，亦无敢优劣之者。"二人相得甚欢，竟约定互相为对方写生前的传记和死后的墓志铭。

也许是受范镇影响，出道在前的司马光对苏氏兄弟特别关照。

嘉祐六年（1061）苏氏兄弟双双参加制科考试。制科考试是选拔官吏的特别考试，不常设，由皇帝临时安排，用于发现和选拔某个领域的非常人才，共有六科，即六类人才。考上制科的官员升迁比普通官员快，有点类似于现在的选调生考试。制科成绩分五等，有宋一朝第一、二等从未授予过任何人，形同虚设；苏轼之前，三等也只授予过王曾一人。

制科第一关，要选择自己平时的策论文章五十篇，交由中书舍人、翰林学士评判打分，过关者进入阁试，也是初试。这一关对于苏轼兄弟不在话下。

第二关阁试，司马光是主考官，其他考官还有杨畋、吴奎、王畴、沈遘等，另有胡宿、蔡襄、王安石任覆考官。所以对于苏轼来说，司马光算是座主。

阁试的结果，苏轼和苏辙合格。他们还要经过最后一关——殿试策论。

殿试的科目是"贤良方正直言极谏"，意味着这次考试主要选拔敢于犯颜直谏的官员。宋朝皇帝对官员普遍宽仁，以善于纳谏著称。不过官员进谏还是会有许多技巧，毕竟进谏如捋虎须，若惹得皇帝不高兴，不仅意见不会被采纳，仕途也有可能断送。这样的例子不胜枚举，比如晏殊因反对皇太后用人，被贬到南京应天府；他在应天府发现并举荐了范仲淹，范仲淹一到朝堂就进言要皇太后还政，晏殊直呼范仲淹不成熟。

这次"直言极谏"果然出了问题，苏辙的试策因过于直白、生硬、尖锐而掀起轩然大波。这一年宋仁宗已经五十二岁，处于人生暮年，对政事有所懈怠，苏辙抓住这一点，批评宋仁宗声色犬马，不理朝政，奢侈无度，把他比作历史上的昏君。苏辙在文中痛心疾首、字字带血，然而他不是皇帝近臣，对皇帝了解得并不多，许多"谏言"可能与事实有出入，造成皇帝和大臣不适。

考官胡宿反应最激烈，主张黜落；宰相和执政（副宰相）们同意黜落；连范镇都认为苏辙过分了，主张降低等级。由于苏辙文章中攻击到"司会"即三司，三司使蔡襄声称不便发言，其实含蓄地表达了自己的意见，不主张录用苏辙。

众口如一的情况下，司马光挺身而出，立场鲜明地支持苏辙，主张给予苏辙"三等"。他上书力争：

> 臣窃以国家置此六科，本欲取材识高远之士，固不以文辞华靡、记诵杂博为贤。"毡"所试文辞，臣不敢复言，但见其指陈朝廷得失，无所顾虑，于四人之中，最为切直。今若以此不蒙甄收，则臣恐天下之人，皆以为朝廷虚设直言极谏之科。而"毡"以直言被黜，从此四方以言为讳，其于圣主宽明之德，亏损不细。臣区区所忧，正在于此，非为臣已考为高等，苟欲遂非取胜而已也。

宋朝考卷糊名，标示记号，苏辙的叫"毡"。司马光认为"毡"生文章体现了忠君忧国之心，不能不录取。宋仁宗算是宽宏大量的皇帝，最后综合各方意见，把苏辙确定为四等次。

这次制科考试的最后结果是：苏轼第三等，授大理评事、签书凤翔府判官；王介第四等，为秘书丞、知静海县；苏辙第四等，为商州军事推官。

人们津津乐道于苏轼取得了北宋开国以来最好的制科考试成绩，其实苏辙能得到四等次，险象环生，更为不易。如果不是司马光的坚持，苏辙将被黜落无疑。

苏辙直谏风波结束后，司马光又上了一道札子，希望仁宗能重视三个制科生的试卷。

他建议皇帝将试策文章留一份在身边，经常浏览警醒自己；抄一份给中书省，让宰相们参考实行。宋仁宗对苏轼兄弟也很满意，回到宫中，他高兴地对曹皇后说："朕为后世物色了两位太平宰相。"

治平三年（1066），苏洵去世，司马光前去吊唁，苏轼、苏辙请求司马光为故去近十年的程夫人作墓志铭。司马光在墓志铭中称赞三苏"皆以文学显重于天下"。后世评价苏轼、苏辙最耀眼的成就在于文学，可知司马光识人之准。

熙宁三年（1070），也就是王安石变法的第二年，继范镇举荐苏轼为谏官后，司马光也推荐苏轼，指出他"制策入优等，文学富赡，晓达时务，劲直敢言"。随后谢景温弹劾苏轼服丧期间"贩私"，宋神宗下令调查而一无所得，但苏轼也只好远离朝廷，通判杭州。

司马光虽是反对派盟主，但面对汹涌澎湃的变法大潮，他选择了沉默寡言，以避锋芒。但苏轼被诬，他再也坐不住了，上书请求像苏轼一样补外，到许州或者西京洛阳为官。神宗终究比较信任司马光，极力挽留。司马光直言不讳地说："像苏轼这样清白自守的人，因为忤逆了王安石就严刑峻法问罪，臣只是想保全自己的名节罢了。"神宗对苏轼成见已深，提醒说："苏轼非佳士，卿误知之。"意思是苏轼不是什么好人，不要错误地相信了他。司马光不客气地回应："苏轼再不好，也强过李定不服母丧吧？"李定是变法阵营中的新贵，他的母亲改嫁后去世，李定以不知情为由没有服丧，受到保守派攻击。

这次谈话不欢而散。司马光去意甚决，他对神宗说："臣之于王安石，犹冰炭之不可共器，若寒暑之不可同时。"熙宁三年九月，他毅然离开京城，先知永兴军，不久请为西京留守。他依然不忘为苏轼鼓与呼：

> 臣不才，最出群臣之下，先见不如吕诲，公直不如范纯仁、程

颢，敢言不如苏轼、孔文仲，勇决不如范镇……臣畏懦惜身，不早为陛下别白言之，轼与文仲皆疏远小臣，乃敢不避陛下雷霆之威，安石虎狼之怒，上书对策，指陈其失，黜官获谴，无所顾虑，此臣不如轼与文仲远矣。

熙宁四年（1071）四月，朝廷终于批准了司马光的请求，让他归居洛阳，一心一意修史。自此司马光闭口不谈政事。

从座主到盟主，司马光一直赏识、关怀着苏轼兄弟，极力维护着他们的利益，甚至不惜共同进退。

从独乐园到乌台案

司马光修撰的史书最初名叫《通志》，英宗皇帝在崇文院设立书局，作为修史的专职机构。神宗即位后将这本书赐名为《资治通鉴》。

早年在书局协助编修《通志》的有刘攽、刘恕，后来又加入范祖禹。司马光归隐洛阳后，刘攽因反对新法被贬，刘恕回江西侍奉双亲，书局里只剩下范祖禹一人，但仍留在了京城。不久，有人散布流言说书局为了贪图朝廷财资，故意拖延编修进程，范祖禹年轻气盛，不愿留下污点，写信建议司马光解散书局，把《资治通鉴》由官修变成私修。但司马光冷静地意识到，如果没有皇家提供各种便利条件，由私人修撰这样一部庞大的史书，恐怕一辈子也难以完成。他拒绝了范祖禹的建议，上书请求神宗将书局迁到洛阳。熙宁五年正月，范祖禹随书局来到洛阳，司马光彻底远离了党争旋涡。

洛阳北临黄河，南滨洛水，四面环山，风景秀丽。洛阳是九朝古都，这里人文荟萃，古物遗迹多不胜数，确实是隐居做学问的胜地。熙宁六年，司马光在洛阳南郊、古洛水之畔的尊贤坊买了二十亩薄地，盖成庄

［明］仇英 《独乐园图》（局部） 美国克利夫兰艺术博物馆

119

园，取名"独乐园"，兼宅院和书局。庄园建好之后，司马光作文记之，解释得名缘由：

> 孟子曰："独乐乐，不如与人乐乐；与少乐乐，不若与众乐乐。"此王公大人之乐，非贫贱所及也。孔子曰："饭蔬食饮水，曲肱而枕之，乐亦在其中矣。"颜子"一箪食，一瓢饮"，"不改其乐"。此圣贤之乐，非愚者所及也。若夫鹪鹩巢林，不过一枝；偃鼠饮河，不过满腹。各尽其分而安之，此乃迂叟之所乐也。

他说自己不能像王公大人那样与众乐乐，也做不到圣贤的苦中见乐，但能安分守己，这就是自己所谓的"独乐"。儒家讲究"达则兼济天下，穷则独善其身"，独乐彰显的正是"独善其身"的境界。司马光用一座庄园的名字作为远离政治中心的排遣，显示自己不同流合污的节操。

独乐园风景秀美，洛水更是水光旖旎、草木丰茂，是游赏排遣的好去处。司马光在著书之余，最大的爱好就是与朋友一起赏园游水。

熙宁十年（1077）春，苏轼、苏辙入住范镇东园，范镇兴之所至，安顿好二兄弟，只身到洛阳探访司马光。司马光专门向范镇询问苏轼兄弟情况，听闻苏轼在密州建超然台，遂作一首《超然台诗寄子瞻学士》，让范镇回程时带给苏轼：

> 使君仁智心，济以忠义胆。
>
> 婴儿手自抚，猛虎须可揽。
>
> 出牧为龚黄，廷议乃陵黯。
>
> 万钟何所加，箪石何所减？
>
> 用此始优游，当官免阿谄。
>
> 向时守高密，民安吏手敛。

苏轼知密州时，密州正遭大旱，百姓饿死无数，弃婴遍地，苏轼含泪亲自捡拾弃婴。苏轼如此仁慈，对如狼似虎的政敌却毫不畏惧！司马光称赞苏轼有仁智心，有忠义胆，不阿附于上，布善政于民。从这首诗可以得知，司马光埋头著书的同时，仍默默地关注着苏轼，苏轼的所作所为他一一知晓。

"春末，景仁丈自洛还，伏辱赐教，副以《超然》雄篇，喜怅累日"。收到司马光赠诗，苏轼心情激动，到徐州后立刻回了一封信，然后意犹未尽，又写了第二封。信中说：

> 久不见公新文，忽领《独乐园记》，诵味不已，辄不自揆，作一
> 诗，聊发一笑耳。

随信附上长诗《司马君实独乐园》。当时谁也不会想到，司马光竟因为这次诗歌往来而受到"乌台诗案"的牵连。

《司马君实独乐园》诗曰：

> 青山在屋上，流水在屋下。
> 中有五亩园，花竹秀而野。
> 花香袭杖履，竹色侵盏斝。
> 樽酒乐余春，棋局消长夏。
> 洛阳古多士，风俗犹尔雅。
> 先生卧不出，冠盖倾洛社。
> 虽云与众乐，中有独乐者。
> 才全德不形，所贵知我寡。
> 先生独何事，四海望陶冶。

儿童诵君实，走卒知司马。

持此欲安归，造物不我舍。

名声逐吾辈，此病天所赭。

抚掌笑先生，年来效喑哑。

这首诗描写独乐园的环境和风景，颂扬司马光的品德与人望。那么为什么会成为"乌台诗案"的罪证呢？

文中"儿童诵君实，走卒知司马"这样的句子，令变法派很不舒服。司马光是一个被闲置的反对派首领，儿童和小人物却还在传诵司马光，这是意欲何为？难道不是想着要重新执政，废政变天吗？审讯人员深为恐惧，逼迫苏轼承认"此诗言四海望光执政，陶冶天下，以讥见任执政不得其人"。实际上，虽然司马光在洛阳绝口不谈政事，但朝野一直希望他复出，《渑水燕谈录》载："司马文正公以高才全德，大得中外之望。士大夫识与不识，称之曰君实；下至闾阎畎亩、匹夫匹妇，莫不能道司马公。身退十余年，而天下之人日冀其复用于朝。"变法派最担心、最害怕的正是这一点，所以他们揪住这一句不放，给苏轼坐实罪名。

苏轼当然希望司马光重新执政，不过即便这首诗表达得非常含蓄，终究还是逃不过鹰犬之目。因为这首诗，司马光被牵扯进"乌台诗案"，与范镇等二十二人受到罚铜处理。

苏轼被判黄州安置后，给司马光写了封信，为诗案波及到司马光致以歉意。信中说：

谪居穷僻，如在井底，杳不知京洛之耗，不审迩日寝食何如？某以愚暗获罪，咎自己招，无足言者。但波及左右，为恨殊深，虽高风伟度，非此细故所能尘垢，然某思之，不啻芒背尔。寓居去江无十步，风涛烟雨，晓夕百变，江南诸山，在几席上，此幸未始有也。虽有窘乏之忧，亦布褐藜藿而已。瞻晤无期，临书惘然，伏乞以时善加调护。

风涛烟雨，晓夕百变，政治风涛下的苏轼，褪去刚出川时的凌云壮志，唯求自保自处而已。

从追随到龃龉

元丰八年（1085）三月，宋神宗去世，九岁的宋哲宗继位，祖母宣仁太后垂帘听政。此时司马光恰好修完《资治通鉴》，正密切关注着时局。得知太后听政，司马光以吊唁为名，立即起身前往京城，上章建议广开言路，允许官员和百姓陈述朝廷得失。

宣仁太后对熙宁变法一直持否定态度，对旧党怀有好感。她立即诏司马光入朝觐见，擢司马光为门下侍郎，旧党人物吕公著为尚书左丞，反对变法的力量进入了权力核心。此时，苏轼刚刚摆脱黄州安置的处分，乞居常州，闻讯写短信向司马光表示祝贺。

宣仁太后和已故慈圣太后对苏轼都有好感，加上吕公著、司马光的推荐，五月诏苏轼复朝奉郎、知登州。六月，司马光上奏，向宣仁太后推荐人才，有刘挚、范祖禹等二十人，其中包括苏轼和苏辙。八月，诏苏轼为礼部郎中，不久迁起居舍人；十月，诏苏辙为右司谏。

苏轼进京时，途中遇到百姓阻拦，他们呼吁苏轼转告司马相公，不要离开朝廷，好自珍重，给百姓以活路。由此可见司马光在朝野中威信之高。全国人民翘首以盼，期望司马光能开创宽松平和的政治环境。

司马光的执政策略，一言以蔽之——尽废新法。元丰八年七月，刚赴阙就任不久，司马光就奏请废除保甲法。十月罢方田均税法。司马光年事已高，饮食渐少，衰弱不堪，这让他感到时日无多。然而"时青苗、免役、将官之法犹在，而西戎之议未决。光叹曰：'四患未除，吾死不瞑目矣。'"司马光把青苗法、免役法、将兵法和宋夏争端看作"四患"，为此死不瞑目。正因为去日无多，司马光加快了废罢新法的步伐，根本来不及斟酌哪些有利有弊，接连罢废了市易法、保马法。

正月二十日，司马光因病不能上朝，不过他并没有休息，而是连上三道奏章，请求废除免役法。

役法涉及各个阶层每户人家，影响最大，许多大臣呼吁谨慎对待，朝廷内部分歧很大。新党与旧党、修法人员与台谏言官几乎全部卷入到争论之中，争论时间之长、范围之广为其他新法所不及。

宋朝的徭役主要有地方上修路、治水、造桥、建官衙、筑楼台等，以及充当捕盗的弓手、壮丁、杂役人员的劳务，还有州县的杂务。旧法规定无论乡绅还是贫农，都要服役，称为"差役法"。新法由官府依家资财产情况收取助役钱，再用助役钱雇人干活，称为"免役法"或"雇役法"。收费依贫富将民户分为九等，第一等户为里正，相当于村长；第二等户为户长，相当于村组长；最穷的为第九等。为了照顾贫困户生活，规定下五等无须服役，也无须缴纳助役钱。

免役法花钱买服务，百姓各取所需，有钱的免除劳役，没钱的还可以通过有偿服役挣钱，这是一种市场化的操作方式，无疑是一种进步。具体实行中，看似完美的免役法却给平民带来痛苦和困扰，地方官府为了完成免役钱的征收，将低等民户划入高等，这些贫困民户为了交免役钱甚至变卖家产、拆卖房屋，这是颁行者始料不及的。

司马光总结了免役法五大危害，要求各县五日内、各州一个月内、全国一个季度内废除免役法。

熙宁年间，苏轼、苏辙反对王安石变差役法为免役法，但兜兜转转几个地方后，他们改变了看法，认为免役法虽有弊端，比起差役法总体上还是进步了，所以这次站到了司马光的反面。

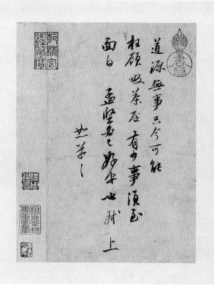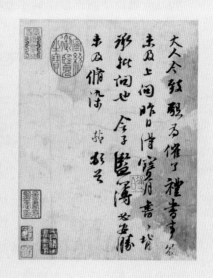

［宋］苏轼 《宝月啜茶二帖》 台北故宫博物院

　　苏辙初任谏官，说话委婉，他表示支持司马光的建议和朝廷的决议，但废除免役法缺乏具体方案，实施细节不够完善，主张缓行。苏轼心直口快，又仗着跟司马光关系好，直接到相府与司马光讨论两法得失，试图让司马光相信"差役、免役各有利弊"，提醒司马光不可完全废除免役法。

　　司马光没想到自己最看重、引以为得力助手的苏轼会直接反对自己的决议，愕然道："照你这么说，该怎么办？"

　　苏轼为司马光分析，免役法实施中有两大弊端：一是挪用免役钱，二是免役钱有剩余时，地方官用于投资，想要赚取利益。苏轼建议："相公只要想办法消除这两个弊端，不必废除免役法。"

　　司马光用沉默表示不认同。

　　第二天司马光上朝，苏轼索性跑到政事堂去和司马光理论，批评司马光不问青红皂白、不加区分一刀切地废除新法。两人辩得面红耳赤。

司马光虽以学问见长，口才上却不如苏轼犀利，脸色越来越难看。苏轼同样愤慨道："当年您做谏官，不认同宰相的做法，同韩琦死磕到底。现在您做了宰相，就不容许下属说话了？"司马光无言以对，但对苏轼已经有了芥蒂。

为了推动更改役法，司马光专门成立了役局，苏轼也被安置在役局中。政事堂争论不出结果，苏轼请辞役局工作，这让双方关系更为紧张。

其实反对废除免役法的不只是苏轼兄弟，旧党中王巖、孙升、范纯仁、马默、吕陶、李常、范百禄都不赞成，新党成员更不用说。司马光废法的阻力非常大。就在这时，曾为新党的知开封府蔡京急于递交投名状，只用五天就完成了开封、祥符两县改免役为差役的任务。司马光像于荆棘中发现一条小径，高兴地赞赏他："如果人人都像你一样，还担心实施不下去吗！"

二月十七日，司马光再上札子，继续督促废除免役法，称：免役法造成"下户困苦，上户优便"，希望朝廷"执之（更改役法）坚如金石"。

司马光执迷不悟，苏轼非常气恼，回到家里气呼呼地说："司马牛！司马牛！"司马牛是孔子七十二弟子之一，其兄司马桓作乱于宋，司马牛反对。其兄失败奔卫，他就离卫去齐；其兄奔齐，他又离齐奔吴，誓不与兄共事君。苏轼用"司马牛"称呼司马光，言其一意孤行，不听人劝。其中"牛"又是脾气执拗的代名词。

《五杂俎》记载：

> 东坡与温公论事，偶不合。坡曰："相公此论，故为鳖厮踢。"温公不喻其戏，曰："鳖安能厮踢？"曰："是之谓鳖厮踢。"

"鳖厮踢"的意思是土鳖乱踢乱咬，苏东坡以此嘲讽司马光无端指责自己。

苏轼和司马光都是君子，孔子曰："君子和而不同。"他们可以相互扶持，也会相互争执，这大概是君子应有的样子。

元祐元年（1086）九月初一，司马光与世长辞；十二日，苏轼除翰林学士。苏轼升任翰林学士虽在司马光去世之后，但相隔时间很短，一般认为应有司马光推荐之功。翰林学士直接为皇帝写诏书，正三品，距离宰执只有一步之遥。可以推测在司马光心中，苏轼就是下一任宰执人选，他为苏轼的仕途做了最后的铺垫。

治平三年（1066）司马光为程夫人撰写墓志铭，双方有了私交；至元祐元年司马光去世，整整二十年，"轼从公游二十年，知公平生为详"。所以苏轼为司马光撰写了《司马温公行状》，洋洋洒洒近万言，苏轼以此表达对司马光的推崇和感谢。

苏轼又有《祭司马君实文》，称司马光"百世一人，千载一时"，这个评价也近乎前无古人了。

卷三　知己：冷落共谁同醉

第九章　政坛密友李常

　　林语堂在《苏东坡传》中将李常、孙觉、刘恕三人称为苏轼的"密友"，这三人在文学和艺术上没有太大的名气，在政界却是风云人物，林氏将他们归为一类自有道理。三人中，苏轼与李常交往频次更高。

　　李常，字公择，南康建昌（今江西永修）人，大苏轼九岁，比苏轼早考中进士八年。熙宁二年（1069），苏轼服完父丧，回到朝廷，李常已经知谏院，在朝廷中占有一席之地了。

湖州六客会

　　李常跟王安石是朋友，开始变法时，王安石试图将李常拉入自己的阵营，举荐李常入制置三司条例司。制置三司条例司是王安石推行变法的一个组织，李常敏锐地觉察出变法的方向与自己的政治理想不符，所以拒绝了。这次拒绝标志着他与王安石私交结束，在政治上分道扬镳。

　　苏轼、苏辙丁父忧期满，与李常同朝为官，他们应该相识于此时。由于政治立场相近，彼此便成为朋友。

　　青苗法出台，苏轼兄弟和李常都是激烈的反对者。李常批评青苗法敛散取息，与民争利，攻击王安石附会经义，把他比作篡汉自立的王莽。苏辙则预言青苗法实施后，基层官吏会借机敛财，老百姓会滥贷不还，影响社会稳定。苏轼上书警示宋神宗将因青苗法在历史上留下恶名。

　　李常身为言官，站在舆论的风口浪尖，因反对新法最激烈，受到排挤和打击，被贬为滑州通判。时苏辙为陈州教授，特地到滑州拜会李常，二人一同游赏春景，把酒畅言，相得甚欢。

熙宁五年（1072），苏轼通判杭州时，李常知鄂州。鄂州治江夏县，即今武汉武昌区，辖区内有著名的黄鹤楼。为了让这一名楼再增光彩，李常写信邀请苏轼、苏辙为黄鹤楼题诗。

黄鹤楼建于三国孙权时期，因其临江而立，很快成为饯行宴饮之所，也是登高远眺的景点。凡人气旺盛之处，少不了文人歌咏。唐开元、天宝年间，崔颢在这里题诗，被评为"唐人七律第一""千秋第一绝唱"。传说李白登楼，留下两句"眼前有景道不得，崔颢题诗在上头"的感叹，因此搁笔。崔颢的《黄鹤楼诗》曰：

> 昔人已乘黄鹤去，此地空余黄鹤楼。
>
> 黄鹤一去不复返，白云千载空悠悠。
>
> 晴川历历汉阳树，芳草萋萋鹦鹉洲。
>
> 日暮乡关何处是？烟波江上使人愁。

前四句叙楼名之由，流利鲜活，后四句寓感慨之思，清迥凄怆，确实一气呵成，奇妙天成。

有崔颢诗在，连李白都不敢造次，何况后人？苏轼、苏辙又都未到过黄鹤楼，如何题咏确实是个难题。

既然不能超越，只有另辟蹊径。

传说黄鹤楼下有块光洁明净的石头，像镜子一样能照出人影，因此取名石照。石照右面有个仙人洞。一位守卫的老兵，每天早起第一件事便是到石下参拜。一天晚上，月色如昼，老兵瞅见从洞中出来三个道士，以为碰到了神仙，赶忙拉住道士衣襟祈求富贵。道士难以脱身，只好允诺：洞里的石头你搬一块走吧。老兵按照指点进洞揣了块石头，刚返回走出洞

［清］关槐 《黄鹤楼图》 台北故宫博物院

口，訇然一声，身后洞口闭合成一块巨石，再也找不到一丝缝隙。第二天，老兵拿出石块，石块竟然变成了黄灿灿的金子！老兵一夜暴富，用小刀凿黄金买东西，引起了上司的注意。上司将他抓起来审讯，得知了实情，派人去老兵家里取来这块神奇的石头，再看时，石头改变了成分，非金非玉，非石非铅。众人不能解释这种现象，就把这块"石头"丢在了军资库中保管起来。

苏轼根据这个传说，写了一首长诗给李常交差。诗末反"将"李常一军："愿君为考然不然，此语可信冯公传。"意即李先生您要好好考察一下这个故事可信不可信。而冯公是给他讲这个故事的朋友。

苏辙比较实在，写诗叙述他们的友情，又对黄鹤楼和长江进行了一番想象性描述，发出"楼上骚人多古意，坐忘朝市无穷事"的感叹。

从应邀赋诗黄鹤楼这件事，可以看出苏轼、苏辙兄弟俩不同的性情和行事风格，苏轼更浪漫，苏辙更踏实。

熙宁七年（1074），李常调知湖州。湖州的景点是墨妙亭，由李常的好友孙觉修建，专门收藏自汉朝以来境内的碑刻遗迹。苏轼曾到湖州出差，与孙觉晤谈，非常投机，欣然作《墨妙亭记》及诗，品评历代作品，提出自己的书法理论主张，即"杜陵评书贵瘦硬，此论未公吾不凭。短长肥瘦各有态，玉环飞燕谁敢憎"，认为书法并不是瘦、硬就好。

九月，苏轼被授知密州。北归时苏轼考虑时间上不合适，无法去湖州了，给李常去信表示遗憾：想去齐州看苏辙，怕北方冬天河水上冻不能行船，所以不敢耽搁。

到后来，苏轼改变了主意，决定暂不去齐州看望苏辙，因此湖州得以成行。恰好杭州太守杨绘到湖州出公差，与苏轼同船离杭，同行的还有隐居在杭州的诗人陈舜俞、在杭州游历的湖州词人张先，同是湖州人的刘述闲置住在苏州，也会聚在李常处，伴苏轼游。

杨绘、李常、苏轼、张先、刘述、陈舜俞这次湖州相会，号称"六客之会"。

六客之中，张先最长，时已八十四岁，写词有"云破月来花弄影""娇柔懒起，帘幕卷花影""柳径无人，堕絮飞无影"，人送雅号"张三影"。张先曾与苏轼泛舟西湖，湖心划来一彩舟，上有女子弹筝，张先看得目不转睛，直到彩舟消失在碧波之中。苏轼作词嘲笑他："欲待曲终寻问取，人不见，数峰青。"张先确是风流文人，八十多岁还留意花丛，物色美妾，苏轼有《张子野年八十五，尚闻买妾，述古令作诗》："诗人老去莺莺在，公子归来燕燕忙。"又有词曰："白发卢郎情未已。一夜剪刀收玉蕊。"

刘述也是苏轼的老熟人。苏轼本年春到常州、润州赈灾，返回时路过苏州，曾与刘述同游虎丘。

陈舜俞是个"心比天高、命比纸薄"的官场人，自比贾谊，然而在党争夹缝中无法生存，仕途止步于山阴县令。他晚年隐居于杭州白牛村，经常牵着白牛来往于乡里镇上，称"白牛居士"。苏轼在杭州与陈舜俞相知，七夕时二人船上畅饮，苏轼写下《鹊桥仙·七夕送陈令举》，其中"相逢一醉是前缘，风雨散、飘然何处"，乃传诵名句。

有朋自远方来，不亦乐乎？李常陪客人同游松江，置酒于垂虹亭上，六人赏月、饮酒、听歌，气氛高涨。如此良夜佳朋，怎能无词？张先率先吟咏一曲《定风波》：

西阁名臣奉诏行。南床吏部锦衣荣。中有瀛仙宾与主。相遇。平津选首更神清。　　溪上玉楼同宴喜。欢醉。对堤杯叶惜秋英。尽道贤人聚吴分。试问。也应旁有老人星。

宋代以"东阁"指宰相，"西阁"便指宰辅的后备人选，一般指馆阁中的年轻人。苏轼任过直史馆，这里当指苏轼。南床是侍御史的别称，杨绘曾任御史中丞。吏部指刘述，其曾任吏部郎中。瀛仙指隐居的陈舜俞。所有人中，张先最老，便自称"老人星"了。

这首词被称为"六客词"。

李常可能是六客会中最高兴的，他恰好新添了个儿子，刚三天，按风俗要做三朝，即三天喜庆。他拿出玉果给客人，还要分赠洗儿钱。苏轼词名既高，李常为三日小儿求词，苏轼作《减字木兰花》：

> 维熊佳梦，释氏老君亲抱送。壮气横秋，未满三朝已食牛。 犀钱玉果，利市平分沾四座。多谢无功，此事如何着得侬。

苏轼最爱戏谑友人，这首词也不例外。最后两句有个典故，晋元帝生子，宴请百官，每个人都有赏赐。一位叫殷羡的大臣客气地感谢说："臣等无功受赏了。"晋元帝说："这件事怎么能让你有功呢！"苏轼运用这个典故，意思说在您生子这件事上，我无功受赏，可这事也用不着我出力吧。

苏轼此词一出，一座人笑得东倒西歪。

不仅拿私生活同李常开玩笑，苏轼还揭人短。孙觉是个大胡子，李常个子矮小，苏轼劝李常酒时说："旧日髯孙何处去，重来。短李风流更上才。"意思是大胡子孙觉哪里去了？你李矮子更风流啊！

六客闹腾了好几天，苏轼才依依作别李常。

相好手足俤

湖州之会加深了苏轼和李常的友情，此后二人书信不断，联系频繁。

密州任上，李常写诗祝贺，苏轼回诗，曰：

何人劝我此间来，弦管生衣甑有埃。

绿蚁濡唇无百斛，蝗虫扑面已三回。

磨刀入谷追穷寇，洒涕循城拾弃孩。

为郡鲜欢君莫叹，犹胜尘土走章台。

　　这首诗写初任密州的情况，饥馑、蝗虫、盗贼、弃婴、灾荒，表达对新政的不满。"乌台诗案"中，这首诗被审案者抓住把柄，构成苏轼罪状之一，李常也因收到讥讽文字未上报，被罚铜二十斤。

　　熙宁九年（1076），李常调知齐州。时苏辙在齐州任掌书记，与李常共事，写下不少唱和奉答之作。

　　熙宁十年正月，苏轼从密州移官，冒雪赴齐州看望苏辙。苏辙已去京城，李常派人到远方迎候，苏轼有诗感谢，把自己比作北海牧羊的苏武，将李常尊为谪仙李白。李常邀请苏轼游齐州名胜大明湖，临水设宴，席间取出外甥黄庭坚的诗文，求苏轼评点。此前孙觉在湖州介绍过黄庭坚，李常进一步加深了苏轼对黄庭坚的印象，后来二人成为师徒，改写了北宋文学史。

　　四月下旬，苏轼上任徐州。七月中旬，黄河在澶州决口，河水夺泗水而南下，到八月抵达徐州附近的南清河，河水暴涨，巨浪滔天，轰鸣如雷。从来没有见过这么凶猛洪水的徐州百姓惊恐万分。作为一州之长，苏轼请当地驻军帮助抗洪，组织人力抢修堤坝，征集船只系于城下缓冲水力，终于保住了城墙。苏轼穿雨靴，戴斗笠，日夜巡视城墙堤坝，督导工程，夜不归宿，日日在城墙上巡视，直到十月，大水消退。

　　为了永绝水患，苏轼决定在城外建造小城，起到加固内城的功能。他上书朝廷请求拨款，未见批准，又将小城的石岸改为木岸，这样能够节省一半工程款。这次朝廷终于通过了预算，工程进展顺利。

　　水患中，苏轼发现徐州东城门过于狭窄，这里是府库所在地，抗洪压力非常大，就顺带扩大了东门，又在门上建一座城楼，用黄土涂饰外表，取"土能克水"之意，命名为"黄楼"。

元丰元年（1078）初，李常齐州任满，徙官淮南西路提点刑狱，路过徐州拜访苏轼。李常突然造访，没有提前通知，找到苏轼家里，才得知苏轼正在督工修建黄楼，便作三绝句派人招他回家。

苏轼在工地上穿着破旧的布衣衫，浑身泥巴，听闻消息，来不及收拾，匆匆往家赶，倒像李常是安坐家中的主人，苏轼成了远方而来的客人。

时正三月寒食，苏轼宴请李常，偏偏要搞个仪式，其中就有"欢迎词"。《寒食宴提刑致语口号》颇有雅趣，读来令人忍俊不禁：

> 良辰易失，四者难并。故人相逢，五斗径醉。况中年离合之感，正寒食清明之间。时乎不可再来，贤者而后乐此。恭惟提刑学士，才本天授，学为人师。事业存乎斯民，文章盖其余事。望之已试于冯翊，翁子暂还于会稽。知府学士，接好邻邦，缔交册府。莫逆之契，义等于天伦；不腆之辞，意勤于地主。力讲两君之好，可无七字之诗？欲使异时，传为盛事。

南朝宋谢灵运《拟魏太子邺中集诗序》："天下良辰、美景、赏心、乐事，四者难并。"这四样美好的事情，正因为难以同时，所以又称"四难"。在这"四难并"之时，如何能不畅怀痛饮？文后还附了一首七律诗以助兴。

李常乃政界名流，徐州的官员以与他同席为荣，还轮流坐庄请他到家里吃饭。通判傅国博备好宴席，不巧苏轼那天身体不适，不能作陪，打趣李常说："傅通判家歌妓很有名，您要有点思想准备，不妨弹玉筝协奏一曲。"到了傅国博家宴上，李常果然禁不住红粉佳人劝酒，喝得醉不能

轼启。新岁展庆，

展庆祝颂无穷，积情

起居何如。数日前

入城，昨日得

以择书过上元乃行。计

月末间到此。

公亦以此时来此

窃计上元起造必来

毕工。封寄自不出，无缘夜游也沙枋

画彩罢且夕附陈隆船去。次今先附挟书

齐南去。此中有一铸铜匠

两收建州茶木臼子并椎

适有闽中人便或令去者

气帖子付之人妻爱护便纳上修寒之

保重尉中也不谨

季常先生文阁下

封謹封

正月二日

［宋］苏轼 《新岁展庆、人来得书帖合卷》 北京故宫博物院

軾啟人來得

書不意

伯誠靈至於此哀愕不已

宏才令德百未一報而止於是耶

季常篤於兄弟而於

伯誠尤相知照想聞之無復生意某不

上念

門戶付囑之重下思 三子皆未成立任

情所至不自知返則明友之憂蓋未可量

伏惟深照死生聚散之常理悟憂哀

之無益釋然自勉以就

遠業我蒙

交照之厚故吐不諱之言必深察也本欲

便往面慰又恐悲慘中更撓亂進退

不皇惟萬一

寬懷毋忽都言也不一 軾再拜

知廿九日樂挂不能一哭其

归，苏轼作诗嘲笑他"玉山知为玉人颓"。

徐州东南二里，有一座云龙山，住着一位隐士张天骥。苏轼最喜旷达不羁之人，心情不好时便跑到山里向张天骥倾诉，一来二去成了朋友。李常也想去拜访这位"世外高人"，苏轼公务繁忙暂时抽不出时间，李常竟独自悄悄进山了。正在黄楼督工的苏轼听到消息，赶紧从城头上下来，带着几位歌女追进山中。见到李常，苏轼埋怨说："山里除了鸟雀蜂蝶、绿树杂花，清苦寂寞得很。您晚上一个人在这里孤寡独居，没人陪伴侍候，我可担当不起。"

李常在徐州住了将近两个月，终于要离开了。苏轼送他笋和芍药花，作诗说："我兄弟少，只有子由一个人。交往的朋友虽然多，他们忙着朝廷的事，顾不上我，仅有几个知己也天各一方。"

苏轼与李常志同道合、无话不谈，在风雨如晦的政坛难得如此，"宜我与夫子，相好手足伴"这句诗，确实出自肺腑。

苏轼还有一首词《蝶恋花》送别李常：

> 簌簌无风花自䃣，寂寞园林，柳老樱桃过。落日多情还照坐，山青一点横云破。　　路尽河回千转柁，系缆渔村，月暗孤灯火。凭仗飞魂招楚些，我思君处君思我。

"凭仗飞魂招楚些，我思君处君思我。"我召唤离去的友人，在我思念友人的时候他也在想我。

思之不得见

对于苏轼来说，最能考验朋友"纯度"的是在黄州。贬黜黄州后，苏轼基本不主动与外界联系，许多旧交为了避嫌，也尽量减少与苏轼来往。

然而这一时期，他给李常的书信有十封之多，可见与李常的关系如精金美玉，经得起烈火的淬炼。

苏轼在黄州生活困顿，但依然风趣，他安慰老朋友说："我到五十岁才懂得过日子，就是'小气'，当然，对于我们这些文人，不能说'小气'，应该说'俭素'，我们跟那些穷人不一样，我们'淡而有味'。"苏轼又引用《诗经》上的话"不戢不难，受福不那"，说生活有节制，会有福气。彼时李常被调回京，任太常少卿，苏轼开玩笑说："在京城那样一个花花世界，更需要节制和节俭，所以把我的生活经验分享给你。"

总是能在苦中发现乐趣，积极地对待命运的不公，这就是苏轼的洒脱。

离开黄州，苏轼游览泗州南山，有词《浣溪沙》："雪沫乳花浮午盏，蓼茸蒿笋试春盘。人间有味是清欢。"在别人看来不值一钱的青菜野炊，苏轼能吃出"清欢"，也就是与李常说的"淡而有味"。

李常把新作的诗词寄给苏轼看，内容充满了对苏轼的同情。苏轼回信说："我虽然年老且穷，但道理贯心肝，忠义填骨髓，能够微笑面对生死。如果看见我穷，就同情心泛滥，那跟不学道的人有什么区别呢？您是道行高深之人，因为太爱我才这样失态。"苏轼再次宽慰李常："让我们把个人的祸福得失交给上天吧！"

因为这些话涉及对朝廷的"不满"，苏轼特意叮嘱，看过之后一定要把这封信烧掉。看来他在李常面前说话才无所顾忌。

人情往来、生活琐事，他们之间可谓无话不谈，比如谈自己在黄州的生活，谈苏辙在筠州夭折了一个女儿，谈朋友刘攽的诗词风格，谈回文诗，谈一年四季哪个节日最美。潮州朋友吴复古给苏轼寄来礼物，其中一种叫扶劣膏，样子像羊脂但比羊脂坚硬，盛在竹筒中。苏轼没见过这东西，揣摩一定是名贵之物，但不知道如何使用，便写信向李常求教。

元丰五年（1082），苏轼在黄州得到一块坡地，经过整理、翻挖之后，种上小麦、黄桑、枣树、栗树。李常在淮南西路提刑任上，从霍山给他运来一批柑橘树。三国时，吴国丹阳太守李衡的妻子十分严厉，不让李衡治家业，日子过得很清贫。李衡在外面偷偷买一块地，种了上千棵柑橘树，临终前才告诉家人。等柑橘长成，岁入千匹绢，家里过上了小康生活。苏轼想象着自己会像李衡的家庭一样越来越富裕，对李常十分感谢，把这些柑橘种在了屋畔篱落。

是年，柑橘结果，苏轼品尝味道香甜，作词《浣溪沙》：

菊暗荷枯一夜霜，新苞绿叶照林光。竹篱茅舍出青黄。　　香雾噀人惊半破，清泉流齿怯初尝。吴姬三日手犹香。

同期以《浣溪沙》咏橘共有两首，另一首则曰"含滋嚼句齿牙香"。自此之后，苏轼对柑橘情有独钟，直至元祐年间知杭州时，还写下"一年好景君须记，最是橙黄橘绿时"的名句。

元丰七年，苏轼得到敕令，离开黄州，可以享受有限自由了。他途中歇脚、游览的第一站是庐山。

李常是永修人，离庐山很近，小时候与弟弟李布在庐山五老峰下白石僧舍读书，学习非常刻苦，抄书九千卷。出仕之后，李常把这九千卷抄书留在了僧舍，供后生阅读，人们称为"李氏山房"。苏轼在密州时曾应李常之请，作《李氏山房藏书记》，赞扬李常慷慨馈赠图书的义举。记文中，苏轼还表示，希望能到李氏山房看一看，读一读自己没有见过的书。这也是苏轼游览庐山的原因之一。

参观李氏山房后，苏轼感慨李常有这么好的读书之所，何苦还要去外面做官呢？不如归来过逍遥自在的读书生活：

> 偶寻流水上崔嵬，五老苍颜一笑开。

> 若见谪仙烦寄语，匡山头白早归来。

"谪仙"是苏轼对李常的专称。

随后，苏轼还到修水参观了李常和兄长李莘的故居，写了一首长诗表达对李常兄弟的景仰，其中有句曰："何人修水上，种此一双玉。思之不可见，破宅余修竹。""遥想他年归，解组巾一幅。对床老兄弟，夜雨鸣竹屋。卧听邻寺钟，书窗有残烛。"苏轼年轻时与苏辙有"夜雨对床"之约，苏轼以己度人，想着李氏兄弟或许能修得此缘。这是对李常的良好祝愿，也包含着对自己未来的美好憧憬。

只是，无论苏氏兄弟，还是李氏兄弟，最终都未能如愿。

史载元祐五年（1090），李常赴成都任，卒于途中。

在漫长的人生坎坷中，苏轼经常回忆起他和李常、张先等人的湖州之会，那是他们友谊的高光时刻。元丰四年（1081）十二月十二日，他独自坐在临皋亭读书，月亮升起，平野一片寂寥，苏轼感到阵阵寒意，再次想起湖州之会欢乐、热闹的场景，写下《记游松江》，回忆垂虹亭的酒宴。

元祐四年，苏轼出知杭州，路过湖州，湖州太守张询（仲谋）尽地主之谊，座上也是六人，却已不是先前之人，李常、张先等五人皆已作古。经历了人生的至暗时刻，经历了黄州的贬谪生活和朝廷的党争倾轧，苏轼感慨宦海无常，物是人非，亦作《定风波》：

> 月满苕溪照夜堂，五星一老斗光芒。十五年间真梦里，何事，长庚对月独凄凉。　　绿鬓苍颜同一醉，还是，六人吟笑水云乡。宾主谈锋谁得似，看取，曹刘今对两苏张。

张先《定风波》里"也应旁有老人星"，"老人星"指张先自己。十多年后的"六客之会",苏轼年龄最长,五位年轻人陪着自己这颗"老人星",怎能不"长庚对月独凄凉"!

从此,张先《定风波》被称为"前六客词",苏轼《定风波》被称为"后六客词"。

［宋］赵佶 《文会图》 台北故宫博物院

第十章　此心安处是王巩

王巩，字定国。他长相俊美，是上流社会公认的美男子，苏轼称他"琢玉郎"。他出身高贵，累世显宦，祖父是真宗朝名相王旦，封魏国公；外祖父是仁宗朝宰相张士逊，封邓国公；父亲王素是仁宗景祐年间著名的谏臣，与欧阳修、蔡襄、余靖号称"四谏"；他的岳父则是苏家的恩公张方平。

无论从哪方面看，王巩都应该成为人生赢家，如果不碰到苏轼的话。

黄楼之会

嘉祐四年（1059）春，王素知成都府，当时苏轼守母孝在眉山，前去拜会王素，并上书为蜀人陈情。两年后王素任满回京，那一年苏轼参加制科考试，双方亦有交集。有学者认为，王素或于此时让十多岁的王巩跟随苏轼学习。

他们再一次交往是熙宁二年（1069）苏轼第二次回朝的时候，这时王巩已经长大成人，拿着一方外祖父留下来的砚台请苏轼题字。苏轼题道："邓公之砚，魏公之孙。允也其物，展也其人。"这是他们有文字记载的首次正式交往。

苏轼出守后，王巩与苏辙来往更为密切。王巩是富家公子，上等酒宴乃家常便饭，苏辙经常是座上客。熙宁六年王素卒，时苏轼在杭州，苏辙为王素写了挽辞。

王巩靠恩荫入仕，不受王安石喜欢，政治立场上跟旧党站在了一起。熙宁九年（1076）王安石罢相，王巩受到宰相吴充器重，为秘书省正字，正当仕途有些起色，不料被一桩谋反案波及。

有人告余姚县主簿李逢谋逆，宋神宗派御史台调查，结果勾连出两个人，一个是太祖赵匡胤四世孙赵世居，一个是道士李士宁。李士宁在京东路沿海一带放言太祖后代当有天下，天命应在了赵世居身上。赵世居傻乎乎地资助其不少银两。案件坐实，赵世居赐自尽，李逢凌迟，李士宁杖刑后流放。王巩因曾向赵世居借兵书，受到牵连，被追夺官衔，勒令停职。

受这次事件的打击，王巩心灰意冷，便把心思用在了"闲情逸致"上。熙宁十年初，王巩在京城建了一座园林，取名清虚堂。清、虚二字均取自于道教，按他的解释："夫惟清浊一观，而虚实同体，然后与物无匹，而至清且虚者出矣。"意思说是非对错、高尚和卑鄙都没有明显的界线，关键看一个人如何守住自己的内心。

苏辙应邀为清虚堂作记，称赞："今夫王君生于世族，弃其绮纨膏粱之习，而跌荡于图书翰墨之囿，沉酣纵恣，洒然与众殊好。"正如苏辙所说，王巩的兴趣爱好在图书翰墨，为人又大方、洒脱、讲义气，所以他们才能成为好朋友。

苏辙写好了"记"，推荐兄长苏轼把这篇记书写出来。熙宁十年春他们住在范镇的东园，刚好有便利条件。苏轼除了书"记"，还在后面写了一段很有意思的跋，大意是：苏辙对我的书法从来不珍惜，别人收藏我的字，他一幅也没有，还经常拿我的字送人情。好在王君为人不错，以后不许这样了！

苏轼一直担心王巩沉溺于赵世居案中伤心失意，就此沉沦。元丰元年（1078），苏轼建成黄楼，写诗邀请王巩重阳节来徐州会晤："愿君不废重九约，念此衰冷勤呵嘘。"

王巩答应了赴约，不过人未至，诗先到，自称"恶客"，不饮别人的酒。苏轼一首《答王巩》说，你既然不饮外酒，那就自己拉一车来吧。"子有千瓶酒，我有万株菊。"回去的时候请把酒留下，车上装满菊花带走，菊花把车轴压断可没人负责——都是风趣之人，难怪能相处得那么融洽。

王巩还真不是说着玩的，果然带着自家的酒来了，苏轼又"得寸进尺"地道："但恨不携桃叶女，尚能来趁菊花时。"你为什么不带姬妾来呢？

重阳节那天，苏轼在黄楼宴请王巩，陪客也是精心挑选，有颜复、陈师道等，座客三十余人，多知名之士。还有笙歌宴乐，红粉佳人，众人喝得酩酊大醉，尽兴尽欢。苏轼酒酣气豪，还不断劝酒："莫嫌酒薄红粉陋""一杯相属君勿辞"。他们作诗唱和，苏轼放声吟诵：

> 我醉欲眠君罢休，已教从事到青州。
> 鬓霜饶我三千丈，诗律输君一百筹。
> 闻道郎君闭东阁，且容老子上南楼。
> 相逢不用忙归去，明日黄花蝶也愁。

青州有个齐郡，"从事"的意思是到了齐下，通"脐下"，在这里指美酒下肚。苏轼劝王巩不要急于回去，免得黄花开尽，时光不再，留下遗憾。其中"诗律输君一百筹"倒也不完全是自谦，苏轼在《王定国诗集叙》中曾说："又念昔日定国过余于彭城，留十日，往返作诗几百余篇。余苦其多，畏其敏，而服其工也。"张邦基在《墨庄漫录》中也记载："王定国持诗与东坡，东坡答书云：'新诗篇篇皆奇，老拙此回真不及。'"苏轼是真心夸王巩诗作得既快又好。

王巩在徐州玩了十多天，苏轼有公务在身，便请一个叫颜复的全程陪同。一天，王巩、颜复携歌妓马盼盼、张英英、卿卿登山涉水，苏轼晚间在黄楼置酒等候，后来在一首诗的小序中记述说：

［宋］佚名 《玉楼思春图》 辽宁省博物馆

王定国访余于彭城。一日棹小舟，与颜长道携盼、英、卿三子游泗水，北上圣女山，南下百步洪，吹笛饮酒，乘月而归。余时以事不得往，夜著羽衣，伫立于黄楼上，相视而笑。以为李太白死，世间无此乐三百余年矣。

王巩吹笛饮酒，乘月而归，苏轼穿上道士的长衫，伫立高楼，微风下衣袂飘飘，此真仙境也。李白飘逸、旷达、浪漫，号称"谪仙人"，身后世人少有出尘脱俗之风。今日苏轼与王巩抛开俗世之烦恼，月下呼朋携妓享受人间清乐，恰似李白再世，飘然如仙。

黄楼之会是一段短暂而快乐的时光。"不辞千里远，成此一段奇。"王巩离去时，苏轼送别，感叹王巩成就了这次不可多得的人生际会。

归来仍是少年

快乐的时光总是很短暂。

元丰二年（1079），苏轼因"乌台诗案"被羁押、审讯、流放，二十多人受到牵连，其中就有王巩。司马光、张方平这些老臣受到的处罚是罚铜，苏辙作为罪人的亲弟弟，发落为筠州盐酒税监，王巩则发落为宾州盐酒税监。筠州在江西，而宾州为今广西宾阳，在岭南，宋朝时只有重犯才会流放的地方。换言之，王巩受到的处罚重于苏辙，甚至重于当事人苏轼。

为何王巩受到的处罚最重？

王巩的"罪行"之一，是赴徐州时带去了张方平的诗稿，即《乐全堂杂咏》，苏轼在诗稿卷末题诗，御史台认为苏轼卷末诗把朝廷新法比作荒林废沼，是亵渎朝廷。

王巩的"罪行"之二，是与驸马都尉王诜"漏泄禁中语"。当指决定逮捕苏轼时，王诜、王巩将这一消息提前泄露给苏辙，让苏辙通报苏轼。

这是明面上的原因，另外还有两点可能影响了定罪，其一，王巩是德高望重的张方平的女婿，重罚王巩可起到"敲山震虎"的作用；其二，王巩受赵世居案牵连，本是戴罪之身，现在更是"罪上加罪"。

众多师长、朋友因自己而获罪，苏轼深感歉疚，对王巩尤其如此。岭南是"高官坟场"，苏轼不知道王巩能不能挺过去，活着回来；也不知道这位性情相投的朋友会不会因此怨恨自己。他甚至不敢给王巩写信。倒是王巩，磊落、洒脱得很，心中毫无芥蒂，被官差押解着刚出京城，就写信问候已到黄州的苏轼，没有任何埋怨，没有任何疏远。苏轼这才安下心来。

苏轼赶紧回信，希望能赶在王巩登船之前送达。苏轼告诉王巩，他每天派人在江边的码头上等候，就是希望早日读到王巩的来信。苏轼接着又送出第二封信，写道：

> 但知识数十人，缘我得罪，而定国为某所累尤深，流落荒服，亲爱隔阔。每念及此，觉心肺间便有汤火芒刺。今得来教，既不见弃绝，而能以道自遣，无丝发蒂芥，然后知定国为可人，而不肖他日犹得以衰颜白发厕宾客之末也。甚幸！甚幸！

"汤火芒刺"四个字，将苏轼内心的翻腾、难受表现得淋漓尽致。苏轼希望日后还能以自己的衰颜白发，继续侧身于王巩的宾客之列，希望他们的交情能够持续下去。

虽然相隔千里，苏轼无时不牵挂王巩。中原人的体质很难适应岭南的气候，苏轼就从道家养生术中摘出"摩脚心法"，教给王巩以抵御瘴气。苏轼嘱咐王巩每日少饮酒，调节饮食，让胃气壮健，还劝王巩不要纵情声色，"日见可欲而不动心，大是难事。又寻常人失意无聊中，多以声色自遣。定国奇特之人，勿袭此态"。可能感到不应该干涉好朋友的私生活，苏轼又解释说正因为相知太深，说话才直截了当。

王巩为了安慰苏轼，在书信中也大谈长生不老之术，说自己正在修行，而且颇有所得。道家迷信丹砂可以养精神、安魂魄、杀精魅，王巩要送苏轼一些广西的丹砂，苏轼说方便的话就寄十两，不方便的话，一两也不要寄。

是时王巩大约三十出头，身体没有想象的脆弱，面貌和气色都没有太大改变。但是他儿子年龄幼小，一个死于贬所，一个死于家中，可谓凄惨之极。为了排解哀伤，王巩把大部分精力用在了读书作诗上，学问因而大有长进。苏轼和王巩书信往来的另一项内容便是交流读书心得，苏轼建议王巩多读史书，最好亲手抄录。

黄州有栖霞楼，每逢重阳节，太守徐君猷都要在这里宴请州郡官吏、社会名流，这个时候便会勾起苏轼对黄楼之会的回忆，因而更加怀念王巩。苏轼曾为王巩作《千秋岁·浅霜侵绿》，用"坐上人如玉"来形容俊美的王巩。苏轼为徐君猷讲述黄楼之会的情形，吟唱《千秋岁》，"满座识与不识，皆怀君"，都想见识一下王巩。

《千秋岁·浅霜侵绿》中有句"明年人纵健，此会应难复"，表达曲终人散的悲凉，没想到真的被苏轼说中了，今年他们竟相隔千里。于是黄州重阳节，苏轼作词"当年戏马会东徐，今日凄凉南浦"，抚今思昔，只有朋友情深。

元丰六年（1083）初秋，王巩得以从宾州北归，七月到江西太和县，时黄庭坚任知县，遂在太和小聚数日。八九月间行至苏辙筠州贬所，留一封信给苏轼，托苏辙代寄，自己沿赣水北上，取道九江回京。苏轼接到书信，抑制不住内心的喜悦，恨不能马上与王巩举杯浮一大白。但他身在黄州贬所，不能擅自离境，只能去信问候。

王巩在宾州期间创作颇丰。他将文集交于黄庭坚，黄庭坚为之作序，赞扬王巩在困顿中不自哀自怜，穷而后工，文藻浩然；赞赏其文章不随人后、不减古人。

宾州期间，王巩留意经史，著有《论语注》十卷，秦观为其作序。熙宁变法后，太学和地方学校都以王安石注释的经文为教材，凡是与王安石"新学"不合的教材一律剔除。秦观认为在这种大背景下，王巩注释《论语》具有对抗王安石权威的现实意义。

王巩在宾州创作的诗集，则通过苏辙交给了苏轼。苏轼为其作序，称赞他的诗歌比过去更工整了，评价其"皆清平丰融，蔼然有治世之音"，都是积极向上的正能量，很少有表现出困厄、贫穷、衰老的情绪，即便偶有"幽忧愤叹之作"，也是人之常情。

可惜王巩在宾州的文、诗、经注均已失传，对于王巩的贬居生活，只能从苏轼、苏辙的书信诗词中揣测一二。

元丰七年（1084），苏轼离开了黄州，马上给王巩写信，告诉他自己可能于元丰八年春天到南都，希望能在张方平家里见到他。

苏轼到南都拜谒张方平时，王巩因事未能赴约。直到元祐二年（1087）二月，元祐更化，二人得以在京城相见。王巩请苏轼到清虚堂做客，劫后余生，两人感慨不已。苏轼惊讶于王巩面如红玉，相貌如故，谈锋依然锐利，由衷地为他庆贺。

王巩请苏轼听曲。他家原本蓄养有许多歌女，获罪时只有一位叫宇文柔奴的陪伴他去岭南。苏轼见柔奴同王巩一样，岭南的苦难并没有在她的脸上留下风霜，相反她更加明艳动人。苏轼同柔奴唠家常，问在岭南生活很苦吧，柔奴淡然答道："此心安处，便是吾乡。"苏轼大为震动，当即作词《定风波》赠予柔奴：

> 常羡人间琢玉郎，天应乞与点酥娘。尽道清歌传皓齿，风起，雪飞炎海变清凉。　　万里归来颜愈少，微笑，笑时犹带岭梅香。试问

［宋］王诜 《飞阁延风图》 北京故宫博物院

岭南应不好，却道，此心安处是吾乡。

人们把相貌俊美的男子称为"琢玉郎"，这里指王巩；把皮肤光滑细腻的女子称为"点酥娘"，此处指柔奴。他们俊男靓女，天造地设，生来一对。"雪飞炎海变清凉"称赞柔奴的歌声，能给炎炎盛夏带来微风飞雪般的清凉。

下阕写从岭南万里归来，他们还是曾经的少年，还是最初那张脸，笑容甜美，如岭南梅香。试探着问在岭南吃了很多苦吧，她却说"此心安处是吾乡"。

白居易《初出城留别》中有"我生本无乡，心安是归处"，是"此心安处是吾乡"的滥觞。此词句蕴含了丰富的人生哲理和辩证思维。"乌台诗案"让苏轼在鬼门关走了一遭，从天之骄子到狱中囚徒，反差甚大，他很长时间难以适应。黄州初期，他惊魂未定，意志消沉，感觉生不如死。后来，苏轼悟透了人生无常，抛开了名利、富贵、权势，变得豁达、洒脱，心理逐渐平稳下来。没想到，王巩和侍妾比他觉悟得更早、更彻底，当然也比他更睿智、更通达。

苏轼由衷地为王巩和侍妾高兴，也由衷地将两人引为知己。

玉人今老矣

元祐元年（1086），由司马光力荐，王巩被重新起用，为宗正丞。

宗正寺是专门管理皇亲国戚的机构，比如宗亲名录、宗亲称谓、福利待遇、守护陵寝等。宗正寺最高职位叫卿，下面设少卿，少卿下为丞，官不大，算从六品。

皇亲国戚个个都不好惹，皇家的事情特别敏感，所以宗正寺的官难当。一般宗正寺官员，秉承多一事不如少一事的原则，饱食终日，得过且过。

王巩是心直口快之人，好臧否人物，他见司马光当政，以为政治清明，上书议论便少了许多顾忌。到任宗正寺丞没多久，他就上了一道札子，说宗室旁枝中疏远者，皇帝不应称他们"皇伯""皇叔"，应改个称呼。这道札子一上，就捅了马蜂窝，立刻引起巨大的争论，宰执大多认为建议不靠谱，只有司马光一人觉得可行，指示礼部研究实施。可惜礼部还没有研究出结果，司马光就去世了，这件事便不了了之。

司马光九月去世，十月台谏旧事重提，弹劾王巩离间宗室——再远的宗室旁枝也是皇家血脉，你改他们称呼，是让皇帝疏远亲戚吗？这罪名就大了，于是给王巩打上"奸邪"的标签，要求惩办。可怜王巩任宗正寺丞不到一年，就被发落通判西京。反对者认为惩罚太轻，还未到任又改为通判扬州。

苏轼也刚刚举荐过王巩，心怀叵测的人还攻击王巩"谄事"苏轼。若是见风使舵的人，必定撇清干系，躲得远远的。苏轼不然，他不能眼见挚友受污，毅然上书为王巩辩护。他在《辩举王巩札子》中写道：

> 谨案巩好学有文，强力敢言，不畏强御，此其所长也；年壮气盛，锐于取进，好论人物，多致怨憎，此其所短也。项者窜逐万里，偶获生还，而容貌如故，志气逾厉，此亦有过人者。故相司马光深知之，待以国士，与之往返，论议不一。臣以为，所短不足以废所长，故为国收才，以备选用。

文章指出了王巩的优点，即好学有文，强力敢言，不畏强御；也指出了王巩的不足，即年壮气盛，锐于进取，好论人物，多致怨憎。苏轼这一层文字，解释了为什么要举荐王巩，探讨了应怎样对待人才的问题，即"所短不足以废所长"。

上面是"论人"，回击台谏的"奸邪"论。下面则就事论事，回击

"离间"论：

> 巩上疏论宗室之疏远者不当称"皇叔""皇伯"，虽未必中理，然不过欲尊君抑臣，务合古礼而已，何名为离间哉！况巩此议，执政多以为非，独司马光深然之，故下礼部详议。又，兵部侍郎赵彦若亦曾建言。若果是离间，光亦离间也，彦若亦离间也。方行下有司时，台谏初无一言；及光没之后，乃有奸邪离间之说，则是巩之奸邪系光之存亡，非公论也。

就事论事，王巩的建议出于公心，为皇家考虑，与"离间"沾不上边。因为司马光威信最高，苏轼通过司马光"深然之"来为王巩撑腰，指责台谏"双标"，待人不公平。

就台谏指责王巩"诐事"，苏轼亦有辩论：

> 巩与臣世旧，幼小相知，从臣为学，何名"诐事"？

随着司马光的去世，旧党内部分裂，党争愈演愈烈，不但赶走了王巩，元祐四年（1089）也赶走了苏轼。苏轼守杭州，而王巩又调到北方，知海州、密州，时间都不长。后因恩例，王巩乞得管勾太平观，回到京城，但是个闲差。

他们见面机会越来越少。元祐三年底，王巩由扬州转海州，在京城短暂停留，苏轼、苏辙前去清虚堂拜访。是夜小雪，几人于雪中小饮，颇有白居易"绿蚁新醅酒，红泥小火炉"的意境。苏轼记述那天的情形：

> 定国出数诗，皆佳，而五言尤奇。子由又言：昔与孙巨源同过定国，感念存没，悲欢久之。夜归，稍醒，各赋一篇，明日朝中以示定

国也。

巨源是孙洙的字，是他们共同的朋友，已经去世多年，所以他们才"感念存没"，谈论的都是过去的悲欢离合，感叹的都是人生的变幻无常。

元祐六年（1091），苏辙推荐王巩知宿州。然而一直有人盯着王巩不放，不久王巩又被罢职，成了闲人。

元祐八年，苏轼从扬州移知定州，路过南都，登门拜祭已经去世的张方平，在这里再一次见到王巩，而时间恰好又是重阳！

此时王巩四十六岁，失去了年轻时的豪情，一心修道，在静坐顿悟中远离尘世。苏轼和他共同回忆十五年前的黄楼之会，那是多么美好的时光啊，真的前三百年未有，后三百年亦难见！

苏轼赋诗送给王巩，诗前有序：

> 在彭城日，与定国为九日黄楼之会。今复以是日，相遇于宋。凡十五年，忧乐出处，有不可胜言者。而定国学道有得，百念灰冷，而颜益壮，顾予衰病，心形俱悴，感之作诗。

诗中有句："对玉山人今老矣，见恒河性故依然。"时光永恒，而生命有限，连王巩这样的"琢玉郎"也有韶华逝去的那一天。

另一首《九日次定国韵》则写道："王郎误涉世，屡献久不酬。黄金散行乐，清诗出穷愁。俯仰四十年，始知此生浮。"人生如蜂蚁，忙忙碌碌，漂浮不定，到头来万事皆空，城郭还在，人已成空丘。

一诗成谶，宣仁太后去世后，朝政大变，新党重掌政权。王巩因经常上书议论朝政，"追毁出身以来告敕，除名勒停，送全州编管"，一直到元符三年（1100）才归来。而苏轼则被贬到了岭南、海南，直到终年才得

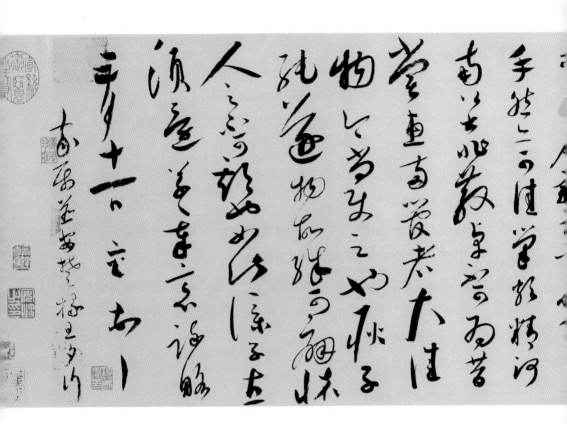

[宋] 蔡襄 《陶生帖》 台北故宫博物院

以回到常州。

　　而苏轼与王巩自此再未谋面，他们只能靠回忆去续写友情，告慰相思。

　　苏轼去世后，宋徽宗崇宁年间，党祸再起，王巩入"元祐党人碑"，第三次被贬岭南，大观中得以回到内地，致仕，居住在高邮。政和二年（1112），苏辙去世，王巩有诗悼念。

　　"交亲逾四纪，忧患共平生"，这是王巩写给苏辙的祭诗，也是他与苏氏兄弟友情的写照。

第十一章　遗世而独立的陈慥

嘉祐六年（1061），苏轼以制科第三等的成绩出任签书凤翔府判官厅公事，人生得意，踌躇满志。不料他在凤翔府碰了个软钉子，知府并没有抬举他，给他好脸色。不过苏轼因此结识了陈希亮、陈慥父子，特别是陈慥这位人生旅途上的灵魂之友。

顶头上司陈希亮

签书判官厅公事简称签判，掌州府的公文、案牍，由京官充任，受州府长官领导。苏轼在嘉祐六年十二月到任凤翔府，第一任上司叫宋选，是位勤勉的老好人，对苏轼宽容、温厚。嘉祐七年三月，天气久旱，宋选带着苏轼到太白山祈雨，回来路上大雨即沛然而至，苏轼欣喜作文，曰《喜雨亭记》。喜雨亭，在官舍之北，刚刚竣工，因此名之。

嘉祐八年正月，宋选罢官，眉州青神县人陈希亮接替他到任。青神县是苏轼娘舅家，也是两任妻子的家乡，离眉山很近，两家原本相识，按辈分陈希亮比苏洵还高一辈。有这层渊源在，苏轼认为陈希亮应该更容易相处。

陈希亮身材矮小、清瘦，看起来没有威严，第一印象往往会让人对他产生错误的判断，轻视他三分。其实他刚毅、坚韧、严厉，对下属约束严格，不留情面，很少有好脸色。

苏轼仗着自己跟陈希亮的多层关系，刚开始还像对宋选一样对待陈希亮，随性、散漫、开玩笑，并没有严格的上下级意识，但很快就吃了苦头，意识到这人不好对付。

府中的衙役知道苏轼学问好、才情高，称苏轼为"苏贤良"。陈希亮听到后，大声斥责："签判就是签判，叫什么贤良！"还将衙役打了板子，这让苏轼十分难堪。

苏轼的文章连欧阳修都为之汗颜，陈希亮却毫不客气地修改他的公文，有时还让他三番五次返工。以文章自负的苏轼自然难以忍受。

苏轼向陈希亮汇报公事，陈希亮态度傲慢，有时对苏轼不理不睬，让他在那里干等，苏轼去留两难，不知该如何是好。

苏轼对陈希亮不满，日常能躲就躲。陈希亮设宴他不参加，连中元节也不到知府厅打个照面。陈希亮认为苏轼无礼，向朝廷告状，罚了苏轼八斤铜。苏轼心中更加怨恨，哀叹自己初入仕途就遇见这样一个不通情理的上司。

苏轼终于有了一个报复的机会。

凤翔府治凤翔县，南、西、北三面环山，可惜城中地势低，看不到四面风景。陈希亮在公馆后苑建造一座凌虚台，让苏轼作记。苏轼趁机用文字给他添堵，在文章中尽说些不吉利的话。比如交代建台缘由：在离山最近的地方照理应该看到山，太守居住的地方却不知有山，这是不应该的，所以建造了凌虚台，语气中明显含有嘲讽之意。

苏轼文中用了许多典故，只想说明一个道理：事物有兴废，这凌虚台不可能永远存在！不知道什么时候可能就化为庄稼、荆棘、废墟、田野了！台是这样，人也是这样，今天来明天去，还不知道落脚到哪里呢！

苏轼这篇《凌虚台记》，似乎在为陈希亮下一道谶语，让他别得意，明天还不知道谁说了算！

换了一般领导，恐怕会被气死，肯定要给苏轼小鞋穿，或者再次纠劾他。

但苏轼没想到的是，陈希亮一个字没改，让人把文章刻石立在凌虚台上。这下苏轼反倒不好意思了。陈希亮把苏轼叫过去，语重心长地跟他交心："我对明允（苏洵）像对待自己儿子一样，你算是孙子辈了。平时不给你好脸色看，是因为你少年一夜爆红，怕你自满承受不起。我不想看到你日后仕途受挫折。"

苏轼这才意识到，陈希亮是真正为自己好，于是隔阂涣然冰释。后来应陈慥之请为陈希亮作传，苏轼回忆起这段经历，写道：

> 公于轼之先君子，为丈人行（先辈）。而轼官于凤翔，实从公二年。方是时，年少气盛，愚不更事，屡与公争议，至形于言色，已而悔之。

苏轼写这篇《陈公弼传》（陈希亮字公弼）在元祐六年（1091），经历了仕途起伏和生死考验，"已而悔之"决非虚言。陈希亮让他认识到人生不可能一帆风顺，年轻时受些挫折，收敛锋芒，可能受益终身。如果上司、同僚因为你的才华而一味迁就，有缺点不指出，有错误不纠正，那是捧杀，将来可能跌更大的跟头，乃至碰得头破血流。

陈希亮为人方正。宋朝的州府有一笔用于宴请及馈赠过往官员的招待费，称公使钱，这笔钱供太守私人支配，但不能装进自己的腰包。陕西邻近西夏，情况复杂，很多公使钱使用不规范，比如《岳阳楼记》中的滕子京，就因为用公使钱招待外郡士兵而被谪守巴陵郡。公使钱的另一用处是买美酒，长官们互相赠送，从而占为私有。陈公亮也得到不少这样的美酒，大多拿出招待、救济贫困的游士了。后来自省这属于违纪行为，他用自己的家产归还了公使钱，并且上书弹劾自己，于是被调离凤翔府，分司西京。未几，致仕；熙宁十年（1077）卒，享年六十四岁。

陈希亮的死或许与苏轼有关。

据苏辙《龙川略志》记载，有一次，苏轼到凤翔开元寺看壁画，两个老和尚传给他一个"炼金术"，叫"朱砂化淡金为精金"。这是秘方，不外传，陈希亮听说开元寺有此秘方，曾几次来求，和尚都没有传给他。苏轼很纳闷：小子何德何能，太守不传，传于我？和尚解释说，这个方子虽好，但好几个人在炼金过程中死了，所以我们要传给不使用这个方子的人；陈太守得到方子，一定会照方子炼，因此不敢传给他。

和尚这话很奇怪，传了方子又不让使用，要这方子何用？不过实践证明，和尚没有欺骗苏轼。后来陈希亮偶尔得知苏轼手里有这个方子，苦求不已，苏轼只好给了他。再后来，陈希亮去职，居住在洛阳，没钱买房子，就照着方子炼金，中途中毒去世了。

这听起来像一个传说，不过用现在的化学知识去解释，在炼金过程中，化学反应生成有害物质，致人死亡的可能性极大。和尚应该知其利害，又不愿秘方失传，只好传给了苏轼。他们大概认为苏轼一辈子不会缺钱，或者相信苏轼不会为了金子铤而走险。

苏轼怎么也料不到后果会如此严重，当陈慥告诉他时，唯有唏嘘。

游侠和隐士

陈希亮虽然比苏洵辈分更长，但年龄应该小于苏洵，因为苏轼见到他的儿子陈慥时，陈慥还是翩翩少年。

苏轼在岐山山道上看见两名侍从骑马握弓，簇拥着一个少年。鸟雀飞起，侍从搭箭射之，不中。少年拍马冲到前面，张弓怒射，鸟雀应声而落。这位武艺高强的少年便是陈慥。

陈慥是陈希亮幼子，字季常，他的三位哥哥都进入了仕途，唯有他与众不同：豪纵仗义，挥金如土，颇有游侠风度。关于陈慥，江湖间传闻最广的一件事是，他回老家青神县，带着两个美艳的侍女，身着戎装，头戴青巾，腰缠玉带，脚踏红靴，俨然两位风流飒爽、武艺高强的女侠，骑着高头大马招摇过市，在青神县引起不小的骚动。

陈慥的侠义之风应与战争有关。北宋文治昌盛，武力不济，偏又同西夏连年战争，一些青年志士有意报效国家，驰骋疆场，便习武练剑，崇尚豪侠。陈慥跟苏轼谈论用兵之道，谈论古今成败之理，显然有意从军杀敌。不过宋朝武将地位低，进入军队的途径也不多，谈兵习武会被士大夫耻笑轻视。陈希亮就不喜欢这个儿子，骂他是不务正业的浪子。不过，他可以不让儿子进入军队，却不能改变陈慥洒脱随意、我行我素的个性。

陈慥与苏轼一见如故，然而随着陈希亮的调动，他们也各自分别，一晃多年不见，失去了联系。

苏轼遭遇"乌台诗案"时，被押解出京，走到黄州北一百多里一个叫岐亭的地方，忽然从山路转弯处驰来一辆白马青盖车，上面端坐一人，近前一看，正是陈慥。

陈慥在洛阳有豪华的宅第园林，河北有丰沃的良田，每年可收租布帛千匹，他的三个哥哥各有官职，按朝廷政策，陈希亮去世后，他可以恩荫一个官职。然而他放弃了这些人间富贵，也不再四处游荡，而是跑到岐亭南一个叫龙丘的地方做了隐士。

隐居后，陈慥不再穿戴读书人的冠服，他戴着一顶高高的、方形的帽子，像是古代祭祀时官吏和乐师戴的方山冠。方山冠前高七寸，后高三寸，长八寸，用有皱纹的彩色细纱制成，以青、白、红、黑、黄五色代表木、金、火、水、土五行。在宋朝已经看不到这种古怪的帽子了，因此人们用这种帽子来代指陈慥，称呼他"方山子"。

对陈慥超越世俗的选择，苏轼感到震惊，只能称他为"异人"。陈慥却是有备而来。苏轼这么大的名气，"乌台诗案"这么重大的事件，早已传遍大江南北。陈慥特地备车在此等候，迎接苏轼。他详细询问了苏轼的处境和狱案的经过，听完苏轼的介绍，低头沉默，不作一句评价，也不安慰，过了一会儿，仰天大笑，像是一阵狂风吹散了一段陈年往事，再也不提，热情地邀请苏轼到自己家做客。

陈慥的家取名"静庵"，陈设简单，生活清贫，看不出一点官宦门第的痕迹。陈慥就在这里修仙学道，养生炼丹。让苏轼吃惊的是，无论陈慥的妻儿还是奴婢，丝毫没有怨艾的情绪，他们怡然自得，很享受这样的生活。

情绪低落的苏轼为之一振：陈家从豪门到陋室，巨大的反差之下，主仆均能安然自处，自己只是官场失意，有什么理由抱怨沉沦呢？苏轼很庆幸能够遇到隐居的陈慥，苦闷的内心有一丝阳光照进，渐渐敞亮起来。

陈家上下对苏轼殷勤招待，杀鹅宰鸭，洗果切菜。初春季节，山里有蒌蒿的新芽，鲜嫩美味，给苏轼留下了深刻的味蕾记忆。他与陈慥举杯畅饮，坦露心迹，无话不谈。苏轼酒量不大，没多久就醉了，坐在椅子上呼呼大睡，巾帻（zé）掉到了地上也不知道。

来黄州的路上，苏轼担心人生地不熟，找不到说话投机的朋友，没想到还未到黄州就碰见了故人。他和陈慥的友情发生了质的飞跃，从老乡、朋友变成了知己。

仿佛找到了归宿感，苏轼在陈慥家里住了五天。临别，他为陈慥写了一首《临江仙》：

> 细马远驮双侍女，青巾玉带红靴。溪山好处便为家。谁知巴峡路，却见洛城花。　　面旋落英飞玉蕊，人间春日初斜。十年不见紫云车。龙丘新洞府，铅鼎养丹砂。

紫云车是神仙的乘坐工具，龙丘是陈慥隐居的地名。

元丰三年（1080）六月，陈慥往黄州看望苏轼。苏轼当然非常高兴，不过面临一些困难，比如他没有多余的屋子，让陈慥住在哪里成了问题。苏轼坦率地写信告诉陈慥，要么你住一间靠西的屋子，但这个季节夕照很热，晚上怕把你"熔化"了；还有个方案就是住在船上，如果你不觉得委屈的话。从这样的细节可以看出，苏轼对陈慥就像自家兄弟一样，毫无隔阂，毫不客气。

第二年正月，苏轼回访，去龙丘做客。经历过牢狱生死，苏轼对佛教有种皈依感，不再杀生，他提前写诗给陈慥，希望他不要为了招待自己杀死那些无辜的生灵。

"凡余在黄四年，三往见季常，而季常七来见余，盖相从百余日也。"在黄州期间，苏轼三次去龙丘做客，陈慥来看望苏轼七次。苏轼初到黄州，生活困顿，每一文钱如何花都要事先计划，陈慥虽然也清贫，但还是给予苏轼很多物质上的帮助。

富贵时，陈慥家里养了许多歌妓，整日混迹红裙白酒间，很是风流。隐居后，那些歌妓解散了，陈慥便想了个法子，在附近村中找两个能唱曲子的小姑娘为苏轼助兴，美其名曰"村姬"。在西京这样的大城市，士大夫应酬多，莺歌燕舞也就罢了，到了偏僻山村还与村姬往来，陈慥的妻子柳氏不免有些吃醋。

夜里陈慥与苏轼谈天说地，谈佛论道，很晚了还不睡。柳氏跑到他们的屋子外，用木杖敲打窗户，大声吆喝让他们睡觉。苏轼爱戏谑朋友，后来作诗说：

> 龙丘居士亦可怜，谈空说有夜不眠。
> 忽闻河东狮子吼，拄杖落手心茫然。

河东是柳氏的郡望，代指柳氏；"空""有"是佛学概念，这里指他们深夜谈论的内容为佛学。柳氏大声吆喝，吓得陈慥拄的拐杖从手里脱离，脑子里一片空白，不知如何应对。这几句诗为后世贡献了一个成语，就是"河东狮吼"，比喻妻子强悍，丈夫惧内。

［宋］王诜 《渔村小雪图》 北京故宫博物院

还有一种解释，狮子吼指如来的说法，具有令外道降伏的威严和法力。苏轼用"河东狮吼"表示陈慥学佛不如妻子领悟得深。当然，人们更愿意相信世俗的解释，陈慥由此背负了"怕老婆"的名声。

元丰七年（1084）四月，苏轼从黄州调任汝州，黄州的朋友为他送行。其他人送到湖北慈湖就返回了，唯有陈慥坚持送到江西九江。苏轼回顾他们五年的交往，作组诗赠之，即《岐亭五首》。苏轼还写了较长的序，叙述他们的相交往事，作为对黄州友情的纪念。

莫作儿女态

苏轼一生有很多朋友，陈慥最为遗世独立。在黄州期间，苏轼为陈慥作《方山子传》，这是苏轼唯一给活人写的传记。

陈慥年轻时"闾里之侠皆宗之"，在江湖上名气很大。他老家在眉州，住在洛阳，侠义之名传播万里。他第一次去黄州看望苏轼，在黄州引起不小轰动，当地豪杰都想一睹游侠风采，争相设宴邀请。苏轼把他比作西汉嘉威侯陈遵陈孟公。陈遵好酒、好朋友，走到哪里都高朋满座、车马盈门，酒席肉宴接连不断。陈遵还蔑视世俗，到寡妇左阿君家摆酒唱歌，被人弹劾仍毫无顾忌。苏轼觉得陈慥同陈遵一样不同流俗，写诗说："孟公好饮宁论斗，醉后关门防客走。不妨闲过左阿君，百谪终为贤太守。"

陈慥之所以弃侠从隐，在于他的军事梦和侠客梦都难以实现，正如苏轼《方山子传》中所说："欲以此驰骋当世，然终不遇。"苏轼满腹才华，少年时就立志做范滂，一心报效朝廷，自信"有笔头千字，胸中万卷，致君尧舜，此事何难"。然而他在王安石变法中基本靠边站，"乌台诗案"又险些丧命，发配黄州又失去了自由，曾经的理想被击得粉碎。苏轼与陈慥遭遇相似，心境相近，"同是天涯沦落人"，自然对陈慥相知更深。他为陈慥作传，折射的是自己怀才不遇的心态。

元祐三年（1088），也就是离开黄州的第四年，陈慥特地到京城看望苏轼，带来陈希亮珍藏的一幅画——《柏石图》，请求苏轼题跋。名人能提升名画的价值，一幅画题跋的名人越多，越珍贵。苏轼作了一首《柏石图诗》送给陈慥，诗的前四句是："柏生两石间，天命本如此。虽云生之艰，与石相终始。"写这首诗时，苏轼一定想到了自己和陈慥的人生，正像柏树生于石缝之间，不管喜不喜欢，终将坎坷而艰辛。

绍圣元年（1094），苏轼被贬惠州。陈慥为苏轼的身体担心，接连写几封信表示要去看望他。岐亭到惠州要翻越千山万水，几个月才能到达，谈何容易！苏轼急忙回信，劝他不要来：

到惠将半年，风土食物不恶，吏民相待甚厚。孔子云："虽蛮貊之邦行矣。"岂欺我哉！自数年来，颇知内外丹要处。冒昧厚禄，负荷重寄，决无成理。自失官后，便觉三山跬步，云汉咫尺，此未易遽言也。所以云云者，欲季常安心家居，勿轻出入，老劣不烦过虑，决须幅巾草屦相从于林下也。亦莫遣人来，彼此须髯如载，莫作儿女态也。

苏轼告诉陈慥："我在惠州过得很好，水土不差，饭菜吃得惯，官员和民众都很厚道。老朋友不要担心，无须前来，也不要派人来。我们都是长满坚硬胡须的男子汉，不要像小孩子那样恋恋不舍。"

苏轼接下来还与陈慥谈了许多琐事，比如"长子迈作吏，颇有父风。二子作诗骚殊胜，咄咄皆有跨灶之兴，想季常读此，捧腹绝倒也"，又告诉陈慥自己今天去哪座山游玩了，山上有什么风景，又谈到苏辙养生，等等。他们的书信就像唠家常一样，看起来婆婆妈妈，却都是不便与外人说的事。

苏轼去世后，作为元祐党人的"吹鼓手"，其作品被严禁，更不许在

［宋］杨柳 《暮归图》 北京故宫博物院

社会上传播。而陈慥"顶风违法"，在最严峻的时刻主持刻印《苏尚书诗集》，以表达对老朋友的坚定支持。

再之后，陈慥就从史籍和文人书信中失去了消息，不知去世于何年何月。

苏轼自由洒脱，是文人中的特立独行者；陈慥使酒好剑，是游侠中的遗世独立者。两人都不容于世，却都把人生过得精彩纷呈。

第十二章　黄州的明月大江

大部分时间里，苏轼身边鱼龙混杂，有朋友，有敌人，有君子，也有小人，比如在朝中。也有些时候，身边都是敌人，青面獠牙恨不能将苏轼生吞，比如"乌台诗案"中。当他的人生处于低谷时，却往往有人伸出援手，扶危济困，眼中又无一人不是好人，比如在黄州。

寂寞沙洲冷

苏轼于元丰三年二月初一（1080年2月24日）到达黄州，家眷暂时寄养在苏辙家，只有长子苏迈陪同。

戴罪之官，第一件事是向衙门报到，拜访太守。有些太守对罪官犹如奴婢，罪官肯定会吃不少苦头。

黄州太守与苏轼同名不同姓，叫陈轼，字君式，江西临川人，与王安石和曾巩都是同乡。陈轼出身缙绅，家里有个竹园叫"恭轩"，王安石和曾巩年轻时是恭轩的常客，写有大量赞美诗。

苏轼与陈轼第一次见面，用苏轼的话说"倾盖如故"。这句成语有个典故：西汉文学家邹阳遭人诬陷，被打入死牢，邹阳给梁孝王刘武写信求救，其中有"白头如新，倾盖如故"的句子，意思是有的人相处一辈子还像陌生人一样不了解对方，而有些人刚刚认识却像老朋友一见倾心。

州衙一时没有适合住的地方，陈轼协调苏轼暂时住在定惠院。

定惠院虽在黄州城内，不算偏僻荒芜，但青灯古寺，自然寂寞。苏轼初到黄州，没有一个熟人，甚至找不到可以说话的人，像游荡在漆黑无边的旷野里，孤独、无助、恐惧迎面袭来，让人压抑绝望。苏轼把这种比死亡更可怕的生存状态形诸于词，写下了《卜算子》：

> 缺月挂疏桐，漏断人初静。谁见幽人独往来，缥缈孤鸿影。　　惊起却回头，有恨无人省。拣尽寒枝不肯栖，寂寞沙洲冷。

这首词笼罩了极致的幽冷。

开篇第一句，写了夜、月和梧桐。夜晚本身是寂寞的，月亮的光辉清淡、迷蒙，没有一丝温暖，何况是残月！桐树在诗词中一向代表凄凉，如李煜的"寂寞梧桐深院锁清秋"，李清照的"梧桐更兼细雨，到黄昏"。夜晚、缺月、疏桐组成了孤寂清冷的诗词意象，为全词定下了基调。

漏是古代的计时工具，漏断指深夜，可词人偏偏不用"深夜"的字眼，而用"漏断"！漏壶滴水计时，那种均匀的"滴答"声，让人感到单调而寂静，这种声音"断"了的时候，寂静更深，还增加了怅然若失的感觉。

幽人指词人自己，他在若有若无的月光下独自徘徊，像孤独的大雁。用了这个"幽"字，整句的氛围一下子就出来了。所谓"独往来"，既是眼前景，又是人生境况：出蜀后，东京、杭州、密州、徐州、湖州，东西南北，往来反复，如漂泊的浮萍；狱案之后，熟人朋友大多断了往来，孤苦无依，怅然有大雁落孤之感。"孤鸿"既是词人的象征，也是实写，幽人和孤鸿如庄生化蝶，物、人两通。

下阕围绕"孤鸿"去写，当然，写孤鸿也是写自己。上阕写环境之幽冷，写世界的表象，下阕写的则是心境，写"知音少，弦断有谁听"的内心之孤独。

词人的孤独，通过"幽冷"的方式去展现，不能不让人联想起柳宗元的《江雪》："千山鸟飞绝，万径人踪灭。孤舟蓑笠翁，独钓寒江雪。"都是写孤独，柳诗通过宇宙之远阔、渺茫、空旷，与钓鱼翁这一"点"相对比，突出人物之渺小，渺小到只有自己，是谓孤独。《卜算子》之"幽冷"与《江雪》之"渺小"谁更孤独？渺小孤独到不知所以、无所适从，幽冷孤独到无所依靠、百念皆灰。

这首《卜算子》对苏轼有着特殊意义，以这首词为标志，苏轼悲到极致，向死而生。对于他来说，一个旧的时代结束了！过去的苏轼汲汲于功名，立志致君尧舜，背着沉重的躯壳艰难爬行，最后以"寂寞沙洲冷"而宣告失败，宣告终结。

不久，苏辙将家眷送来，定惠院肯定住不下大大小小百十口人。是月二十九日，陈轼又协调他搬进了临皋亭。临皋亭是官邸驿站，一般来说，罪官是不可以住的。苏轼能住进这样宽敞的居所，除了陈轼为人正直，同情苏轼的遭遇外，可能与鄂州太守朱寿昌为苏轼"打通了关节"有关系。朱寿昌是有名的孝子，母亲侍妾出身，在他一岁时被卖出朱府，不知所向。朱寿昌荫袭做官后，灼臂烧顶，刺血写佛经，发誓要找到母亲。后来他干脆辞官不做，行走四方，开始了艰辛的寻母历程，誓言不见母亲不复还。皇天不负苦心人，失散五十年的母亲还真被他找到了。朱寿昌弃官寻母的事迹感动了许多儒学之士，苏轼曾作诗褒扬他，二人从此有了交往。新党李定与朱寿昌前期的经历相似，都是小时候母亲被卖出府，但李定未服母丧，与朱寿昌形成鲜明对比，旧党利用这件事猛烈攻击李定，让李定狼狈不堪，进而与苏轼结仇。

苏轼迁往临皋亭后立即给朱寿昌写信，感谢他说："皆公恩庇之余波。"

临皋亭下八十步便是大江，一个人静静地走到江边，听大浪淘沙，看云卷云舒，特别适合苏轼这样的失意客。苏轼是个在困境中也能笑出声的人，他想到滔滔大江的上游有四川峨眉山融化的雪水，竟从中找到归乡的亲切感，心里稍微安定了一些。

苏轼在《答李端叔书》中说："平生亲友，无一字见及，有书与之亦不答，自幸庶几免矣。"除了几个极要好的亲友，他几乎断绝了与外界的来往。

即便黄州官吏，他也尽量少与交往。陈轼约他到山间清游，苏轼以儿媳有病为由予以婉拒。他尚未从"乌台诗案"中走出，多难畏人。但苏轼又是不甘寂寞的人，从江边溜达回来，他会在路边凉亭里听人讲鬼故事，有时没有故事可听，就央求别人随便编点什么讲讲。

那一段时间，苏轼对鬼神特别感兴趣。有一位叫潘丙的读书人告诉他，有神降到姓郭的人家，拉着他去看。一位妇人在两个童子的搀扶下，用筷子在地上画字，自报家门说是寿阳人，叫何媚，字丽卿，为伶人妇，丈夫被人害死，自己被霸占为妾，又为妒妇所杀，天使为其申冤，便成了"子姑神"，即厕神。

这位"子姑神"对世事显然颇为了然，她竟知道来者是闻名天下的大文豪，请苏轼为她作传："何惜方寸之纸，不使世人知有妾乎？"于是苏轼作了《子姑神记》。

王齐愈兄弟

"黄州岂云远，但恐朋友缺"，苏轼担心在黄州没有朋友。由于是戴罪之身，他不好意思外出见人："昏昏觉还卧，展转无由足。强起出门行，孤梦犹可续。"

让苏轼没想到的是，来黄州后仅仅十多天，就有人专程前来拜访。来者是位大胡子，叫王齐万，字子辩，四川嘉州犍为人，因不明原因寓居武昌的车湖——有一种说法是祖上戍黄州，就留在了这里，但从苏轼诗中透露出的信息，应是他们这一辈才从犍为移居车湖。因为是老乡，苏轼留他半日，告别的时候送他到江边，王齐万乘一叶扁舟横江而去。

王齐万的拜访给了苏轼许多安慰，这是第一位主动上门的朋友，还是位陌生的老乡，最容易给漂泊失意的人带来归宿感。

王齐万与哥哥王齐愈同住，王齐愈字文甫，或是苏轼的旧相识。王家在四川是大户，苏轼有诗《王齐万秀才寓居武昌县刘郎洑，正与伍洲相对，伍子胥奔吴所从渡江也》，还有《犍为王氏书楼》，都提到王氏在西蜀有良田千顷，有一座宏大气派的藏书楼，可见苏轼出川前，要么与王齐愈有交往，要么对王家早有耳闻。其诗云：

> 君家稻田冠西蜀，捣玉扬珠三万斛。
>
> 塞江流沸起书楼，碧瓦朱栏照山谷。
>
> 倾家取乐不论命，散尽黄金如转烛。
>
> 惟余旧书一百车，方舟载入荆江曲。

后来王氏兄弟寄寓武昌，将书楼里的藏书拉了过来。

苏轼很快与王氏兄弟熟络起来。宋代武昌是现在的鄂州，与黄州一江之隔。车湖是武昌一处风景佳地，湖光山色，山水相映，"湖上秋风聚萤苑，门前春浪散花洲"。苏轼爱寻幽探胜，甚至想过在这里买田置地，以老终生。在贬谪的四年零二个月里，他往返车湖一百多次，每次过江，都以王家为落脚点。王氏兄弟为他杀鸡宰羊，置办酒席，盛情款待，有时天晚就留宿在王家。

有一年临近除夕，王家正在置办年货，苏轼提笔为其书写桃符："门大要容千骑入，堂深不觉百男欢。"

王齐愈的儿子王禹锡是苏轼的"小迷弟"，他与苏轼相处随意，说话少了些顾忌，一有机会就缠着苏轼为他写字作画，竟攒了满满两大箱书画。他对这些书画视作珍宝，三年后要进京赶考，书画托父亲保管，却又放心不下，用铁锁将大箱锁住，害得王齐愈哭笑不得。

太守徐君猷

元丰三年（1080）八月上旬，陈轼致仕，徐大受接替知黄州。徐大受，字君猷，东海人，谈不上名臣名人，但待人宽厚，所谓"从不迁怒百姓，而百姓无反上意，从不苛察仕吏，而仕吏无欺上事，常年安定"。以苏轼不拘小节的个性，正适合这样的上司。

果然，他们第一次见面就十分融洽，苏轼描述说："始谪黄州，举目无亲。君猷一见，相待如骨肉。"

徐大受的儿子徐端益、徐叔广年龄还小，他们听说苏轼来家里了，吵着要看偶像长什么样子。他们尤其喜欢苏轼的书法，希望能得到苏轼的题扇。

徐大受经常携带酒食去看望苏轼。元丰四年十月，徐大受和通判孟震又来与苏轼对饮，酒是黄州本地官方酿造的，入口苦涩，明显属劣品。徐大受不懂酿酒，问苏轼这酒缘何苦涩，苏轼认为官方垄断了酿酒权，禁止私人好酒入市是主要原因。

徐大受回去后，送了坛私酿给苏轼，苏轼舍不得喝，只用来招待客人。

是年冬天大雪纷飞，苏轼亲自下厨做了美餐送给徐大受，包括牛尾狸、印子鱼和披绵黄雀，都是当时有名的珍馐。

元丰五年寒食节，春雨连绵，一连下了两个多月。淫雨引发江水暴涨，苏轼的居处浸入水中，像漂泊的小船。祸不单行，苏轼来黄州后收入微薄，此时家里已无米下锅，只好煮些青菜充饥。寒食是祭祀先祖的节日，苏轼被勾起了思乡的情愫，心情更加糟糕，用他的话说就是"死灰吹不起"。在这种绝望的心情下，苏轼含着满腔悲愤，奋笔写下《寒食帖》。这幅帖子在书法史上影响巨大，被称为"天下第三行书"。

寒食刚过，徐大受来到临皋亭，为苏轼分新火，饮酒，苏轼作《徐使君分新火》谢之。

五月，西蜀道士杨世昌教苏轼用糯米、蜂蜜酿酒，苏轼送一坛给徐大受。徐大受赞酒好喝，后来黄州人都学会了酿造蜜酒。这种蜜酒始于苏轼，黄州人便称为"东坡蜜酒"。晚年，苏轼在《东坡志林》里详细介绍了东坡蜜酒的酿造方法：

> 予作蜜酒，格与真一水乱，每米一斗，用蒸饼面二两半，饼子一两半，如常法取醅液，再入蒸饼面一两酿之，三日尝看，味当极辣且硬，则以一斗米炊饭投之。若甜软，则每投更入曲与饼各半两，又三日，再投而熟，全在酿者斟酌增损也，入水少为佳。

苏轼与徐大受的交往似乎离不开饮酒、美食，貌似地地道道的"酒肉朋友"。然唯其日常，唯其平淡，更见真情。

元丰六年（1083）四月，二人的关系起了一些波澜，虽然有惊无险，但着实让徐大受惊惧不已。

一场大病，苏轼旬月不出，外面谣传苏轼死了，范镇还专门派人探究真伪。苏轼这病与饮酒有关，但病刚好，有客来探望，苏轼放舟江上，又放怀畅饮起来。到了晚上，喝得酩酊大醉，苏轼独自回家。家里人都睡着了，苏轼敲不开门，放眼看江面际天，风露浩然，感怀而作《临江仙》：

> 夜饮东坡醒复醉，归来仿佛三更。家童鼻息已雷鸣。敲门都不应，倚杖听江声。　　长恨此身非我有，何时忘却营营？夜阑风静縠纹平。小舟从此逝，江海寄余生。

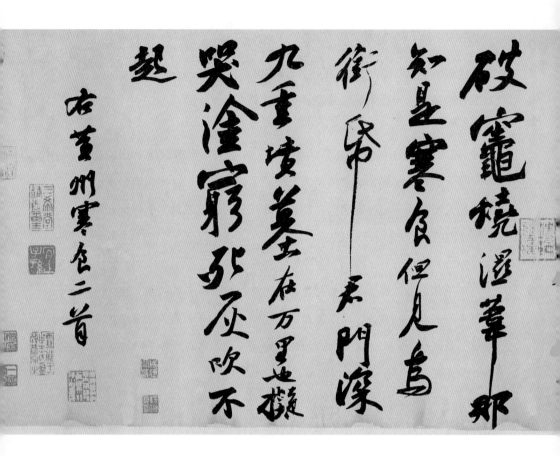

［宋］苏轼 《黄州寒食诗帖》 台北故宫博物院

　　词人试图从现实中解脱出来，告别"社会人"，做个"自然人"。苏轼在家中墙壁上题写这阕词，然后迷迷糊糊不知睡到了哪里。

　　第二天，有人看到"小舟从此逝，江海寄余生"一句，感觉不妙，以为苏轼跳江。消息立刻传遍黄州，还有人说在江边见到了苏轼的衣帽。罪臣失踪或者非正常死亡，太守难辞其咎，徐大受吓坏了，赶忙前往临皋亭，不想苏轼酒还未醒，鼾声如雷。

　　在徐大受宽松的氛围中，苏轼逐渐走出了前期的自我封闭状态，心情转好，"尘世难逢开口笑，年少，菊花须插满头归"。

　　他开始了一些正常的人际交往，尤其与本地的一些普通官民。

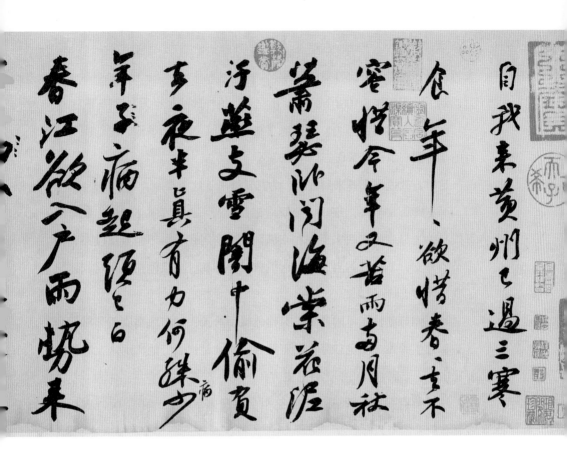

自我来黄州，已过三寒
食年、欲惜春、春不
容惜。今年又苦雨，两月秋
萧瑟。卧闻海棠花、泥
污燕支雪。阁中偷负
去、夜半真有力。何殊少
年子、病起须已白。
春江欲入户、雨势来

穷士马正卿

　　苏轼贬任黄州团练副使，从八品，职务大幅降低，薪水也跟着下降了，并且只有半薪收入，生活一下子困窘起来。

　　刚到黄州，前几年的积蓄尚能应付一阵子，但需要节省开支，一文钱掰成两半花。他制定了周密的开支计划，比如每月拿出4500文钱，分为三十串，高悬在屋梁上，每天用画叉取一串下来，计150文，然后把画叉藏起来，免得忍不住再取。每天限定这150文，不能逾越。若有结余，便放在大竹筒里，积攒起来留着宴请宾客。

到了元丰四年（1081），积蓄用完了，这样的法子也无法维持下去。

如何应对生活的压力？古代除了做官，就是经商和种地，眼前唯一可行的是得到一块田地耕作，以增加收入。

这时，故人马正卿来到黄州，为苏轼解决了这个难题。

马正卿，字梦得，雍丘（今河南杞县）人。嘉祐五年（1060）二月，苏氏兄弟为母亲服丧回来，先在京城西冈租房居住，由于租金比较高，为了节省开支，不久搬到离京城稍远的雍丘，苏轼、苏辙就在这个时候认识了雍丘人马正卿。

马正卿与苏轼同年同月生，只比苏轼小八天，都属摩羯座。苏轼认为这一年月生的人，注定贫穷，马正卿和自己就是代表。他又承认，如果非要比出个一二名，马正卿比自己更穷。

马正卿有多穷？没钱买墓地给祖父、父亲下葬！赤手空腹，衣衫褴褛，看起来像个乞丐。

如果一个奴仆，或者佃户这样穷，或许能够理解，关键马正卿是读书人！读书人怎么可能穷到如此不堪的地步？苏轼百思不得其解。

他们相识时，马正卿是太学正。这里的太学正有两说，一说是学生兼任的太学职事，大约类似学生会干部；一说是朝廷任命的太学官员，大致相当于大学辅导员。按史料记载，后者在宋神宗年间才开始设置。如果确实是这样，马正卿当时应该还是在太学里读书的学生，没有薪资，穷也就合情合理了。

按苏轼的记载，马正卿"清苦有气节"，不会巴结讨好人，做事耿直甚至迂腐，所以这个学生会干部，学生不喜欢，老师不待见，过得很不开心。

有一天，秋雨缠绵，苏轼到马正卿的寓所，没有见到他，等得无聊，见景感怀，在墙壁上信手写下杜甫《秋雨叹》，诗中有"凉风萧萧吹汝急，恐汝后时难独立。堂上书生空白头，临风三嗅馨香泣"的句子。没想到这个无心之举，改变了马正卿的人生。

马正卿回到寓所看到题诗，"难独立""空白头"像重锤一样击打着他，让他猛然醒悟：与其在太学做一个别人讨厌的角色，过着一贫如洗的日子，不如另谋出路。他即日辞去学职，离开太学，决计不再走科考出仕的道路。

嘉祐六年（1061）十一月，苏轼签判凤翔，马正卿竟追随苏轼而去。

这时马正卿与苏轼算什么关系？已经不能算普通的朋友了，应该算作幕僚吧。

不知马正卿何时离开了苏轼。熙宁九年（1076）四月，马正卿去密州探望苏轼，而后又去齐州探望苏辙，苏辙有诗相赠。

马正卿获知苏轼在黄州生活窘迫，立刻赶往黄州，他希望能够给予苏轼力所能及的帮助，并且与苏轼同甘苦、共患难。

眼下苏轼急需一块地。马正卿担任了"项目主管"，向政府提出申请，跑立项跑审批，终于在黄州城东得到一块山坡，原是军营驻地，约五十亩，地面上尽是砖块、瓦砾和荆棘。

马正卿还垫资为苏轼买来小车和铁锹、锄头等工具，和苏轼一起参加劳动，拾瓦砾，运垃圾，翻土壤，让这块贫瘠的废地变成能够耕种的田地。

在垦荒的时候，发现了一口暗井，这帮了他们大忙，解决了水源问题。他们在低洼的地方种上庄稼，在地势高的地方种上枣树和栗树，还挖了一个池塘养鱼。

苏轼在田地里种上稻麦和茶树，又增添了黄桑、柑橘。等到秋天，庄稼丰收，树木挂果，稻黄橘绿，一片丰收景象。有了这块坡地，苏轼一家终于解决了最棘手的生存问题。

冬天，苏轼在坡地上面的小山头上盖了五间房。房子建造之时，大雪飞扬，建成之后，四周皆雪，苏轼便为房子取名"雪堂"并作记，中有言曰："雪堂之前后兮，春草齐。雪堂之左右兮，斜径微。雪堂之上兮，有硕人之顾顾……吾不知雪之为可观赏，吾不知世之为可依违。性之便，意之适，不在于他，在于群息已动，大明既升，吾方辗转，一观晓隙之尘飞。"这一段话哲理十足，都是玄妙的道家理论。随性适意，人在低谷时，最适合用老庄。

这块地本没有名字，因在黄州城东，苏轼命其名为"东坡"，自己取号"东坡居士"。所谓居士出自佛教，后泛指出世之人。被贬黜或赋闲的士大夫也以"居士"自称，如白居易自称"香山居士"，欧阳修自称"六一居士"。

签判凤翔时，马正卿追随苏轼，希望能从苏轼这里分一杯羹。没承想到黄州，苏轼还要依靠马正卿救济。他没有给马正卿带来名利，反而带来了诸多麻烦。苏轼心中过意不去，在《东坡八首》里写道：

马生本穷士，从我二十年。

日夜望我贵，求分买山钱。

我今反累生，借耕辍兹田。

刮毛龟背上，何时得成毡？

可怜马生痴，至今夸我贤。

众笑终不悔，施一当获千。

苏轼自嘲，马正卿帮助自己，就像从乌龟背上刮毛，什么时候能做成毡子呢？

元丰七年（1084）四月，苏轼改移汝州团练副使，离开了黄州。马正卿结束了与苏轼的贫寒陪伴，回杞县告老还乡了。

［宋］夏圭 《雪堂客话图》 北京故宫博物院

市井朋友

苏轼在黄州还交了几个市井朋友。前文提到的潘丙，字彦明，是个落第的举子，在江对岸樊口开了间酒坊。潘丙常年来往于黄州和武昌之间，与苏轼因酒结缘，成为朋友。苏轼过江，潘丙的酒坊往往是驻足的第一站。潘丙低价卖酒给苏轼，减轻了苏轼不少经济负担。苏轼在给秦观的信中说：

> 又有潘生者，作酒店樊口，棹小舟径至店下，村酒亦自醇酽。

潘丙有兄潘鲠、弟潘原，他们也是苏轼的朋友。潘鲠于元丰二年（1079）中进士，时任黄州蕲水县尉，他的两个儿子潘大临、潘大观日后是江西诗派重要成员。潘大临也住在樊口，苏轼每每在酒坊谈诗论文，潘大临都会仔细聆听，慢慢地两人有了直接交往，潘大临会陪同苏轼游赏、饮酒，樊口江上钓鳊野炊，二人成了忘年交。

可以说，没有苏轼，就没有潘大临日后的诗歌成就。

元丰七年三月，潘大临赴京城参加省试，苏轼作《蝶恋花·送潘大临》：

> 别酒劝君君一醉，清润潘郎，又是何郎婿。记取钗头新利市，莫将分付东邻子。　　回首长安佳丽地，三十年前，我是风流帅。为向青楼寻旧事，花枝缺处余名字。

通过潘丙，苏轼又认识了古耕道和郭遘。古耕道文化不高，但豪爽侠义，朋友多，在市井中有一定影响，苏轼称他可能是唐朝侠士古押牙的后代。郭遘字兴宗，自称唐朝名将郭子仪后代，现在西市卖药。

苏轼开辟东坡时，潘丙、古耕道、郭遘都去参加劳动，给予了很大帮助。苏轼在《东坡八首》中写到了他们：

> 潘子久不调，沽酒江南村。
>
> 郭生本将种，卖药西市垣。
>
> 古生亦好事，恐是押牙孙。
>
> 家有十亩竹，无时客叩门。
>
> 我穷旧交绝，三子独见存。
>
> 从我于东坡，劳饷同一餐。
>
> 可怜杜拾遗，事与朱阮论。
>
> 吾师卜子夏，四海皆弟昆。

元丰七年（1084）四月，苏轼调离黄州，临行和送行的朋友在潘丙酒坊欢聚，到天黑才启程上路。船到车湖，又在王氏兄弟家住了两日。潘家两代五人、古耕道、郭遘、王齐愈兄弟都送苏轼到慈湖，才依依不舍告别。苏轼将雪堂托付给潘丙照看，由潘大临兄弟居住。

赤壁

苏轼是个好动爱游玩的人，经常过江到武昌和王氏兄弟、潘丙等一起游西山。至于黄州本地，没有什么好的景观，但它毗邻长江，苏轼最喜欢泛舟江上，看两岸山黛，望青天月明。

元丰五年七月，雪堂已经建成，安顿好身体之后，如何安顿自己的思想？随着生活逐渐改善，苏轼开始静下心来思索人生。他少年得志，一夕之间，名满天下，怀揣着匡时济世的梦想走上仕途，不免有些孤芳自赏，说话行事恣肆张扬，不屑于看人脸色，不屑于藏着掖着，想说就说，想做

[宋] 杨世昌　《崆峒问道图》　北京故宫博物院

就做，快意恩仇，少有顾忌。经历了"乌台诗案"，险些送了性命，物质生活、人情往来都大不如从前，苏轼冷静下来，认真反思今后的道路该怎样走，人生的意义到底是什么。

长江，是他思索的参照物，也给予他思想的灵感。

沿江上溯五六里，江岸矗立着赭红色的石崖，现代地理学上称之为丹霞地貌，古人笼统地称为赤壁。三国时，曹操占领荆州，在蒲圻赤壁与东吴对峙，被周瑜火攻击败，仓皇逃走，奠定了天下三分的格局。由于史书中只提到对峙地点为"赤壁"，后世对赤壁在何处众说纷纭，有传言就是黄州的赤壁。苏轼精通文史，自然不信，但他要借物抒怀，便将错就错，在此写下了《念奴娇·赤壁怀古》：

　　大江东去，浪淘尽，千古风流人物。故垒西边，人道是，三国周郎赤壁。乱石穿空，惊涛拍岸，卷起千堆雪。江山如画，一时多少豪杰。　　遥想公瑾当年，小乔初嫁了，雄姿英发。羽扇纶巾，谈笑间，樯橹灰飞烟灭。故国神游，多情应笑我，早生华发。人生如梦，一尊还酹江月。

赤壁之战时，周瑜只有三十四岁，年纪轻轻就建立了不世功勋。反观自己，是年五十六岁，已经两鬓白发，不但一事无成，还戴罪贬黜，闲置荒所，一腔忠君报国的热情和经世济民的才华无处施展。两相对比，词人只能发出人生如梦、光阴虚掷的感喟。

这阕词里，苏轼对人生进行了深入思考，提出问题：如何面对壮志难酬的境遇？但他没能给出答案，只好说"人生如梦，一尊还酹江月"，犹言："算了吧，忘掉这些吧。"

数日之后，苏轼的思想境界大为不同，豁然开朗。

七月中旬，西蜀道人杨世昌前来拜访。杨世昌，字子京，集绘画、音乐、历法、阴阳于一体的艺术家，其存世作品《崆峒问道图》现收藏于故宫博物院。杨世昌能鼓琴，善吹洞箫，行事不拘一格，往来如孤云野鹤。杨世昌不知何时与苏轼相识，听闻苏轼在黄州受苦，竟不远千里，泥行露宿来看望他。

从现存资料来看，元丰五年（1082）的三月，杨世昌陪米芾来访；五月，杨世昌教苏轼酿蜜酒；七月又有赤壁之游。这段时间，杨世昌居住在庐山，离黄州不远。

苏轼与杨世昌等在月圆之夜泛舟赤壁，作《赤壁赋》。《赤壁赋》中"客有吹洞箫者"即杨世昌。

《赤壁赋》与《念奴娇·赤壁怀古》，在对人生的思考上显然具有继承和延伸的关系。

庄子《齐物论》道"天地与我并生，而万物与我为一"，追求天人融合、顺应自然，认为万物与人皆是宇宙的造化，并没有严格的区别，所以要去除"我"的执念，把"我"当作自然的一部分，这样人才能在精神上

［金］武元直 《赤壁图》 台北故宫博物院

　　实现自由，才能无限广阔，无限提升，突破现实中的界限，无往而不达。

　　《赤壁赋》开篇，就营造了一个"物我两忘、天人合一"的画面：

　　　壬戌之秋，七月既望，苏子与客泛舟游于赤壁之下。清风徐来，
　　水波不兴。举酒属客，诵明月之诗，歌窈窕之章。少焉，月出于东山之
　　上，徘徊于斗牛之间。白露横江，水光接天。纵一苇之所如，凌万顷之

茫然。浩浩乎如冯虚御风，而不知其所止；飘飘乎如遗世独立，羽化而登仙。

宇宙由时间和空间两部分组成，"月出于东山之上，徘徊于斗牛之间"写的是时间流动；"纵一苇之所如，凌万顷之茫然"写的是空间远阔。在无限的时间和空间里，作者与客人"诵明月之诗，歌窈窕文章"，

[明] 仇英 《赤壁图》（局部） 辽宁省博物馆

气氛融洽，内心快乐。天、地、人、物在这一刻和谐相处，浑然一体。

客人悲伤于"寄蜉蝣于天地，渺沧海之一粟。哀吾生之须臾，羡长江之无穷"，哀叹生命短暂且渺小，不能像长江一样无穷无尽。下面通过主客对话的方式，阐述了瞬间与永恒的关系。

《庄子·大宗师》说："死生，命也。其有夜旦之常，天也。人之有所不得与，皆物之情也……故圣人将游于物之所不得遁而皆存。"生死同日夜一样都是自然规律，人无法干预。既然如此，何不把握当下，把瞬间视作永恒？所以圣人不考虑得失，因此得以与自然共存。

《赤壁赋》则曰：

　　苏子曰："客亦知夫水与月乎？逝者如斯，而未尝往也；盈虚者如彼，而卒莫消长也。盖将自其变者而观之，则天地曾不能以一瞬；自其不变者而观之，则物与我皆无尽也，而又何羡乎！且夫天地之间，物各有主，苟非吾之所有，虽一毫而莫取。惟江上之清风，与山间之明月，耳得之而为声，目遇之而成色，取之无禁，用之不竭，是造物者之无尽藏也，而吾与子之所共适。"

[宋] 王诜 《东坡赤壁图》 北京故宫博物院

水虽然流走了，但并没有真的逝去；月虽然圆了又缺，但并不是真的增减了。如果用变化的观点去看，天地都在运动；如果用不变的观点去看，万物与我们都不会消失。

作者显然深受道家思想影响，阐述的是瞬间和永恒的关系。结合在黄州的处境，可以说，至此，苏轼真的觉悟了。

在《念奴娇·赤壁怀古》里，苏轼感叹时光流逝、功业难成、人生如梦。到《赤壁赋》，那个困扰他很久的问题，即如何面对壮志难酬的境遇，苏轼终于给出了答案，就是顺应自然，把握当下，享受此时此地大自然的馈赠。江上之清风，山间之明月，虽然不是人间富贵，但赏心悦目，这就是造物主最好的安排。

苏轼的觉悟，对于他自己的文学创作，乃至于整个文学史，具有里程碑式的意义。如果说《卜算子·黄州定惠院寓居作》是个结束，《赤壁赋》则是新的开始。

苏轼之前的中国古诗词有个独特的现象，写自己，要么欢乐，要么悲戚，悲戚时大多哭哭啼啼，很少有豁达超脱之句。

诗仙李白笔下，放纵时"千金散尽还复来"，失意时"停杯投箸不能食"，唯独没有"放下"。同样信奉道教，李白与自然和谐相处体现在对自然的认同、呼唤和互动上，"我"的本体即是物的客体，物为我用。如"相看两不厌，只有敬亭山"，山即"我"的另一个存在；"举杯邀明月，对影成三人"，客体"月"是主体"我"的心理依存。

李白的"道"，是有我，万物皆为我存在；苏轼的"道"，是无我，既然我微不足道，何不放下，成为自然中自生自灭、享受当下的一部分？

在这一点上，苏轼十分接近陶渊明。陶渊明晚年回归自然，诗歌质朴、率直、放任。但陶渊明仍然不能逃过对"我"的关注，正如鲁迅《魏晋风度及文章与药及酒之关系》所说：陶渊明"也不能忘掉'死'，这是他诗文中时时提起的"。他把尘世比作"樊笼"，自己恰如困在中间的鸟兽。因为难以挣脱，便时时用酒麻醉自己，他几乎每首诗都写到酒，并且经常烂醉如泥："千秋万岁后，谁知荣与辱。但恨在世时，饮酒不得足。"陶渊明的隐遁和避世，从本质上讲仍是愤世嫉俗的另一种表现。

苏轼《赤壁赋》传达的意义超越了陶渊明。他不再关注自身的生死，不再逃遁或者挣扎，而是与大自然"握手言和"，承认自身渺小，无论环境如何恶劣，都能从中发现美，享受自然的馈赠，让生命更加适意。

这是一种真正的超脱，如他在《定风波》中所言："一蓑烟雨任平生。"

《赤壁赋》之前，诗歌专注生命个体的痛苦；《赤壁赋》之后，诗歌意象豁然开朗，至此之后，中国文学依然会写到痛苦，但不仅仅写痛苦，甚至痛苦已经不是主旋律了。此后诗人们更关注对生命价值的看法、对生命质量的体验，而不再是"泣不成声"。

宋代罗大经《鹤林玉露》评《赤壁赋》："太史公《伯夷传》，苏东坡《赤壁赋》，文章绝唱也。其机轴略同，《伯夷传》以'求仁得仁，又何怨'之语设问，谓夫子称其不怨……操行不轨者多富乐，公正发愤者每遇祸，是以不免于怨也。虽然，富贵何足求，节操为可尚，其重在此，则其轻在彼。况君子疾没世而名不称，伯夷、颜子得夫子而名益彰，则所得亦已多矣。又何怨之有？"

"不怨"是《赤壁赋》的精髓，此后成为苏轼最基本的人生态度。

卷四 艺术家：安得世上有绝笔

第十三章　竹痴文同

《宋史》记载，文同与苏轼为"从表兄弟"，表亲指父祖辈的姻亲，那么是苏家女儿嫁到了文家，还是文家姑娘做了苏家媳妇，或者他们分别娶了第三家的姐妹，没有史料交代。文同祖上自汉代起就居住在四川永泰县（今属四川绵阳盐亭县），与眉山相距遥远，苏家数代无人外出做官，不知两家是如何结亲的。

二人的亲戚关系是一桩公案，不过可以肯定的是，在苏轼出蜀前，他们并不相识，更没有任何交集。

竹品能见人品

文同的祖上、西汉蜀郡太守文翁在成都创办了一所学校，取名石室。学校后来多次毁于天灾和战火，但屡毁屡建，一直在原址上延续了下来，历代名人如司马相如、郭沫若、何其芳都曾就读于这所学校。

无论时代如何变迁，石室都深深地打上了"文氏"的烙印，所以文同被称为"石室先生"。

文同性格内向，朋友不多，能够交心的朋友更少。他常常沉浸在自己的世界里，独自发呆发笑，自号"笑笑先生"。苏轼曾写过文同的"笑"：

客有赞之者曰：先生闲居，独笑不已。问安所笑，笑我非尔。物之相物，我尔一也。先生又笑，笑所笑者。笑笑之余，以竹发妙。竹亦得风，天然而笑。

文同比苏轼年长十九岁，不折不扣算苏轼的长辈。他庆历六年（1046）应举，乡试第一，进士第五，可以说是"优质学霸"。

苏轼一家第二次出蜀后，苏洵被安排编纂礼书，文同在朝廷参与编校《新唐书》，应有交集，不过文同与苏轼并不相识。不久，文同因父亲去世，回乡守制。

英宗治平三年（1066），文同服满回朝，出秦岭路过凤翔，去拜访任凤翔签判的苏轼，这是二人初次见面。苏轼后来说："我官于岐，实始知君。"文同形容当时的心情："子平一见初动心。""子平"原为"子瞻"，宋徽宗朝将苏轼列为元祐党人，"子瞻"二字遂成为敏感词，后人在编辑文同诗稿时将"子瞻"改为"子平"。

"子平一见初动心"，颇有男女一见钟情的感觉，说明文同和苏轼绝不同于官场士大夫的泛泛之交，他们在短期内从相识到相知，缘于心有灵犀、心领神会、心意相通。之所以如此，在于二人有着非常接近的价值观、艺术观。

文同进入仕途的起点很高，但终其一生只做到偏远地区的太守，曾知陵州（今四川仁寿县）、知洋州（今陕西洋县），最后死于上任湖州的路上。文同的主要成就在艺术，苏轼认为他具有"四绝"："诗一、《楚辞》二、草书三、画四。"其中最绝的是画，尤其是画竹。

竹属于古老的植物品种，中国最早的诗集《诗经》里就有吟咏。竹子与文人的结合大约可追溯到魏晋，嵇康、阮籍等七位忧郁的音乐家、诗人、酒鬼，聚集于太行山南麓竹林之下，"越名教而任自然"，纵歌饮酒，或卧或躺，或哭或笑，率直任诞，放荡不羁，被称为"竹林七贤"。以他们为代表的"魏晋风度"受到后世知识分子的赞赏，竹子也因此被赋予超凡脱俗、超然独立的人格化品性。

晋代的王徽之是竹痴，《世说新语》记载，王徽之家里种满了竹子。有一次他借住别人的空宅，让家人种上竹子，家人不解，既然是暂住，何必这样麻烦。王徽之啸咏良久，指着竹子说："何可一日无此君！"

自此文人爱竹形成了传统。

竹子的绘画史并不长，始于唐代或者五代，但到了宋徽宗时，《宣和画谱》里将墨竹画从花鸟类中独立出来，成为单独一类。画竹发展得如此之快，正是得益于文同和苏轼。

熙宁元年（1068），文同母亲去世，他回到家乡永泰县服丧，在家居东面的空岩前建造了一栋房屋，作为书房和画室，取名"墨君堂"。中国写意画一般纯用水墨，画家笔下的竹便是墨竹，尊称为墨君。文同像王徽之一样，将房前屋后全部种上了竹子，没事就坐在一旁观察竹子，看它们在风中摇曳，在雨中沙沙作响，在月下倒映于粉墙之上，日积月累，对竹的形态、秉性烂熟于心，然后口吟为诗，笔绘为图，画竹技艺精进，遂成为当世第一。

文同有《墨竹堂》一诗记述自己种竹画竹：

> 嗜竹种复画，浑如王掾居。
> 高堂倚空岩，素壁交扶疏。
> 山影覆秋静，月色澄夜虚。
> 萧爽只自适，谁能爱吾庐？

王徽之曾任大将军桓温的参军，为掾吏，文同以王徽之自比，比的不仅仅是对竹的痴，还是对人品的敬重。

事实上，文同洁身自好、随性超然，他非常推崇北宋隐士林逋。林逋隐居在西子湖畔，一生不娶不仕，以梅为妻，以鹤为子。文同对苏轼说：

佚名 《林逋放鹤图》

"此身之外何赢余，栩然而寐其觉蘧。请看湖上人名逋，此子形相谁解摹。"

"此身之外何赢余"，文同看淡世事。苏轼赞扬他："得志，遂茂而不骄，不得志，瘁瘠而不辱。群居不倚，独立不惧。"这种品行，在儒家叫"富贵不能淫，贫贱不能移""达则兼济天下，穷则独善其身"；在道家叫"得失随缘，宠辱不惊"；在释家是舍得、放下。宋代先贤范仲淹"不以物喜，不以己悲"，也是这个意思。

苏轼在《文与可画墨竹屏风赞》中进一步称赞文同的人品："与可之文，其德之糟粕；与可之诗，其文之毫末。诗不能尽，溢而为书，变而为画，皆诗之余。其诗与文，好者益寡。有好其德如好其画者乎？悲夫！"与可是文同的字。这段话说，与文同的品德比起来，他的文章不值一提，而文章又好于诗歌，诗歌又好于书法和绘画。

除了苏轼，文同的人品同时获得新旧两党领袖的好评，司马光为之心服："与可襟韵，游处之状，高远潇洒如晴云秋月，尘埃所不能到。"王安石称他是"循吏"，将自己的先祖与文同的先祖相提并论。能够受到对立两派的一致称赞，说明文同早已超然于政治纷争。

尽管如此，文同还是未能避开政治风浪。他服母丧满回京不久，熙宁三年（1070）冬，因议论宗室袭封被贬到偏远的陵州。苏轼为他送行，夸赞他："清诗健笔何足数，逍遥齐物追庄周。"而苏轼也受到诬陷，自请出京通判杭州，文同劝苏轼不要写诗批评新法，不要招惹是非，"北客若来休问事，西湖虽好莫吟诗"，后来又多次写信苦口婆心劝苏轼管住嘴巴少说话，苏轼终不能听，遂有"乌台诗案"。

文同在陵州任满后知兴元府（今陕西汉中），熙宁八年移知洋州。洋州任上，他淡泊高逸的品性表现得淋漓尽致。

洋州无论政治地位、地理位置还是富裕程度，都远不如兴元府。其三面环山，条件恶劣，属"穷乡僻壤"。朋友们纷纷为文同鸣不平，文同却颇为惬意，因为洋州漫山遍野长满了竹子。生活在竹林幽篁中，即便官位低些、待遇差些、生活苦些，又有什么关系呢？

州衙附近有一个小亭子，建在湖边，亭外便是茂林修竹。这是文同喜欢的去处，他自称"湖上先生"，一天到晚在这里看竹、读诗、独自傻笑：

> 看画亭中默坐，吟诗岸上微行。
>
> 人谓偷闲太守，自呼窃禄先生。

他毫不忌讳别人说他上班时间偷懒，反而自嘲就是吃闲饭的。

州衙西北十里，有山谷，翠竹修长，名筼筜谷。文同在这里修建了一座披云亭，常往游其间，欣赏竹形竹韵。

文同很满足这样的生活。他在这里写了三十首诗，寄给苏轼，苏轼每

［宋］文同 《墨竹图》 台北故宫博物院

一首都认真唱和，次韵三十首。

像文同这样超凡脱俗之人，不屑贪腐谋私，生活清贫，常常只有竹笋下饭。一次正吃饭间，他收到苏轼书信，除了嘘寒问暖，还附诗一首：

> 汉川修竹贱如蓬，斤斧何曾赦箨龙？
> 料得清贫馋太守，渭滨千亩在胸中。

"箨龙"就是竹笋，这首诗说文同清贫，只有竹笋可吃，大概把千亩竹笋都吃到肚子里了吧。

这是三十首和诗之一，很应景，文同忍俊不禁，放怀大笑，喷饭满案。

画竹胸有成竹

艺术源于热爱，唯有热爱才能诞生艺术。

永泰墨君堂、洋州筼筜谷，整日与竹相伴，摹其形，识其韵，得其神，文同墨竹画达到艺术臻境，成为文人画兴起的标志之一。文同去世时官职为湖州太守，他创立的绘画技艺被称为"湖州画派"。

熙宁三年（1070）四五月间，文同奉诏还朝，在京城住了几个月，彼时苏轼任馆职，二人有更多的时间在一起切磋画技。苏轼学习文同的技法，也画竹，当时人们将文、苏并称。苏轼承认自己的墨竹达不到文同的境界，对文同甘拜下风。但苏轼也强调各有千秋，说："吾竹虽不及，石实过之。"即画竹不如文同，但画石超过了他。文同一幅《墨竹图》现收藏于台北故宫博物院，而苏轼最受称道的绘画作品就是《枯木怪石图》。

苏轼对文同绘画艺术的洞悉甚至不亚于文同本人，文同坦言："世无知己者，惟子瞻识吾妙处。"苏轼自己也认为，文同之竹"举世知珍之""赏会独予最"。苏轼还善于从文同的绘画实践中提炼出理论，加以精妙诠释，这一点文同却做不到。文同的墨竹画对后世影响极大，与苏轼的理论加持是分不开的。元之赵孟頫，明之王绂、文徵明，清之郑板桥，民国之吴昌硕，皆善画竹，他们的技法都继承、借鉴了文同，是文同、苏轼一脉的忠实践行者。

文同出守陵州前，与苏轼同往净因院告别道臻长老，应长老之请，在净因院东斋画了两丛竹和一树枯木。苏轼为之作记，其中评价文同绘画：

> 余尝论画，以为人、禽、宫室、器用皆有常形。至于山、石、竹、木，水波烟云，虽无常形，而有常理。常形之失，人皆知之。常理之不当，虽晓画者有不知。故凡可以欺世而取名者，必托于无常形者也。虽然，常形之失，止于所失，而不能病其全，若常理之不当，则举废之矣。以其形之无常，是以其理不可不谨也。

> 世之工人，或能曲尽其形，而至于其理，非高人逸才不能辨。与可之于竹石枯木，真可谓得其理者矣。如是而生，如是而死，如是而挛拳瘠蹙，如是而条达遂茂，根茎节叶，牙角脉缕，千变万化，未始相袭，而各当其处。合于天造，厌于人意，盖达士之所寓也欤！

苏轼在这里提出的绘画理论，就是"虽无常形，而有常理"。所谓"常形"，指相对固定的形态：比如每根竹子长短粗细各异，风吹动时形态会发生改变，阴晴雨雪又赋予它们不一样的光泽、色彩，石缝里长出来的竹子与平野里的韧度不尽相同等等，是谓"无常形"。所谓"常理"，老子称为"道"，庄子称之为"天理"，其实就是西方哲学里的"自然规律""自然法则"。竹子无论生长成什么形状，都是自然法则作用的结果。

普通画工能够画出"常形"，文同绘画的妙处，在于"得其理"，掌握了事物的本质、事物的规律。他笔下的竹石枯木，有的欣欣向荣，有的枯萎凋零，各种变化，气象万千，有些形态似乎出人意料，却又合乎天然。

苏轼有《文与可画筼筜谷偃竹记》引用苏辙《墨竹赋》，将文同比作善于解牛的庖丁，善于造车的轮扁，认为文同在画竹中倾注了真情实感，寄托了对人生哲学的思索，与《净因院画记》的议论完全契合。

在《文与可画筼筜谷偃竹记》中，苏轼描述文同画竹：

> 竹之始生，一寸之萌耳，而节叶具焉。自蜩腹蛇蚹以至于剑拔十寻者，生而有之也。今画者乃节节而为之，叶叶而累之，岂复有竹乎？故画竹必先得成竹于胸中，执笔熟视，乃见其所欲画者，急起从之，振笔直遂，以追其所见，如兔起鹘落，少纵则逝矣。与可之教予如此。予不能然也，而心识其所以然。夫既心识其所以然，而不能然者，内外不一，心手不相应，不学之过也。故凡有见于中而操之不熟者，平居自视了然，而临事忽焉丧之，岂独竹乎？

普通画家关注竹的一节一叶，他们好比盲人摸象，画的是竹节和竹叶的组合，却不是有风韵的竹。好的画家"画竹必先得成竹于胸中"，这是成语"成竹在胸"的出处。成竹在胸，才能一气呵成，这正是写意画的创作境界。这套绘画理论，是"与可之教予如此"，即文同传授给苏轼的。

书法家米芾曾问苏轼，画竹为什么不一节一节地画，苏轼回答说："竹并不是一节一节地生长啊。"这是对"成竹在胸"最浅白的说明。

文同的墨竹画每幅皆珍品，但文同画竹只是兴之所至，并没有"奇货可居"，只要有人请画，一律来者不拒，常常一幅画刚画好，就被人拿了去。为了约他的画，来自四面八方的人手持缣素（即细绢，作画的材料）

登门相求，络绎不绝。文同应接不暇，开始厌倦了，发牢骚说学道未足便到处给人画竹，是病。他将缣素狠狠地扔到地上："我要拿它们去做袜子。"

苏轼画竹风格最像文同，文同给苏轼写信，恶作剧般地说："近来我告诉那些士大夫，墨竹一派真传在徐州，让他们去徐州找你吧！以后做袜子的材料会全部聚集到你那里。"信后还附诗一句："拟将一段鹅溪绢，扫取寒梢万尺长。"

苏轼一向嘴上不饶人，煞有介事地给文同算了一笔账：万尺长的竹子，需用绢二百五十匹。知道先生为笔砚劳累，我愿意得到这些绢，替先生减轻些负担。

苏轼"假戏真做"，文同傻了眼，只好承认自己胡说八道，世上哪有万尺长的竹子。苏轼嘴上赢了这一回合，还不过瘾，作诗替文同提供了一个"解决方案"：

世间亦有千寻竹，月落庭空影许长。

月光下，竹子映出长长的影子，或许有千寻长吧。寻是长度单位，六至八尺为一寻。

文同很佩服苏轼的辩才，实话实说："然二百五十匹绢，吾将买田而归老焉。"如果有这么多绢，谁还做官呀，买成田地告老还乡算了。文同随即送给苏轼一幅《筼筜谷偃竹图》："这幅画上的竹子，虽然只有数尺，但气势足有万尺。"

此后，苏轼多次以文同欠二百五十匹绢相"要挟"，向文同索画，并扬言如果不给，自己胡乱涂几笔，对外宣称是"与可笔"，糟蹋文同的名声。当然，正因为二人没有一点隔阂，才敢开这样的玩笑。

苏轼如此看重文同的画作，文同也同声相应，同气相求。他完成一幅

［宋］苏轼 《墨竹图》 美国大都会艺术博物馆

画后，常常在画中留下大面积空白，交给苏轼题诗。"安得世上有绝笔，尽取君诗妆在图。"钟子期和俞伯牙是知音，文同画与苏轼诗是绝配，金人王庭筠评价二人很到位："与可能为竹写真，东坡解与竹传神。"

有一次，文同为道士王执中画墨竹，特意叮嘱王执中说："勿使他人书字，待苏子瞻来，令作诗其侧。"可惜，苏轼见到这幅画时，文同去世已八年矣。

元丰元年（1078），文同因论茶事，与提举、转运使意见不合，被迫罢任，寓居陈州。次年正月，朝廷敕命改知湖州，他尚未赴任，即病逝于寓所陈州，年六十二。

因为文同去世，苏轼于是年四月接任湖州太守，从而引发了"乌台诗案"。这一对忘年交，在同一年同一任上触发了霉运，真不愧为知己。

相知更难相忘

先秦时，有位琴师在山涧溪边鼓琴，没有一位听众。一位樵夫挑柴路过，站在那里聚精会神地听了起来。琴师很失望，不相信樵夫能理解曲子的含义。他弹完一曲，樵夫仰望山峰："峨峨兮若泰山。"琴师大惊，又弹一曲，樵夫目视远方："洋洋兮若江河。"

这就是传说中高山流水遇知音的故事，琴师叫俞伯牙，樵夫叫钟子期。后来子期死了，伯牙痛失知音，他摔破了琴，挑断了弦，从此不再弹琴。

文同与苏轼，无异于伯牙与子期。文同之死，苏轼之悲可想而知。他当时在徐州，泪湿衣襟，几乎气绝，呆坐三天三夜，不语不眠，稍微回过神来，设祭案，呈贡品，面向陈州，遥祭文同。二月初五，他作祭文曰：

呜呼哀哉！与可能复饮此酒也夫？能复赋诗以自乐，鼓琴以自侑也夫？

鸣呼哀哉！余尚忍言之。气噎悒而填胸，泪疾下而淋衣。忽收泪以自问，非夫人之为恸而谁为乎？道之不行，哀我无徒。岂无友朋，逝莫告余。惟余与可，匪亟匪徐，招之不来，麾之不去，不可得而亲，其可得而疏之耶？

鸣呼哀哉！孰能惇德秉义如与可之和而正乎？孰能养民厚俗如与可之宽而明乎？孰能为诗与楚词如与可之婉而清乎？孰能齐宠辱、忘得丧如与可之安而轻乎？

鸣呼哀哉！余闻赴之三日，夜不眠而坐喟。梦相从而惊觉，满茵席之濡泪。念有生之归尽，虽百年其必至。惟有文为不朽，与有子为不死。虽富贵寿考之人，未必皆有此二者也。然余尝闻与可之言，是身如浮云，无去无来，无亡无存。则夫所谓不朽与不死者，亦何足云乎？

鸣呼哀哉！

这篇祭文，字字见泪，句句滴血。《苏轼文集》共收祭文四十一篇，像这篇语言之悲切、情绪之激烈，实属罕见。祭文中不仅连用五个“呜呼哀哉”，而且几乎全是反问句！最后说，不朽与不死有什么区别呢？

若论亲戚关系，苏辙与文同更近，苏辙的长女嫁给了文同的小儿子。他们都想去陈州吊唁，但宋朝纪律规定，官员任期内不得擅自出辖境，只好作罢。文同长期在贫困地区任职，又罢官近一年，家中贫困，无力归丧蜀中，苏轼、苏辙都给予了物质上的帮助，苏轼还写信试图说服在舒州的李常伸出援助之手。

三月苏轼收到敕令，由徐州转知湖州。七月七日，他将收藏的画作拿出晾晒，看到文同的《筼筜谷偃竹图》，勾起伤心的往事，“见此竹，废卷而哭失声……而予亦载与可畴昔戏笑之言者，以见与可于予亲厚无间如此也"，含悲写下《文与可画筼筜谷偃竹记》。

不久之后爆发了"乌台诗案"，在被关押一百三十多天后，苏轼贬黄州团练副使，苏辙受连累监筠州盐酒税务。

元丰三年（1080）正月新年，苏轼动身赴黄州。此时文同在陈州已停棺一年，仍然无力运柩回蜀。虽然身陷不测，但苏轼认为让好友体面下葬，自己义不容辞。他与苏辙约定，到陈州文同家里会面，商量解决办法。

苏轼于正月四日到达文家，初十苏辙赶到，在文家会晤了三日，找到了安葬文同的办法。临别时，苏轼将文同少子、苏辙女婿文务光约到淮河堤岸，作诗赠别："君已思归梦巴峡，我能未到说黄州。此身聚散何穷已，未忍悲歌学楚囚。"意即文同马上就要回到故土了，而我却羁身黄州，与囚徒何异。

四、五月间，文务光将文同灵柩运回蜀中，路过黄州，苏轼写下《黄州再祭文与可文》，较之首篇，少了些悲怆的情绪，更多的是浓厚的思念与娓娓道来的往事回忆。此后苏轼经常陷入对文同的回忆之中，每逢此时，悲伤不能自已。

文同还善琴，曾作诗描述："起来南窗下，被以朱弦琴。弹之代佳话，俚耳谁知音。"元丰四年苏轼在黄州贬所写下《文与可琴铭》：

> 攫之幽然，如水赴谷。
> 醳之萧然，如叶脱木。
> 按之噫然，应指而长言者似君。
> 置之枵然，遗形而不言者似仆。

"幽然""萧然"是听琴的感受；"噫然"表示悲伤，苏轼自注说，文同好《楚辞》，所以有"长言似君"句；"枵然"表示遗憾，琴在我的手中，再也听不到幽然萧然之声了。

元丰七年（1084），苏轼在宜兴把玩与文同唱和的三十首诗，把它们重新书写一遍，并题写了跋文。

元丰八年，苏轼睹画思人，作诗道：

> 笔与子皆逝，诗今谁为新。
>
> 空遗运斤质，却吊断弦人。

"运斤"是庄子讲述的典故：有个匠人技艺高超，同伴鼻尖涂上白灰，匠人运斧如风，能将白灰削干净，却不伤鼻子。宋元君听到后，召见匠人，想见识一番。匠人悲伤地说，我确实能做到，可同伴已经死去很长时间了。

没有了文同，谁还能与苏轼讨论墨竹呢？

元祐二年（1087），晁补之拿出自己收藏的文同墨竹图，苏轼题跋，表达与上首诗同样的情绪：

> 若人今已无，此竹宁复有。
>
> 那将春蚓笔，画作风中柳。
>
> 君看断崖上，瘦节蛟蛇走。
>
> 何时此霜竿，复入江湖手。

斯人已逝，以后再也见不到这样的墨竹画了。

苏轼在同题另一首诗中，再次重申自己对竹的喜爱："宁可食无肉，不可居无竹。"轼之爱竹，宁不知爱人乎？

苏轼最后一次为文同画题跋在元祐八年，其时文同已去世十四年，苏轼也已五十七岁。此后苏轼被贬岭南、海南，再也不可能品鉴到文同的墨竹了。

　　有人统计，苏轼与文同交往十五年，相关诗文多达七十九首（篇），
每一篇诗文都在诉说他们的友情。

第十四章　风流驸马王诜

在苏轼的至交中，有一位身份非常特殊，他是驸马都尉，皇亲国戚；他生性风流，不拘世俗；他无赖泼皮，声名狼藉；他重情尚义，结交无数……

他，就是北宋艺术史上鼎鼎大名的风流驸马王诜（shēn），王晋卿。

两张面孔

王诜的先祖王全斌是北宋开国大将，最大功绩是率兵收复四川，灭亡后蜀。宋廷传统，公主一般下嫁功臣之后，驸马不许参政，只享受尊崇和富贵。熙宁二年（1069）七月，宋神宗将自己的同母妹宝安公主配于王诜，改封蜀国长公主，至此王诜成为风光无限而又无职无权的驸马爷。

《续资治通鉴长编》记载："主性不妒，诜侍主疾，与婢奸主旁，婢数抵忤主，有后言，诜复与应和。"长公主有病卧床，王诜竟当着公主的面与婢女行苟且之事。这婢女大概有些得意忘形，不把病重的公主放在眼里，当面顶撞公主，背后说公主坏话，王诜居然随声应和！后来事情败露，宋神宗盛怒之下，把婢女一阵痛打，发配给士兵，王诜则流放到了均州。

这是元丰三年（1080）五月的事情，在此之前，王诜早已是声名狼藉的"渣男"。不过他还是顶尖的文艺青年。宋人尚文，驸马和王爷们无所事事，除了声色犬马，便将大量精力消耗于诗文书画中。王诜在这两方面都极具代表性。

凡京城里的文艺青年，几乎不可能与苏轼没有交集。

据"乌台诗案"留下的资料，"轼在京受差遣，王诜作驸马。后轼去王宅，与王诜写诗作赋并《莲花经》等"。这是司法部门调查的结果，应可信。苏轼与王诜最初交往主要是研讨诗赋和佛学。

王诜对苏轼推崇备至，他表达推崇的方式之一是送钱送物，周济苏轼的生活，比如经常送一些酒食、茶果等，还送给苏轼一张弓、十支箭，以及射箭时戴在手上的包指十个。

苏轼收藏了三十六轴名画，请王诜帮忙装裱，王诜二话没说，自掏腰包买料找工，自始至终没收苏轼一文钱。

有一位叫柳询的秘书丞，家里急需用钱，却没有像样的东西典卖。苏轼拿出自家的犀牛角制作的工艺品，准备卖给王诜为柳询换钱。王诜得知情由，很痛快地送给了柳询三十贯钱，也没有要犀牛角，这当然是看苏轼的面子。

熙宁四年（1071），苏轼通判杭州，临行前，王诜赠送了丰厚的礼物，包括茶、药、纸、笔、墨、砚，这些属日常用品；还有鲨鱼皮、紫茸毡、紫藤簟等，都是极其名贵的奢侈品，世人视为珍宝，在当时甚为难得。次年王诜又派人不远千里到杭州，送给苏轼官酒十瓶、果子两篓，对苏轼可谓关怀备至。

熙宁六年春，苏轼嫁外甥女，向王诜借钱二百贯；秋天又借到钱一百贯。名义上是借，但有来无往，无需归还。

除了接济苏轼，凡苏轼请托，王诜无不应允。

僧人惟简是苏轼同宗兄长，也是老乡，九岁出家，在成都大慈寺任主持。和尚的最高荣誉是被朝廷赐予名号，惟简在偏远的成都，朝中无人，自然就找到了老弟兼好友苏轼帮忙。苏轼二十岁与苏辙游大慈寺，与惟简十分投机，这个忙不能不帮，结交广泛而又地位尊崇的王诜无疑是最佳请

［宋］王诜 《溪山秋霁图卷》（局部） 美国华盛顿弗利尔美术馆

托人选。苏轼将家中的一幅名画送给王诜，王诜果然"给力"，帮助惟简办下了名号，叫"宝月大师"。

王诜的山水画得好，苏轼把他的画寄给宝月大师，一来二去，倒贴进了两幅画。

宝月大师从苏轼这里成功"公关"后，一些佛教人士闻风而动，连京城大相国寺里的和尚也找到苏轼，请求疏通关系。和尚带给苏轼丰厚的礼物：唐朝画圣吴道子画佛涅槃一幅，董羽画水幛一幅，徐熙五种花鸟各一轴，赵昌画折枝花一轴，朱繇、武宗元画鬼神二轴。吴道子是唐朝画圣，董羽、徐熙是五代南唐画家，朱繇亦生活在五代，赵昌和武宗元则是宋真宗年间人物。这些画都是他们的代表作，弥足珍贵。苏轼经王诜同意，留下了两幅鬼神图，其他悉数进奉给了王诜。王诜也没让和尚们失望，顺利

完成了请托。

宋朝出家当和尚、尼姑，必须得到官方的许可，发放身份证明，叫"度牒"。苏轼的一位婢女想要削发为尼，另外还有一位相识的和尚，请苏轼帮忙弄度牒，苏轼也求到了王诜。

王诜视金钱如粪土，对书画却爱之如命，不仅不会施舍于人，凡看中的书画都会想方设法搞到手。作为最倚重的朋友，苏轼经常抄写自己的诗词送给他，但他仍不满足，四处购买收藏苏轼的书画，还会到苏轼处"巧取豪夺"。

苏轼曾送给弟子张耒一幅《黄泥坂词》原稿，王诜得知后，给苏轼写信说：我花了不少银子购买你的书画，你却把书画无偿送给别人，赶紧也送我一幅，不要让我去别处购买了！苏轼只好重新誊写一幅送给王诜。

晋卿为僕所累僕既还诲齐安

晋卿以贬武当闵寒窘困本书

生常分僕尝之不戚、固宜独怪

晋卿以贵公子罗此忧患而不失其

正诗词益工超然有世外之乐此孔

子所谓可与久处约长处乐者耶

元祐元年九月八日苏轼书

[宋] 苏轼 《题王诜诗帖》 北京故宫博物院

216

王诜对苏轼索要书画还算比较客气，对其他艺术家或收藏家，简直像无赖一样不择手段，无所不用其极。

书法家米芾有一幅易元吉的《鹨鹤图》，王诜借去观赏，有去无回。诗人刘季孙有一幅王献之的书法精品《送梨帖》，米芾十分喜欢，商量好用欧阳询二帖真迹、王维六幅《雪图》、一条黑里透黄的犀带、一枚砚山（山状的砚台）、一枚玉座珊瑚交换这幅《送梨帖》。但王诜借米芾的砚山不还，致使交换无法进行。后来刘季孙死了，他的儿子将《送梨帖》卖给了他人，米芾唯有唏嘘。

有些稀世珍品确实无法得到，王诜就请工匠作假，把赝品当真品收藏。一次，他把别人真品上的印章剪裁下来贴在自己的赝品上，虽然达到了以假乱真的效果，但真品的价值却因此大打折扣。

对朋友可以仗义疏财，也可以巧取豪夺，这就是王诜的两张面孔。

悲凉人生

王诜虽然有令人不齿的一面，但只限于对待艺术品。对人，他不仅坦诚，而且很有担当。

根据宋代朋九万《东坡乌台诗案》原始资料显示，苏轼与王诜最初多交流书画，苏轼离京通判杭州后，经常给王诜寄送自己新创作的诗歌。这些诗不是写给王诜的，之所以抄送给他，一是当作书法作品让他收藏，二是借此抒发自己对新法的不满，发泄怨气。

大理寺丞李杞也是眉山人，苏轼与其唱和，作《李杞寺丞见和前篇复用元韵答之》，抄送给王诜，其中有"兽在薮，鱼在湖，一入池槛归期无。误随弓旌落尘土，坐使鞭箠环呻呼"的句子，被认为影射新法颁行后，公事鞭箠之多；"追胥连保罪及孥，百日愁叹一日娱"，被认为是讥讽新法中的连坐苛政。

时苏辙任陈州学官，苏轼作《戏子由》，通过对苏辙简陋清苦生活的描写，发泄对兄弟二人政治处境的不满，充满怨愤的情绪。

又有《山村》五首七绝组诗，反映了新法对农村造成的巨大危害。又有诗《汤村开运盐河雨中督役》，写苏轼差民夫千余人，开通运盐河道的场景，其中多有怨气。又有《杞菊赋》讥讽朝廷减削公使钱太甚。

"乌台诗案"中，这些诗赋都从王诜家中搜出，可见苏轼给他书写之频繁。

熙宁十年（1077）二月，苏轼密州任满，转官期间到汴京看望苏辙，朝廷有令外官非旨不得入京，他们只好住在京郊范镇的东园。王诜得知消息后，当即送来茶果酒食。三月一日，王诜送来简帖，约来日在城外四照亭相见。

第二天，王诜带来了五六个侍女，整天歌舞欢饮，说不尽别后情形。侍女中有一位叫倩奴的，温婉明丽，请求苏轼为她填词。苏轼难以拒绝，写下两首，一首为《洞仙歌》，一首为《喜长春》。其中《洞仙歌》写道：

> 江南腊尽，早梅花开后，分付新春与垂柳。细腰肢自有入格风流，仍更是、骨体清英雅秀。　　永丰坊那畔，尽日无人，谁见金丝弄晴昼？断肠是飞絮时，绿叶成阴，无个事、一成消瘦。又莫是东风逐君来，便吹散眉间一点春皱。

词既然是赠送倩奴这位美丽的女孩子，当然要说些她喜欢听的，让她欢心。上阕把她比作新春垂柳，赞美女子清雅风流。下阕笔锋一转，却对她终将落寞的命运表示同情，非常符合倩奴当时的处境。王诜朝秦暮楚，对公主尚且刻薄，何况地位低下的侍女！苏轼借写歌女讥刺王诜薄情，对这位朋友算是不留情面。

苏轼还有一首《㬢人娇》，题为"王都尉席上赠侍人"，都尉即驸马的官职，全称驸马都尉，这里指王诜。《㬢人娇》不知作于何年何月，表现了与《洞仙歌》同样的主题，旁敲侧击地规劝王诜善待这些女孩子。

这天酒宴散去，次日王诜送来唐朝画家韩干的骏马图，共六轴十二匹马，求苏轼题跋。苏轼写下了长诗《书韩干牧马图》，全诗以马自比，抒发心中的抱负和不平，写得恣肆奇绝。

元丰二年（1079），监察御史里行何正臣、舒亶，监察御史李定等弹劾苏轼讽刺新法、愚弄朝廷，宋神宗下旨差皇甫僎到湖州拘捕苏轼。皇甫僎受命于圣令，一刻也不敢耽搁，疾行如风，南奔而去。

这边王诜在第一时间得到了消息，马不停蹄地通知给在南都的苏辙，苏辙不敢耽搁，派人快马加鞭到湖州向苏轼报信。

双方比拼的是速度。

幸好皇甫僎带着他的儿子一同行路，到润州时儿子病了，求医问药耽搁了半晌，苏辙的人才得以先行赶到，让苏轼提前做好心理准备。

后来朝廷查明此事，王诜在"乌台诗案"中落下个泄密的罪名。而且，宋朝不允许皇亲国戚与大臣往来密切，驸马都尉勾结大臣，无疑犯了忌讳。除此之外，他与苏轼的书信往来中多有讥讽朝廷的文字，又收受贿赂为苏轼请托办事，都让他难以置身事外。

在王诜的"罪状"中，还有一条，苏轼作诗赋寄王诜，"致有镂板印行"，从这条可以看出，王诜还为苏轼刻版印书。宋朝出书不容易，是许多文人一生的目标。苏轼是年四十三岁，即有诗集问世，这是王诜的一大功劳。这也是苏轼刊行的第一本诗集。

最后，朝廷判罚：绛州团练使、驸马都尉王诜，追两官，勒停。即降级、停职。

虽然受到惩罚，但王诜仍得以继续待在京城，不能不说这是公主的面子。公主贤惠，放下身段侍奉公婆，多次包庇宽容王诜。元丰三年，公主

［宋］王诜 《柳荫高士图》 北京故宫博物院

病危，神宗来看望妹妹，公主支撑起病体，艰难地请求皇帝善待王诜，为他官复原职，皇帝答应了公主的请求，宣布解除对王诜的处罚。

公主薨逝后，乳母告御状，揭露王诜纵容婢女凌犯公主一事，激怒了神宗。公主下葬后，宋神宗将王诜贬到均州，即现在的丹江口，后来移颍州。

据说，王诜初到颍州，听到有人唱婉转的曲子，声音很像过去的家妓啭春莺，差人打探，果然是。原来，王诜失势后，啭春莺别有归属。王诜惆怅不已，赋诗曰：

> 佳人已属沙吒利，义士今无古押衙。

唐朝韩翊供职在外，沙吒利抢劫了他的侍妾柳氏。古押衙是唐朝小说中仗义舍生的侠士，帮助男女主人公破镜重圆。纵使风光无限的驸马都尉，一旦失势，也只能寄希望于上天伸出援助之手了。

王诜在一首词的序中还透露，他原本不饮酒，贬谪期间心情不好，学会了饮酒。

王诜虽然不是因"乌台诗案"被贬，但实际上与苏轼一前一后出京。他们回朝也相隔时间不长，苏轼在元丰末，王诜在元祐初。二人很长时间没有互通消息，在宫门外相遇，均感意外之喜。苏轼执手赋诗："公子亦生还，仍分刺史竹。贤愚有定分，樽俎守尸祝。"并希望他能大展宏图，像祖辈一样带兵收复河湟地区。

西园雅集

王诜的驸马宅第，有一处园林，叫西园。元祐年间，这里成为文人雅聚之地。

［宋］王诜 《青绿烟江叠嶂图》（局部） 上海博物馆

　　古代有几次文人聚会是传诵千古的盛事。

　　曹操在邺城建铜雀台，围绕铜雀台开辟出铜雀园，亦称西园。投奔曹操的文人会聚于此，谈文论道、饮酒作乐，这就是文学史上著名的"邺下文人集团"，核心成员即曹操、曹丕、曹植"三曹"，以及孔融、陈琳、王粲、徐幹、阮瑀、应玚、刘桢等"建安七子"。曹植有《公宴诗》描述当时的情形：公子敬爱客，终宴不知疲。清夜游西园，飞盖相追随。……神飙接丹毂，轻辇随风移。飘飘放志意，千古长若斯。

　　东晋，三月初三是上巳日，会稽内史王羲之邀请谢安、孙绰等名士到兰渚山麓兰亭聚会，拜水祈福。礼毕举行了一个游戏，大家坐在溪流旁边，将一种叫作"觞"的酒具放在上游，随着弯弯曲曲的溪流徐徐而下，酒觞在谁的面前停下或者打转，谁就畅饮此酒，临流赋诗。参加聚会四十二人，得诗三十七首，王羲之把这些诗编辑成册并亲笔为之写序，就是号称天下第一行书的《兰亭集序》。

能够比肩铜雀园聚会和兰亭聚会的，就是元祐年间的西园雅集。

王诜、苏轼等一大帮文人得以回朝，王诜恢复了驸马都尉的身份，又开始了歌舞升平、诗酒唱和的生活，便经常邀请文化名流到西园饮酒品茶、谈诗论艺，办文艺沙龙，开文艺派对。

李公麟用绘画的方式忠实记录下他们聚会的场景，取名《西园雅集图》。图上有文艺"大咖"十六人，他们有的在吟诗，有的在泼墨，有的在题石，有的在打坐，有的在抚琴，各尽风雅，各寻其乐。画成之后，米芾作记，记录下十六个人的名字，他们是：苏轼苏东坡、王诜王晋卿、太学正蔡肇蔡天启、枢密院编修官李之仪李端叔、苏辙苏子由、著作佐郎黄庭坚黄鲁直、画家李公麟李伯时、太学正晁补之晁无咎、秘书省正字张耒张文潜、苏轼好友郑靖老、太学博士秦观秦少游、道士陈景元陈碧虚、书法家米芾米元章、工部员外郎王钦臣王仲至、僧人圆通大师、画家刘泾刘巨济。

米芾感叹："人间清旷之乐，不过如此！"他在最后议论说：

> 嗟呼！汹涌于名利之域而不知退者，岂易得此耶！自东坡而下，凡十有六人，以文章议论，博学辨识，英辞妙墨，好古多闻，雄豪绝俗之资，高僧羽流之杰，卓然高致，名动四夷，后之览者，不独图画之可观，亦足仿佛其人耳！

参加西园雅集的都是旷世奇才，以至于后世画家马远、刘松年、赵孟頫、唐寅、仇英、张大千、陈少梅等纷纷仿照摹绘，历史上出现多个版本的《西园雅集图》。

那段时间，是他们的神仙光景，也是中国历史上文人最舒服的日子。

［近代］陈少梅 《西园雅集》（局部） 私人收藏

高俅的发迹

提到苏轼与王诜，不得不讲一下高俅。

高俅是《水浒传》中主要反派人物：本为市井无赖，高俅本想到赌坊做些事，然而赌坊老板看不起他；又投靠药铺，药铺也不要他。幸而苏学士收留了他，后转手给了小王都太尉。高俅因为踢得一脚好球，被端王看中，从此发迹。端王后来做了皇帝，就是宋徽宗。宋徽宗在半年内将高俅提拔为太尉，权倾天下。高俅陷害忠良，残害百姓，逼走八十万禁军教头林冲，又残酷镇压起义军，可谓坏事做尽，与蔡京、童贯、杨戬并称四大奸臣。

高俅的故事大多是小说演绎。不过历史上真有高俅其人，他的发迹还真与苏学士（苏轼）、小王都太尉（王诜）有关。

真实的高俅并非不学无术，他原是苏轼帐下的一名"小史"，即文书一类的角色，跟书童差不多。元祐八年（1093），诏苏轼知定州。苏轼意识到这一去恐怕再难回到京城，就把府里下人一一作了安排。本打算将高俅送给曾布，曾布手下不缺小史，苏轼便将他送给了王诜。

高俅聪明伶俐，深受王诜喜欢。

端王赵佶也好书画，与王诜这位姑父性情相投，走得很近。除了文艺，赵佶还热爱体育运动。蹴鞠当时最为流行，是现代足球的前身。与足球不同的是，蹴鞠只有一个球门，两队争抢皮球往球门里踢，双方上场队员可以是二人，也可以是十人，只要对等即可。赵佶是踢球的高手，经常与门客和王公贵族一起踢球。

一次，赵佶在皇宫里偶遇王诜，当时头发有些凌乱，便向王诜借篦子梳头，随口夸赞王诜的篦子新奇可爱。王诜对这个侄子颇为大方，随口说："近日做了两个一模一样的篦子，另一个从未使用，一会儿让人送到端王府。"

晚上，差人给赵佶送篦子的正是高俅。赵佶正在王府后园踢球，兴致高涨，高俅不便打扰，边等边看，很享受的样子。赵佶发现了高俅，把他喊过来问："你也会踢球吗？"高俅虽是小史，倒也落落大方，称自己会踢两脚。赵佶招呼高俅加入战队。高俅球技很好，跟赵佶配合默契，对每一次攻守意图领会得非常到位。赵佶高兴极了，让下人到驸马府给王诜传话："感谢姑父赠送篦子，送篦子的小史也一并留下了。"高俅从此归属赵佶。

赵佶登基后，高俅官至殿前指挥使，并不是什么太尉，在真实的历史中算不了大人物，也没有特殊的贡献或者破坏，《宋史》都没舍得给他留下一篇传记。

高俅得势时，苏轼已经去世，他不忘旧恩，对苏轼的后人多有照顾。南宋《挥麈后录》载："不忘苏氏，每其子弟入都，则给养问恤甚勤。"

第十五章　同道中人米芾

米芾（fú）初名黻，元祐六年（1091）改为芾，字元章，生于宋仁宗皇祐三年（1051），小苏轼十四岁。

米芾的家族来历迷雾重重。

米芾改名时自述："芾，名连姓合之。楚姓米，芈是古字，屈下笔乃芾字。"意思是芈（mǐ）字稍加变化是芾字，芈、芾连体。而芈是米的本字，乃楚国国姓。按这种说法，米芾家族当出自楚国贵族。米芾的印章中亦有"楚国芈姓""楚裔芾印"等几方印。

也有人推断米芾乃西域人后裔：西域有米国，唐朝时其国人逐渐内迁，以国为姓。另外一些学者则相信米芾是奚族人：奚族为东胡的一支，本居辽水上游，五代时逐渐迁徙，与中原人杂居。

古人依傍贵胄，更改出身的很多，米芾自述并不能作为直接证据。米国也好，奚族也罢，米芾或有少数民族血统。

米芾的五世祖米信乃宋朝开国武将，有匹夫之勇但不知书、不识文，这大概是米芾有意隐瞒家世的原因。米芾的父亲曾在濮州为官，喜爱艺术，从小培养米芾学习书画，使其师从襄阳书法家罗让。

米芾的母亲阎氏曾入宫侍奉英宗皇后、神宗生母宣仁皇后，米芾因此被赐予秘书省校字郎，走入仕途。但米芾不是进士出身，既没有功名，家中又非显宦，注定前程有限。因此米芾将毕生精力都用在了书画上。

米芾以书画名世，书法与苏轼、黄庭坚、蔡襄并称"宋四家"；画法则独创"米氏云山"，在宋代绘画中独树一帜；米芾还是书画理论家，著有《书史》《画史》等。

他与苏轼结缘纯粹因为书画，他们的关系也简单到几乎只有书画。

黄州受教

元丰五年（1082），苏轼被贬黄州，躬耕东坡，种麦植桑，白天劳作，晚上读书，朋友稀少。

三月的一天，几名访客登门，有米芾、董钺和杨世昌。

米芾刚刚卸任长沙掾，回京候补新的官职，路过黄州。杨世昌是苏轼旧相识，或许充当了引荐人的角色。另一种说法是米芾与马正卿素来交善，马正卿引荐了米芾；而董钺为朱寿昌引荐。如果按这种说法，米芾、董钺、杨世昌三人分道而来，恰好在同一时间会聚到了苏轼处。

苏轼在雪堂热情地招待他们，并让米芾欣赏自己收藏的吴道子作品。米芾后来在《画史》中记述了当时的情形：

> 苏轼子瞻家收吴道子画佛及侍者、志公十余人，破碎甚，而当面一手，精彩动人。点不加墨，浅深晕成，故最如活。

吴道子的画已经破烂不堪，但画得精彩动人，米芾如见珍宝。

米芾这次见苏轼为的是学习绘画技巧。苏轼对于晚辈一向乐于提携，无论技艺还是理论，都愿意倾囊相授，毫无保留。他为米芾画墨竹，边画边讲，解疑释惑。

一般画家画竹，皆自顶至地，先画竿，后画节。而苏轼却从根部画起，一笔画到竹梢。米芾不解：竹子是分节的，为什么不一节一节地画？苏轼反问：竹子难道是一节一节长出来的吗？这就是苏轼画论中的"有常理"，合乎事物的自然法则。画竹叶，正面墨深，背面墨淡，苏轼告诉他，这是跟文同学的。

苏轼还教米芾画枯木、画石，枝干和石皴的走向、笔法不拘一格，给米芾留下了深刻印象。

苏轼让米芾把这些教学画贴在墙上，他们边喝酒、边观摩、边探讨，酒酣兴致，真是一次充满艺术气息的聚会。

这些见证友谊的作品，最终落入了王诜手中，因为他使用了惯常的手法：一借不还。

当时米芾三十出头，还未真正迈入艺术殿堂的大门。这次有幸直面大师，观摩大师笔法，聆听大师教诲，在他的成长道路上具有里程碑式的意义，让他受益终身。

见苏轼之前，米芾专心研习唐人书法，苏轼劝他由唐入晋，这一点对米芾帮助很大。

从专业角度来讲，唐人书风法度严谨，晋人书风更自由灵动，晋人书法更适合米芾。米芾性情落拓，崇尚个性，行为怪异，有"米癫"之称。譬如穿衣，他不爱穿时兴的服装样式，却"冠服效唐人"。再加上他相貌上保留有少数民族的特征，深眼窝、高鼻梁、大胡子，走到哪里都会引来一群人围观。父亲去世，他埋葬父亲，不起坟墓，不竖墓碑，后来连他自己也找不到父亲的墓穴。他有严重的洁癖，只要触摸过东西，一定要洗手，因此他身后常常跟着一位小厮，带着一壶水，专门供他洗手。有次他的朝靴被人拿了，送回后米芾痛苦不堪地反复擦洗，最后竟然将朝靴洗破了。

如此特立独行，怎么能受严谨书风的约束？苏轼指引他师法晋人，真是对症下药、有的放矢，对米芾的成功具有决定性影响。

黄州之行后，米芾的书法明显有"二王"的姿态了。

看到年轻人对艺术充满灵性，苏轼倍感欣慰。此后，苏轼常常怀念他们饮酒论画的夜晚，"复思东坡相从之适，何可复得"。

诗书酬唱

元丰八年（1085）八月，苏轼回到朝中，任礼部郎中，不久除中书舍人，后迁翰林学士。而米芾大约于元祐二年（1087）还京任职，为太常博士，与苏轼同朝共事。

他们的交往更加频繁，米芾每逢有诗、文、书、画，一定要让苏轼过目，请苏轼提出批评意见。苏轼感受到米芾日新月异的进步，常在书信中表达欣喜之情：

> 示及数诗，皆超然奇逸，笔迹称是，置之怀袖，不能释手。异日为宝，今未尔者，特以公在尔。呵呵。临古帖尤奇，获之甚幸，灯下昏花，不复成字。

米芾书写自己的诗作，苏轼重点称赞的是"笔迹"，即书法，爱不释手。又称赞临古帖很见功夫。苏轼安慰米芾还年轻，不要急于出名，断言米芾百年之后，这些书法作品将价同珍宝。

"呵呵"二字，在今日的网络上属于热词，通常表示敷衍、无奈、轻蔑、嘲讽或者高兴等多种意思。苏轼一千多年前就开始使用这两个字，并且频繁出现在书信中，有人统计共出现了四十多次。

在给陈慥的一封信中，苏轼写道："一枕无碍睡，辄亦得之耳。公无多奈我何，呵呵。"这里有得意的意味。

他向文同索要画作，怕文同不给，威胁说："不尔，不惟到处乱画，题云'与可笔'，亦当执所惠绝句过状索二百五十匹也。呵呵。"你不送我作品，我就随处涂鸦，题上你的名字，败坏你的声誉。透过这"呵呵"二字，仿佛看到了苏轼捉弄人的"狡黠""促狭"。

友人孙觌向他求书。苏轼在书帖后面附了两张白纸，说："纸轴纳去，余空纸两幅，留与五百年后人跋尾也。呵呵。"这两张白纸留着后人题跋，这里的"呵呵"又表示自信。

给米芾的这个"呵呵"，我们从中读出了赞赏和期许。

宋朝有"休沐"制度，官员工作五天，放假一天，供休息和洗浴。苏轼和米芾办公地点不在一起，上班时难得一遇，苏轼希望在休沐日见到米芾，与他谈谈书画，讨论艺术。

苏轼是公众人物，休沐日客人络绎不绝，分身乏术，不能去拜访米芾。他责怪米芾"公又不肯见过"——你也不主动来我这里，于是很想念但不得见。

米芾在朝中任职时间不长，大约在元祐三年（1088）即赴扬州为幕僚。此时苏轼与朝中旧党也不能安然相处，遭到朔党、洛党的排挤，萌生去意。苏轼给米芾写信说：

> 元章想旦夕还县，竟不得一款话。某累请终不允，信湖山非有分者不能得也。

你就要到地方上去了，可惜我们竟不能畅谈一番。我多次申请离京为官，不被批准，看来湖光山色，没有缘分的人难以享受啊！

这封信发出不久，苏轼大概提前得知自己也会外放的消息，马上写了下一封信：

> 某恐不久出都，马梦得亦然。旦夕间一来相见否？乞为道区区。惠示殿堂二铭，词翰皆妙，叹玩不已。新著不惜频借示。

除了谈论词翰，目的仍然是邀请米芾相见。

从上述几封信分析，米芾每有新作，都要请苏轼鉴赏题跋，而苏轼更希望与米芾面谈。苏轼是个有趣的人，米芾也非循规蹈矩者，二人相处，一定妙趣横生。

从信件来往的内容还可以看出，米芾这段时间进步很快。一开始苏轼给予其安慰和鼓励，后来赞不绝口，"词翰皆妙，叹玩不已"。在苏轼的指导帮助下，米芾终成一代大家。

没有完成的交易

元祐四年（1089）三月，苏轼自请外放知杭州。船到扬州，与米芾会面，米芾让苏轼观赏自己收藏的王羲之、王献之、张旭、怀素等人的书法名帖，苏轼欣然题跋。

苏轼请弟子饮茶，一般用珍贵的密云龙，由侍妾朝云亲自奉茶。米芾虽然不是弟子，但实属晚辈，只是不肯拜入苏轼门下而已。招待米芾，苏轼仍然用密云龙茶。米芾在扬州写下《满庭芳·咏茶》，记述其事：

> 雅燕飞觞，清谈挥麈，使君高会群贤。密云双凤，初破缕金团。窗外炉烟自动，开瓶试、一品香泉。轻涛起，香生玉乳，雪溅紫瓯圆。　　娇鬟，宜美盼，双擎翠袖，稳步红莲。座中客翻愁，酒醒歌阑。点上纱笼画烛，花骢弄、月影当轩。频相顾，余欢未尽，欲去且留连。

上阕咏宴集烹茶，下阕写捧茶之人，"娇鬟""美盼"就是朝云。这次会面，苏轼还见到了米芾收藏的一件宝贝，并为此引出一段风波。

这件宝贝叫砚山，是砚台的一种，形状似山，故名。苏轼夸它"山研奇甚"（研同砚），并为之作铭：

［宋］米芾　《蜀素帖》　台北故宫博物院

有盗不御，探奇发瑰。

攘于彭蠡，斫钟取追。

有米楚狂，即盗之隐。

因山作砚，其理如云。

这块砚山用石钟山石所制，元丰七年（1084），苏轼黄州团练副使转汝州团练副使，长子苏迈就任饶州德兴县尉，苏轼送苏迈南下，顺带游览了位于鄱阳湖畔湖口县的石钟山，写下《石钟山记》。大约有这段渊源，又因为这块砚山确实罕见，苏轼产生了"觊觎之心"，他直截了当地向米芾索要："山研奇甚，便当割新得之好为润笔也。呵呵。"

不过米芾拒绝了他。

苏轼离开润州，下一站是湖州，五名后生在这里为他设宴接风，加上苏轼共六人，苏轼怀念熙宁七年（1074）的六客会，作《后六客词》："看取，曹刘今对两张苏。"座中之人，有一位叫刘季孙，字景文，时任两浙兵马都监，是苏轼的下属。刘季孙在杭州与苏轼相处融洽，成为朋友，苏轼在任上改造西湖，刘季孙出了大力，苏轼有多首诗词赠送给他，最著名的是《赠刘景文·冬景》：

荷尽已无擎雨盖，菊残犹有傲霜枝。

一年好景君须记，最是橙黄橘绿时。

苏轼对刘季孙多方照顾，还向朝廷大力推荐，刘季孙于元祐七年（1092）得以知隰州。刘季孙心怀感恩，想要帮助苏轼得到米芾的砚山。

刘季孙虽然家里不宽裕，却有艺术雅兴，收藏有一些名人字画，其中最珍贵的是王献之的《送梨帖》。这幅帖总共两行十一字："今送梨

《送梨帖》 石刻拓片

三百。晚雪，殊不能佳。"（"送"字缺）。应该是王献之将三百只梨送
与收信之人，并说明因为下雪送迟了。

《送梨帖》笔势开合有度，平和清逸，不仅与其父王羲之书法不同，
与王献之本人的其他书法作品相比，也别具一格。苏轼称赞说："君家子
敬十六字，气压邺侯三万签！"子敬是王献之的字，邺侯指唐朝宰相李
泌，家有藏书三万卷。

这样一幅书法臻品，作为书法家的米芾当然垂涎！刘季孙就提出拿
《送梨帖》交换米芾的砚山和其他物件，打算交换后将砚山送与苏轼。

米芾写《箧中帖》与刘季孙商量交换之事：

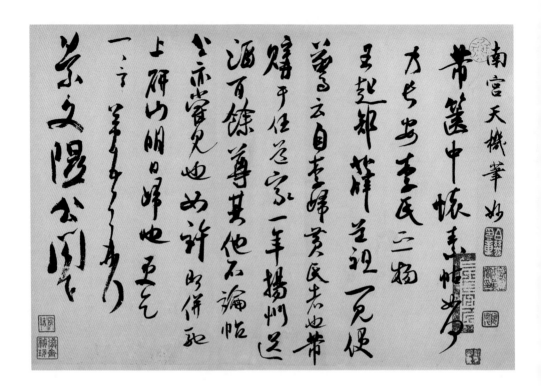

［宋］米芾 《箧中帖》 台北故宫博物院

  芾箧中《怀素帖》如何？乃长安李氏之物，王起部、薛道祖一
见，便惊云："自李归黄氏者也。"芾购于任道家，一年扬州送酒百
余尊，其他不论。帖，公亦尝见也。如许，即并驰上。研山明日归
也。更乞一言。芾顿首再拜。景文隰公阁下。

  《怀素帖》是米芾在扬州用百余尊好酒换来的，准备用它换《送梨
帖》，另外赔上砚山。不过砚山不在手上，借出去了，明天就送回来。

  刘季孙认为《怀素帖》比不上《送梨帖》，经过讨价还价，米芾交出
的价码继续增加。

  米芾不惜用八幅书画加上犀带、砚山、珊瑚交换刘季孙的《送梨

帖》，但这场交易最终未能完成，因为借走米芾砚山的不是别人，正是书画界的"无赖"，风流驸马王诜！王诜霸占砚山不想归还，而砚山是刘季孙一定要换的物品，交易就僵持在那里了。

等王诜把砚山归还给米芾，刘季孙已经赴隰州上任去了。

按说，以后还有机会完成交易，可惜天不假年，刘季孙不久竟病逝于任上。刘季孙一千贯买的《送梨帖》，被儿子二万贯卖给了他人。

苏轼、米芾、刘季孙，都为这场交易留下了深深的遗憾。

后来，苏轼拿出润州的一块地换了这台砚山，米芾在地上盖了房子，取名"海岳庵"。

真州永别

苏轼杭州任满，短暂入朝，仍因政见不合，元祐六年（1091）八月，出知颍州，次年二月移扬州。米芾则由扬州从事改润州州学教授，这一年终于得到一个像样的官职——雍丘县令。

米芾从镇江北上就任，路过扬州，拜谒苏轼。苏轼置酒招待米芾，席上所坐尽皆名士。酒吃到一半，米芾忽然起身，作揖问苏轼："有件小事想问先生，世人都说我米芾疯疯癫癫，想听听您的看法。"苏轼笑着说："我跟大家的看法一样。"座上的名士狂笑不已，从此"米癫"的名声更响了。

当年九月，苏轼还朝任兵部尚书、礼部尚书。次年九月宣仁太后去世，失去靠山的苏轼出知定州。

苏轼赴定州途中，路过雍丘，米芾迎接到郊外。

吃饭的时候，两人面前各摆放精笔、佳墨和三百张纸，饭菜置于纸笔旁边。他们约定，每喝一轮酒，就铺开纸写一张字。小史在一旁磨墨，几乎供不上他们写字所用。天快黑的时候，酒喝得差不多了，每人面前的三百张纸也写完了。

这是宋朝两大书法高手的比拼，结果是双赢——他们都认为比平日里写得更好。

绍圣元年（1094）三月，宋哲宗执意绍述熙宁政治，重新重用新党，排斥旧党，将苏轼由定州贬惠州。苏轼再次途经雍丘，不巧米芾正患足疮，无法到城外迎接，就写了封信解释，顺带对苏轼安慰了一番。然而苏轼见米芾有事要谈，回信说："你可以不出城，但我一定要见你，想来小病问题不大，有些事必须当面说。"

苏轼所说之事，是将穷士马正卿托付给米芾。马正卿在黄州陪伴苏轼数年，却没有从苏轼身上得到任何利益，苏轼有恩必报，一心牵挂着他。雍丘即现在的河南杞县，马正卿离开黄州后一直住在这里，平民布衣，生活依旧贫寒。

苏轼还专门看望了马正卿，赠给他一首小诗，其中两句：

> 万古仇池穴，归心负雪堂。
>
> 殷勤竹里梦，犹自数山王。

马正卿当年追随苏轼，当然是为了有一个好的前程，然而未能如愿，只能归隐山林。苏轼把仇池穴比作归隐地，表达了自己有意归隐的愿望，可惜四处奔波，流放蛮荒，愿望难以实现。"山王"指竹林七贤里的山涛和王戎，他们俩向司马氏妥协，出仕朝廷。苏轼以"山王"自比，对身陷仕途的泥淖中却不能自拔有深深的自责和懊悔。

政局不断恶化，苏轼又由惠州贬到儋州，直到宋哲宗去世才被恩准回到内陆，任便居住。苏轼马上渡海北归，一路辗转准备常居常州。建中靖国元年（1101）五月，苏轼船到真州（今江苏仪征），歇脚在白沙东园。米芾恰在真州任发运司属官，立即前去相见。苏轼戴着小帽出来迎接，双

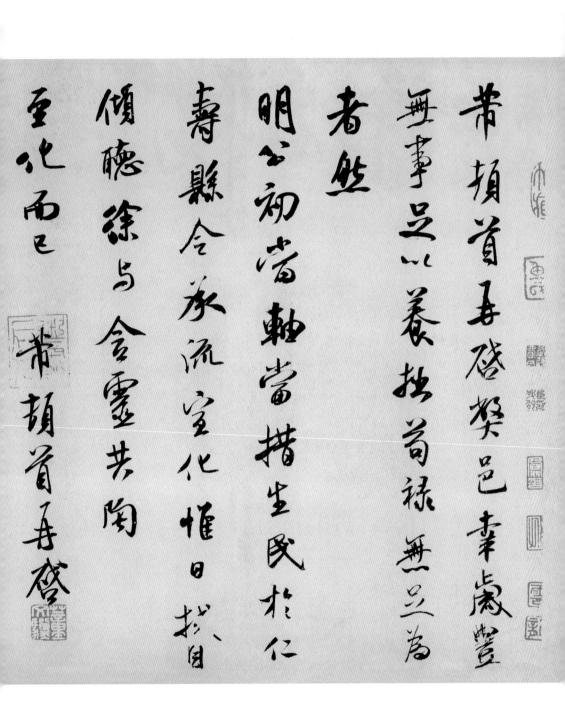

芾顿首再启芡邑丰岁丰
无事足以养拙荀禄无足为
者然
明公初当轴当措生民于仁
寿县令承流宣化惟日拭目
倾听徐与含灵共陶
至化而已
芾顿首再启

[宋] 米芾 《岁丰帖》 美国普林斯顿大学美术馆

239

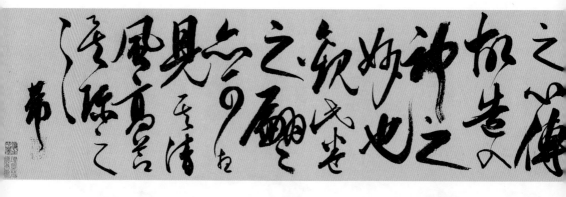

[宋] 米芾 《跋苏轼·墨竹图卷》 弗利尔美术馆

目炯然，面色红润，飘然有神仙之姿。

苏轼磨难多年，米芾怕勾起他的伤心事，绝口不谈时政，只打听一些海外趣闻。苏轼给他讲述，在惠州罗浮山，曾见到一只红色的猿猴，后来多次梦到这只赤猿。米芾暗地思忖这决非吉兆：猿猴多出现在西方，而佛教中，西方乃极乐世界，人死亡后的归宿之地。后来米芾挽苏轼诗有"梦里赤猿真月纪，舆前白凤似年辰"的句子。

几年不见，苏轼感到米芾诗文书画有了新的飞越，他在《与元章书二十八首》之二十五中写：

> 岭海八年，亲友旷绝，亦未尝关念。独念吾元章迈往凌云之气，清雄绝世之文，超妙入神之字，何时见之，以洗我积岁瘴毒耶！今真见之矣，余无足言者。

米芾与苏轼同游金山。有客人请苏轼题名，苏轼颇有长者风范："有元章在。"米芾客气道："某奉端明殿学士（苏轼贬前职衔）如师长，某不敢。"苏轼拍了拍他的肩膀鼓励说："现在已经青出于蓝了。"米芾是个极其自负的人，顺势收下这份荣耀："端明殿学士最了解我。"

第二天，米芾为向导，带苏轼游西山。米芾正在牵头筹建西山学院，苏轼参观了学院，他们坐在米芾住处的南窗松竹下避暑，米芾拿出珍藏的《草圣帖》和《谢安帖》，请苏轼方便时题跋。

晚上，真州太守傅质在江上宴请苏轼，酒罢又召米芾来舟中闲叙，一直聊到深夜。

从海外到江南，气候变化极大，江南已进入溽热的季节，加上饮酒，苏轼感到"海外久无此热，殆不能堪"。回到白沙东园，他急不可耐地喝了大量冷饮，冷热在体内交汇，便激出病来。六月三日后半夜，他上吐下泻，身子跟掏空了似的，虚弱得不能忍受。天明后熬了碗黄薯粥喝，他才感觉好一点。

早上，米芾差人来请餐叙，还拿来四方古印让他欣赏。苏轼躺在床上，一边把玩古印，一边商量着推迟餐叙的时间。

没想到，当日苏轼病情复发，而且更加严重，狂泻不止。米芾给他送来一种叫"门冬饮"的草药暖胃，苏轼强支病体，亲手熬制，身体虽然有恙，心情却还不错。

疾病带给苏轼极大的痛苦，唯有友人诗文能给他少许安慰。苏过寸步不离，除了侍奉汤药，就是念书。这一天读米芾的《宝月观赋》，听到一半，苏轼跃然而起，说：

恨二十年相从，知元章不尽。若此赋，当过古人，不论今世也。

天下岂常如我辈聩聩耶！公不久当自有大名，不劳我辈说也。

交往了二十年，都不算真正了解米芾啊！这篇《宝月观赋》超过了前人，现在的人更别提了！苏轼预言：不需要我们这些人替你推荐和宣传，你很快会名扬天下。

果然，苏轼尚未离开真州，朝廷敕令召辟米芾，入京为太常博士。虽然不舍，但圣命难违，米芾与苏轼告别。苏轼坚持要为他饯行，送到闸屋之下，说："我要是不来，真州人一定会埋怨说，竟不向天下第一等人米元章告别。"

而这一别，就是永别。

六月十二日，苏轼拖着病体渡江而行，六月十五日至常州，但病一直没有痊愈，建中靖国元年七月二十八日（1101年8月24日）病逝。

中秋节，米芾听闻苏轼去世的消息，悲伤不已，一口气写了五首《挽东坡诗》。其三云：

> 小冠白氍步东园，原是青城欲度仙。
>
> 六合著名犹似窄，八周御魅尚能旋。
>
> 道如韩子频离世，文比欧公复并年。
>
> 我不衔恩畏清议，束刍难致泪潸然。

米芾把苏轼比作韩愈和欧阳修，这个评价可谓中肯。

第十六章　古来画师非俗士

自汉代起，宫廷内就供养专职画师，并设"画室"管理这些画师。唐朝画师归翰林院管辖；五代翰林院设画院，专门在宫廷、寺庙作画。北宋因袭五代，亦设画院。宋初画院只有二十多人，后期规模不断扩大，画家的政治待遇高于其他同类官员。据南宋邓椿《画继》记载："凡以艺进者，虽服绯紫，不得佩鱼，政、宣间独许书画院出职人佩鱼，此异数也。"宋代三品以上高官佩有装饰着鱼形图案的袋子，称鱼袋。低品级官员只有皇帝特批才能享受这样的待遇，书画院官员级别肯定不够三品，却能佩鱼，是"异数"，即不正常现象，足以证明皇帝对画师的优待。皇宫供养的画师，堪称职业画家，譬如宋神宗时期的郭熙，原是平民，游于四方，成名后被召入画院，任翰林待诏直长。

郭熙擅长山水画，而郭熙之前，北宋的山水画大师是李成、范宽。他们虽然未入宫廷，但一生以绘画为业，算是职业画家或者平民画家。

苏轼与这些人不同，他是士大夫，画画只是众多"技能"之一。所以苏轼提出了"士人画"的概念，他在《跋宋汉杰画山》中说："观士人画，如阅天下马，取其意气所到。乃若画工，往往只取鞭策皮毛槽枥刍秣，无一点俊发，看数尺许便倦。汉杰真士人画也。""士人画"后来被称为"文人画"。

唐代王维进士出身，诗写得好，画画得好，苏轼评价他"诗中有画、画中有诗"。为了进一步完善"士人画"的概念体系，苏轼尊王维为"士人画"鼻祖："吴生虽绝妙，犹以画工论。摩诘得之于象外，有如仙翮谢

［宋］郭熙 《早春图》 台北故宫博物院

［宋］范宽 《溪山行旅图》 台北故宫博物院

笼樊。"摩诘是王维的字，也是王维的号。

文人画多表现山水、花鸟，崇尚写意，讲究情趣，有所寄托，抒发自己的理想和情怀。苏轼、文同是宋朝文人画的开拓者，也是代表人物，而苏轼的画界朋友，也多为文人士大夫。

李公麟：前世画师今姓李

李公麟，字伯时，号龙眠居士，舒州桐城人。宋徽宗时期官方编撰《宣和画谱》，收录李公麟107幅画作，是收录作品最多的画家。

苏轼与李公麟何时开始交往，已不可考。现存资料中，李公麟于元丰八年（1085）三月画了一张《孝经图》，为《孝经》这部儒家经典配上水墨插图，苏轼在后面题了跋：

> 观此图者，易直子谅之心，油然生矣。笔迹之妙，不减顾、陆。至第十八章，人子之所不忍者，独寄其仿佛。非有道君子不能为，殆非顾、陆所及。

顾、陆指东晋画家顾恺之、南朝画家陆探微，皆以人物见长，苏轼认为《孝经图》超过了他们二人的人物画。

苏轼元丰八年八月从登州回朝，这篇跋当作于是年年底或次年年初。但这绝不是苏、李初相识，此时他们已经非常熟识并彼此了解。

他们甚至同作一幅画。苏轼在《题〈憩寂图〉诗》中写道：

> 元祐元年正月十二日，苏子瞻、李伯时为柳仲远作《松石图》。仲远取杜子美诗"松根胡僧憩寂宴，庞眉皓首无住着，偏袒右肩露双脚，叶里松子僧前落"之句，复求伯时画此数句，为《憩寂图》。子

[宋] 李公麟 《孝经图》（局部） 美国大都会艺术博物馆

由题云："东坡自作苍苍石，留取长松待伯时。只有两人嫌未足，兼收前世杜陵诗。"因次其韵云："东坡虽是湖州派，竹石风流各一时。前世画师今姓李，不妨题作辋川诗。"

从苏辙的题诗得知，作《松石图》时，苏轼先画石头，而后由李公麟画松，二人共同完成了这幅画。苏轼的和诗把李公麟视作前世画师转世。前世画师是谁？王维晚年居住在辋川别墅，画有《辋川图》，"前世画师"无疑指的是王维。

但是这里有一个问题，苏轼自己提出"士人画"的概念，就是为了区别士大夫绘画和职业画工绘画，"画师"是人们对画工的称呼，相较于士大夫无疑贬低了身份。有人对苏轼"前世画师"的说法提出质疑，认为非佳称。黄庭坚替老师解释说，伯时一丘一壑，是诗人的一丘一壑，不是画师的一丘一壑，苏轼诗中强调"辋川诗"，突出的就是王维的诗人身份。所以"前世画师"这种说法，不但没有贬义，反而"子瞻此语是真相知"。

李公麟绘画作品表现的题材十分广泛，人物、山水、花鸟、鞍马、建筑，无一不精。

唐朝画家韩幹以画马著称，李公麟藏有韩幹画的三匹马。李公麟将韩幹画的马拿出让苏轼、苏辙欣赏，苏辙先作《韩幹三马》，苏轼次韵和之。

苏辙的诗先描述三匹马惟妙惟肖的神态，然后饶有情趣地议论：

> 画师韩幹岂知道，画马不独画马皮。
>
> 画出三马腹中事，似欲讥世人莫知。
>
> 伯时一见笑不语，告我韩幹非画师。

他说韩幹画马的高明之处，在于不仅能画出马的外形，还能画出马心中所想之事，即画中有寓意。而这正是"士人画"的精髓所在，即"写意"。苏轼和诗则赞许李公麟临摹韩幹，能够自出新意。

《韩幹三马》及和诗作于元祐二年（1087），当时元祐更化，苏轼和朋友们都在朝中，经常聚集在一起谈诗论画，"西园雅集"就发生在此时。

元祐三年春，苏轼以翰林学士权知礼部贡举，吏部侍郎孙觉、中书舍人孔文仲同知贡举。同知以下官员为首长辟召，苏轼辟李公麟为考校官。宋朝贡举，考试官员要提前进入贡院，不准与外接触。锁院时间大约要五十多天。这期间，李公麟患了水肿病，没有食欲。为了排遣苦闷，李公麟画了一幅马图，就是马在土里打滚进行"土浴"。锁院时其他人则以"马"为题作诗，先成者得画。黄庭坚思维敏捷，最先成诗，马图就送给了黄庭坚。苏轼第二个作成。黄庭坚意犹未尽，又写了一首绝句：

> 竹头抢地风不举，文书堆案睡自语。
>
> 忽看高马顿风尘，亦思归家洗袍袴。

[宋] 李公麟 《五马图》 日本东京国立博物馆

　　意思是马都想洗澡了，何况我们锁院这么久的考官。"高马顿风
尘"给了李公麟灵感，他一下子觉得轻松了许多，笑道："有顿尘马欲入
笔。"当即取来纸笔，又画了一幅《顿尘马图》。

　　这年九月，苏轼抄写了一遍《黄帝内经》赠给葆光道士，李公麟在
卷前画有个葆光道士画像，顺手将苏轼和自己的像画在了卷后。苏轼称赞
"笔势隽永，遂为稀世之宝"。因其珍贵，这幅卷轴送葆光道士时，苏
辙、黄庭坚竞相在上面题字，李公麟便又将苏辙和黄庭坚画了上去，这样
图上一共五人，颇有山林中人的味道。

　　作为与苏轼关系最亲近的"人物画"画家，李公麟画过许多苏轼画
像，其中《扶杖醉坐图》最为黄庭坚认可："庐州李伯时近作子瞻按藤
杖，坐盘石，极似其醉时意态。此纸妙天下，可乞伯时作一子瞻像，吾辈
会聚时，开置席上，如见其人，亦一佳事。"

　　今天仍有《扶杖醉坐图》传世，不过可能为清朝画家朱鹤年的临摹

作品。

元祐三年（1088），苏轼和李公麟关系达到顶峰。苏轼吟咏李公麟画作达十数首。

元祐四年，苏轼避党争，出京城，知杭州，二人交往渐稀。其间虽有短暂回朝，但几乎没有元祐间聚会的场景了，也没有留下他们交往的文字。

元祐七年、八年间，苏轼在朝中任兵部尚书、礼部尚书，李公麟从陈彦默那里得到一块马台石，石材为山东古汶泗流域所产的"泗滨乐石"。这种石头常用于庙堂，非常珍贵。李公麟爱之，将它藏于书斋。有一次苏轼看见了，跟李公麟建议说，不如把这块石头锻造为水池，专门用于洗玉，就叫洗玉池，我为它作铭，刻在池沿上。

李公麟听从了苏轼的劝告，将马台石做成了洗玉池，在池的周边刻上他珍藏的十六种玉的形状。彼时苏轼已经离开京城，他从定州给李公麟寄来铭文，用大字、小字书写了两份，写信告诉李公麟，小字更佳，最好把它刻在石柱上。

之后不久，苏轼遭遇党祸，被视为"元祐党人"主力干将，诗集、文集等所有作品遭到禁毁。洗玉池的命运也很悲惨，李公麟的儿子怕招祸，将洗玉池上苏轼的铭文磨去。崇宁五年（1106），李公麟病死于老家，他将十六块玉中的一块玉作了陪葬，儿子将其他十五块玉和洗玉池运往京城，贡献给宫廷，被宋徽宗收藏在宣和殿，北宋亡后下落不明。

更让人唏嘘的是，据《邵氏闻见后录》记载，苏轼被贬岭南之后，李公麟在京城遇到苏轼苏辙兄弟两人的子弟，不仅不打招呼，反而以扇遮面而过，生怕受党祸牵连。

然而传世的一幅《东坡笠屐图》，历朝都有不同版本，其滥觞传说为李公麟所作。作品表现的是苏轼在海南的一则传奇故事。南宋费衮《梁溪漫志》记述：

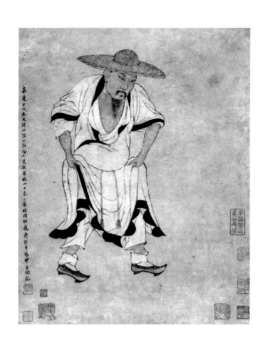

[明] 朱兰嵎 《东坡笠屐图》（局部） 广东省博物馆

　　东坡在儋耳，一日过黎子云，遇雨，乃从农家借箬笠戴之，着屐
而归。妇人少儿相随争笑，邑犬群吠。

　　苏轼去拜访儋州秀才黎子云，回来的路上下起了大雨，就到农家借
雨具，戴上斗笠、披上蓑衣、穿着木屐。但作为来自中原的文人，穿土著
的衣服显得很不自然，况且穿木屐走路摇摇晃晃，故引得妇女儿童争相围
观，大笑不止，连狗都跟着吠叫起来。

　　这么有趣的事怎能不传为美谈！南宋周紫芝为此作诗呼吁："凭谁唤
起王摩诘，画作《东坡戴笠图》。"意谓谁能够把王维拉回阳世，作一幅
《东坡戴笠图》呢！

　　据说，李公麟听到这个故事后，就画了《东坡笠屐图》，并且上有
题文：

　　先生在儋，访诸梨不遇。暴雨大作，假农人箬笠木屐而归。市人争相视之，先生自得幽野之趣。

　　广东省博物馆馆藏明代朱兰嵎临摹的《东坡笠屐图》，上有清人翁方纲题跋，显示朱兰嵎临摹自李公麟。如果李公麟果作此图，那么《邵氏闻见后录》记载应为假。今天眉山三苏博物馆所藏《东坡笠屐图》多达十余幅，包括明代、清代、近代版本，可惜不见李公麟真本。

　　不管李公麟后来是否疏远了苏轼，苏轼对李公麟始终如一。从海南归来后，途径韶州，苏轼碰到李公麟弟弟李公寅，还向他打探李公麟的消息，追忆他们之间的友谊。

　　在真州金山寺，苏轼见到李公麟过去为他作的画像，感慨万分，写下绝句《自题金山画像》：

> 心似已灰之木，身如不系之舟。
>
> 问汝平生功业，黄州惠州儋州。

　　从政治上说，黄州、惠州、儋州是他的伤心地；从艺术上来说，这三个地方又是他的隆兴地。

文勋：得李斯用笔意

　　文勋，字安国，庐江人，篆刻家、书画家，是大名鼎鼎的直臣包拯的外甥。

　　从已知的资料看，文勋一生辗转于地方和朝堂之间宦游。嘉祐八年（1063）为温州瑞安县令，后移处州缙云县；熙宁元年（1068）知海州怀仁县，后入朝为官；元丰八年（1085）任湖州签判；元祐元年（1086）任昭庆军节度判官，不久转太府寺丞；元祐八年正月任福建路转运判官；元符三年（1100）为广南东路转运判官，不久转湖南路。大约卒于崇宁二年（1103）。

文勋虽然官位不显，但在文艺界交游广泛，与苏轼、黄庭坚、米芾、李之仪、毛滂等都是朋友。

苏轼与文勋相识于熙宁八年（1075）密州任上，其《记阳关第四声》：

> 旧传《阳关》三叠，然今世歌者，每句再叠而已。若通一首言之，又是四叠。皆非是。或每句三唱，以应三叠之说，则丛然无复节奏。余在密州，文勋长官以事至密，自云得古本《阳关》，其声宛转凄断，不类向之所闻。每句皆再唱，而第一句不叠，乃知古本三叠盖如此。及在黄州，偶读乐天《对酒》诗云：'相逢且莫推辞醉，听唱阳关第四声。'注云：'第四声，劝君更尽一杯酒。'以此验之，若一句再叠，则此句为第五声矣，今为第四声，则第一句不叠审矣。

这段文字探讨的是词牌《阳关曲》的演唱方法。《阳关曲》得名自王维的《送元二使安西》："渭城朝雨浥轻尘，客舍青青柳色新。劝君更尽一杯酒，西出阳关无故人。"又名《阳关三叠》。何为"三叠"？宋朝人已经搞不清楚了。有些人在演唱时，每句都唱两遍，苏轼认为这是"四叠"；也有人每句唱三遍，苏轼认为节奏乱了。文勋因公务赴密州，他告诉苏轼，古本《阳关曲》中，第一句不叠，其他三句重复唱两遍，因此为"三叠"。苏轼在黄州读白居易的诗，验证了文勋的说法。

这段话里称文勋为"长官"，一则表明文勋时在朝廷任职，二则表明苏轼与文勋还不熟，称呼上比较慎重，三则表明文勋于诗词、于音乐都是行家。

文勋赴密州在熙宁八年（1075）年底，那年十二月二十三日为立春日，苏轼宴请文勋，陪同的有通判乔叙乔禹功、通判赵庾赵成伯。苏轼身体不适，不能饮酒，拄着拐杖，倚着桌案看同僚畅饮醉笑，写下"青衫公子家千里，白首先生杖百钱"的诗句，感慨时光不禁用，宦游催人老。

文勋在密州住过了新年，转眼到了正月，苏轼的身体也好了起来，歌舞宴乐更频繁了。这一天晚上，有歌舞佐酒，宴席逐渐进入高潮。苏轼与文勋也展开歌喉，吟诗唱曲，以助酒兴。文勋好古，便唱了一曲汉乐府苦怨之诗。苏轼笑着说，天气虽然寒冷，宴席上多么热闹啊，且珍惜眼下灯光酒色，莫要让悲伤冲淡了欢乐！于是作《蝶恋花》：

> 帘外东风交雨霰。帘里佳人，笑语如莺燕。深惜今年正月暖，灯光酒色摇金盏。　　掺鼓《渔阳》挝未遍。舞褪琼钗，汗湿香罗软。今夜何人吟古怨，清诗未就冰生砚。

从酒宴的氛围来看，苏轼和文勋已经相当熟络了。

苏轼在密州干的一件大事是修建超然台。文勋是篆刻家，苏轼怎能错过这个机会！

秦始皇曾封禅泰山，并巡视东方，一直到海边。密州琅琊山，就是秦始皇望海处。秦始皇在这里登琅琊台，观日出，乐而忘归。那时候，这里还荒无人烟，秦始皇下令发三万平民在琅琊台下安家落户，并刻石颂扬此事。秦二世时，下诏继续扩建，刻诏书、颂诗于原石旁。

到宋朝时，已过了近一千三百年，碑石损毁，颂诗更湮没于岁月的长河之中。不过有民间人士还收藏着碑石的拓本，仅存秦二世的诏书和大臣的名字。这些碑文的内容虽然没有什么价值，却是学习古文字的教材。为保护好文物，苏轼请文勋摹拓刻石，放置在超然台上。

苏轼作《刻秦篆记》记述了此事。他对文勋书法的评价是："勋好善篆，得李斯用笔意。"秦始皇统一六国文字，功劳最大的是李斯。唐人韦续《墨薮》评价李斯书法："夫书功之微妙，与道合自然……夫用笔之法，先急回，后疾下。鹰望鹏逝，信之自然，不得重改；送脚如游鱼得水，舞笔如景山兴云，或卷或舒，乍轻乍重，善深思之，此理可见矣。"由此可知李斯用笔之精妙。所以"得李斯用笔意"这个评价极高。

超然台上的文勋摹本到明代已下落不明，但南宋《澄清堂帖》收录了拓本，所以文字流传了下来。

苏轼还专门写了一篇《文勋篆赞》："世人篆字，隶体不除，如浙人语，终老带吴。安国用笔，意在隶前，汲冢鲁壁，周鼓泰山。"汲冢、鲁壁、周鼓、泰山，都是先秦古文字，那时候还没有诞生隶书。

正月十三日，文勋还朝，苏轼写词相赠：

　　天岂无情，天也解、多情留客。春向暖、朝来底事，尚飘轻雪。君过春来纡组绶，我应归去耽泉石。恐异时、杯酒忽相思，云山隔。

　　浮世事，俱难必。人纵健，头应白。何辞更一醉，此欢难觅。欲向佳人诉离恨，泪珠先已凝双睫。但莫遣、新燕却来时，音书绝。

简单概括这首词的词意，就是难舍难分。词很浅白，但用情之深、用语之痛，如"无情""多情""相思""云山隔""一醉""离恨""音书绝"，在苏轼的诗词中极其少见。

这时，文勋已不是苏轼普通的朋友，而是牵肠挂肚的知己。

此后不久，苏轼遭遇"乌台诗案"，而文勋官职卑微，身无闲余，二人一度失去联系。元祐元年（1086），苏轼回朝，文勋在昭庆军（湖州）节度判官。是年十二月，杭州惠因院刻碑，立碑人为杭州太守蒲宗孟。苏轼伯父苏涣的孙女嫁给了蒲宗孟的儿子蒲澈，所以苏轼跟蒲宗孟算是亲家。苏轼推荐在湖州的文勋篆刻碑额，碑文则由苏轼同年状元章衡撰文，唐之问书丹。唐之问虽然名气不大，但他的父亲是名臣唐介；他的外孙更有名，叫陆游；他的妻子还是晁补之的堂姐。

此后不久，文勋回朝任为太府寺丞，其中苏轼应有举荐之功。同处朝堂，二人来往密切多了。

苏轼虽为书法家，篆字上却比不了文勋。有一次，张敦礼为龟山长老请苏轼写匾额，苏轼写了几遍都不理想，只好向龟山长老解释，回头让文勋代写一幅。

也是在苏轼的大力举荐下，元祐八年（1093）正月，文勋出任福建漕官即转运判官。

文勋大约与苏轼年龄相差不大，但无论从官职，还是文坛、书坛上影响来看，都堪称晚辈后生。元祐末年，"游于轼之门下"成为他的罪状。

宣仁太后去世后，哲宗绍述熙宁政治，苏轼先后被贬岭南、海南，与文勋再次失去了联系。

元符三年（1100），大赦天下，苏轼得以回到大陆。他先到广东，时文勋任广东路转运判官，二人得以重叙友情。他们还合作完成了《广州东莞县资福禅寺罗汉阁记》，苏轼撰写，文勋篆额。这一次珠联璧合，苏轼连称"甚妙"。

可惜来年，苏轼与世长辞，他们的友谊这次真的画上了句号。

卷五 政敌：平生文字为吾累

第十七章 "怨友"王安石

宋仁宗嘉祐末年，一篇文章在上层士大夫圈内悄然流传，文章的题目火药味十足，叫《辨奸论》，作者是苏轼的父亲苏洵。

文章的内容更是靶向鲜明：

> 今有人，口诵孔、老之言，身履夷、齐之行，收召好名之士、不得志之人，相与造作言语，私立名字，以为颜渊、孟轲复出，而阴贼险狠，与人异趣。是王衍、卢杞合而为一人也，其祸岂可胜言哉？夫面垢不忘洗，衣垢不忘浣，此人之至情也。今也不然，衣臣虏之衣，食犬彘之食，囚首丧面，而谈诗书，此岂其情也哉？凡事之不近人情者，鲜不为大奸慝，竖刁、易牙、开方是也。以盖世之名，而济其未形之患，虽有愿治之主，好贤之相，犹将举而用之。则其为天下患，必然而无疑者，非特二子之比也。

大意是，有个人整天把孔子、老子挂在嘴边，貌似像古代的贤人伯夷、叔齐一样淡于仕途，以古代儒学大师颜渊、孟轲自比，其实这个人骨子里阴险得很，比晋朝的王衍、唐朝的卢杞更祸国殃民。这个人什么样子呢？他穿奴仆的衣服，吃猪狗的食物，头发不梳像囚犯，满脸污垢像服丧，嘴里却谈论着诗文经义。这样不近人情的人，很少不是奸邪之辈。如果有励精图治的君主，礼贤下士的宰相推荐重用他，毫无疑问将祸乱天下。

苏洵所指，不是一类人，而是一个人。这个人是谁呢？那就是王安石！王安石常常脸不洗、头不梳、不讲吃穿、不拘小节，传说他从不主动换洗衣服，时间长了身上竟生出虱子。有一次朋友拖着王安石去洗澡，把脏衣服扔掉，给他换了一套新的，穿在身上他竟浑然不知。还有一次别人请王安石吃饭，他只吃眼前的獐脯，这人便得出结论王安石喜食獐脯。知夫莫若妻，夫人吴氏淡然一笑："下次把他面前换成别的菜。"果然王安石还是只吃筷子跟前的菜，不管它是不是獐脯。

王安石虽是生活上的"低能儿"，学问文章却非常了得，潜心著书立说，在经学、诗歌、散文上大有造诣。仕途上，别人都想往朝廷中挤，这样能接触到更多高官，提拔快；王安石却主动请求到地方去，多次拒绝大臣的举荐。这样一来反而给人留下深刻的印象。文彦博、欧阳修这样的重臣对他交口称赞，认为王安石不修边幅是性情，不任朝官是淡泊。只有苏洵不这样看，他写下《辨奸论》，预言王安石将导致天下大乱。

据说张方平非常欣赏苏洵的这篇文章，把它写进了苏洵的墓志铭。不过后世学者对《辨奸论》的真实性表示怀疑，因为苏洵与王安石并无深交，只有数面之缘，见了几面就能断定其忠奸，就能预知未来，也太料事如神了。

无论苏洵是否写过《辨奸论》，苏家与王安石互相看不顺眼却是事实。

仕途上的绊脚石

苏洵和王安石有一个共同的朋友兼恩师——欧阳修。

苏洵由张方平举荐给欧阳修，正是在欧阳修的大力宣扬下，苏氏父子才融入上流社会，开始了崭新的都市生活。

王安石是欧阳修弟子曾巩的朋友，当曾巩把王安石介绍给欧阳修时，欧阳修一下子被这位年轻人打动了——那时王安石还是东南沿海一个小小的县令。欧阳修非常卖力地劝说他留在朝廷，王安石恃才傲物，却独折服

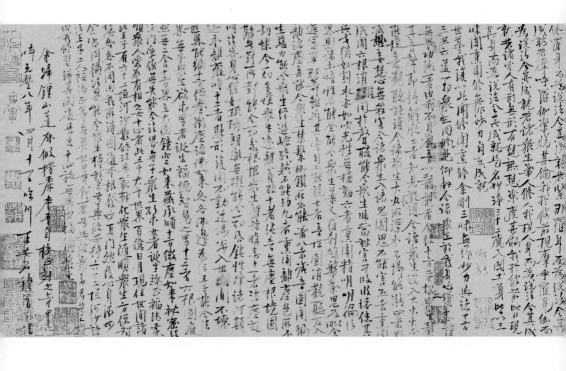

［宋］王安石 《行书楞严经旨要卷》 上海博物馆

于欧阳修，在朝中做了群牧判官和三司度支判官。

晚辈后生中，欧阳修最欣赏的两个人是苏轼和王安石。他把苏轼视作新一代文坛盟主，对儿子说："三十年后没有人会记得我，就因为有苏轼这个人啊。"对王安石，他比作李白和韩愈，预言"后来谁与子争先"。

嘉祐初年，苏洵和王安石都是欧阳修的座上宾。

有一次，欧阳修请客吃饭，散席后苏洵悄悄地问："那个蓬头垢面的人是谁？"欧阳修颇为自得地介绍说是王安石。这时王安石官位不高，但名气已经很大。欧阳修、文彦博等老一辈政界大佬在皇帝面前推荐，司马光、吕公著、韩维等在朝堂内外宣扬，为他造势，人们将他视为明日之星。欧阳修有意援引二人认识，苏洵却不屑地回绝："在我看来，这个人将来一定会蛊惑君主，祸乱天下。"还劝欧阳修不要同他来往。

虽然二人不对付，交集不多，但也没有什么利害冲突。

两家真正结怨是在嘉祐六年（1061）。

苏轼和苏辙服母丧期满，回到朝廷已经是嘉祐五年二月了。苏轼被授官福田县主簿，苏辙授官渑池县主簿。这些职位从九品，是一般进士入职的起点。兄弟俩嫌职位太低，迟迟没有赴任，正在这时，传来朝廷要开制科的消息。

参加制科考试需要有人推荐，欧阳修推荐了苏轼，天章阁待制、同知谏院杨畋举荐了苏辙，经过策论汰选和阁试，他们顺利进入了殿试。

阁试的考官有同修起居注、同知谏院司马光，同知谏院杨畋，翰林学士吴奎，权御史中丞王畴，知制诰沈遘等。王安石这时候任知制诰，也在考官之列。

苏辙的殿试惹了麻烦，因为提的意见过于尖锐，他受到考官和大臣的猛烈抨击，在司马光的坚持下，才被授予第四等。

　　既然录取了，就要除官。苏轼除大理寺评事、签书凤翔府判官；苏辙为秘书省校书郎、商州军事推官。

　　之前大家争论时王安石一直静默，这个时候却"挺身而出"，给苏辙设置了一块绊脚石。

　　王安石是经学大家，他主张学以致用，学问是用来治理国家的，不是用来炫耀的，所以要脚踏实地、注重实用。而苏轼兄弟秉承父亲文风，作品如大江奔涌，汪洋恣肆，王安石不喜欢，批评他们像战国时纵横家那样全靠耍嘴皮子，空谈误国。王安石任知制诰，专为皇帝写敕书，他借口苏辙依附宰相，攻击人主，拒绝拟诏。宋朝知制诰有拒写圣旨的权力，宋仁宗拿王安石没办法，只好换人，让另一名知制诰沈遘写了敕书。

　　虽然王安石最终未能阻挡朝廷向苏辙授官，但此事对苏辙的精神打击很大，苏辙对仕途心灰意冷，也看不上商州军事推官这个职位。恰好苏洵在京奉命修《礼书》，年纪大了身体不好，苏辙以奉养父亲为借口拒绝赴任，得到朝廷的批准。

　　其他人无论怎样攻击苏辙，都停留在发表意见进言的层面上，这是考官和宰辅的权力，也是他们的本分。唯有王安石直接在行动上给苏辙制造麻烦，苏氏父子怎能不在意？

　　制科考试事件是苏氏和王安石矛盾之始，过去互相看不对眼，至此终于直接对抗了。嘉祐八年（1063），王安石母亲亡故，朝中大臣纷纷前往吊唁，只有苏洵漠然视之，不去。

变法中的搅局者

　　时光荏苒，治平三年（1066），苏洵去世，苏轼回老家眉山守丧，直到熙宁二年（1069）才回到京城。这时风云变幻，年轻的宋神宗即位伊始，于熙宁二年二月委任王安石主政，开始了轰轰烈烈的"熙宁变法"，又称"王安石变法"。

王安石上任做的第一件事，就是成立"制置三司条例司"。它名义上是理财机构，实际上相当于改革办公中心，统揽变法事宜。制置三司条例司只对宋神宗负责，连宰相也无权干预。条例司下设两种属官：检详文字和相度利害官。检详文字主管起草变法方案，相度利害官的主要任务是到各州府督导检查推进新法情况。

苏辙回京师时，曾上疏谈"三冗"之弊，刚好切中神宗心结，被破例安置在条例司，任检详文字。

在宋朝固有政治体制中，各个机构之间相互制衡，比如行政事务全部受中书省统领，使用台谏去制衡中书省。现在冒出个新机构，与中书省互不隶属，各自为政，这不是乱了法度吗？御史中丞吕诲率先发难，列举王安石十大罪状，上书弹劾，结果被贬知邓州。

许多大臣看到了制置三司条例司的弊端，但事不关己，睁一只眼闭一只眼。苏轼心直口快，明知会有风险，仍然进谏说：

> 祖宗以来，治财用者不过三司。今陛下不以财用付三司，无故又创制置三司条例一司，使六七少年，日夜讲求于内，使者四十余辈，分行营干于外。夫制置三司条例司，求利之名也；六七少年与使者四十余辈，求利之器也。造端宏大，民实惊疑；创法新奇，吏皆惶惑。以万乘之主而言利，以天子之宰而治财，论说百端，喧传万口，然而莫之顾者，徒曰："我无其事，何恤于人言。"操网罟而入江湖，语人曰："我非渔也。"不如捐网罟而人自信。驱鹰犬而赴林薮，语人曰："我非猎也。"不如放鹰犬而兽自驯。故臣以为欲消谤慝而召和气，则莫若罢条例司。

苏轼断言制置三司条例司是个谋利机构，让百姓惊悚疑虑，让官吏困惶惶恐。儒家耻于言利，认为逐利的社会必然导致道德堕落，这是苏轼反对制置三司条例司的主要出发点。文中的"天子之宰"，指的就是王安石。

宋神宗对苏轼的奏书置若罔闻，王安石开始出台具体的变法措施，熙宁二年（1069）七月诏置"均输法"。它的具体内容有：过去各路上缴朝廷税赋、贡品，收实物，不管当地丰收还是灾歉，征收的数目不变。新政规定，各路不收物产，改缴现钱，然后由发运司拿现钱购买物品。发运司用征收来的钱财，到物价低廉的地方购买粮食或者布匹，然后倒卖到物价高的地方，赚取差价，获取利益，国家增加收入。换句话说，发运司由征收机构变成了倒买倒卖的企业。

任职于制置三司条例司的苏辙第一个站出来反对"均输法"。苏辙上《条例司乞外任奏状》，分析均输法的弊端：一是既然官府进行市场交易，不可能不与商人争利；二是官方经营，投入成本大，风险高；三是容易滋生腐败。

兄弟同心，苏轼紧接着上书呼应弟弟，他讲了一番同苏辙一样的道理，还举例说，比如有人替主家管理牛羊，用一头牛换五只羊，损失了一头牛隐匿不报，得到了五只羊却大肆宣扬，算作自己的功劳。均输法与此无异。"此乃战国贪功之人，行险侥幸之说，未及乐成，而怨已四起矣。"

"青苗法"是争议最激烈的新政之一。青苗法的核心是政府以百分之二十的利率向百姓放贷，以保障生产生活。苏辙在条例司参与了青苗法的讨论，他认为："以钱贷民，使出息二分，本以救民，非为利也。然出纳之际，吏缘为奸，虽有法不能禁，钱入民手，虽良民不免妄用；及其纳钱，虽富民不免逾限。如此则恐鞭棰必用，州县之事不胜烦矣。"苏轼则认为："青苗放钱，自昔有禁。今陛下始立成法，每岁常行。虽云不许抑配，而数世之后，暴君污吏，陛下能保之与？计愿请之户，必皆孤贫不济之人，鞭挞已急，则继之逃亡，不还，则均及邻保，势有必至，异日天下恨之，国史记之，曰'青苗钱自陛下始'，岂不惜哉！"兄弟二人都抓住了此法的要害：市场监管和市场主体属于同一拨人，其后果必然失控，把利民政策变为扰民、刮民、害民的政策。

苏轼兄弟预料到变法将导致民怨沸腾，也算有先见之明。不过既然反对王安石的变法措施，苏辙在条例司肯定待不下去了，向朝廷提交了辞呈。宋神宗惜才，有些不舍，征求王安石意见："朕看苏辙跟他哥哥苏轼的学问不相上下，你认为呢？"王安石摇摇头："只不过会耍嘴皮子罢了。"神宗叹息："这样的人往往明事理，他们怎么会反对新法呢？"在王安石建议下，苏辙改任河南府推官，一个不咸不淡的小官。

关于变法的矛盾，苏氏兄弟与王安石已经短兵相接。

此后王安石又陆续出台了其他变法措施，涉及农业、商业、边防、军工等各个领域，毫无例外地都遭到苏轼的反对。

学术纷争，嬉笑怒骂皆扎心

除了反对新法，苏轼和王安石的另一个分歧在学术上。

宋朝实行儒家教育，不过儒家也有分支。孔子死后至第三代，孟子、荀子在学术上各执一词甚至大相径庭。比如孟子主张人性本善，而荀子则认为人性本恶；孟子强调统治者行仁政，而荀子则礼法并提，认同以法治国。宋朝复兴儒学，也不可避免地形成不同流派。比如程颢、程颐兄弟宣扬"天理"，恪守礼制，具有复古主义和保守主义倾向，因他们是洛阳人，这个流派就被称为"洛学"。苏洵、苏轼、苏辙融汇儒释道，在追求礼义中注重人情，在褒扬道德中颐养心气，具有自由主义倾向，因他们是四川人，这个流派就被称为"蜀学"。此外还有关学、朔学等。王安石的学说讲究道德和性命，认为人具有感觉和思维能力，可以认识万物，具有实用主义倾向，这个流派被称为"新学"。

各派观点有所不同，相互争论甚至争吵，都属正常，不但无伤大雅，反而有利于交流融合。不过熙宁二年（1069）王安石科举改制，打破了这种"自由的平衡"。

宋朝进士科考试有策问、诗赋、帖经、墨义等项目，策问即老师提问，考生书面回答，一般针对现实问题，相当于政论文；诗赋即写诗作赋，考的是声律和文采；帖经是将经文用帖纸盖住几个字，让考生回答，相当于填空；墨义考的是前人对经文的注疏或者经句的上下文，类似于默写。

王安石认为科举的目的是为国家选拔治理人才，诗赋是文学技能，是华而不实的雕虫小技，帖经、墨义重死记硬背，体现不出考生水平，因此建议取消诗赋、帖经、墨义科目，只考经义，从儒家经典著作中找出十道题目，考生结合时事写出对经义的理解。

王安石把考试经义拔到前所未有的高度，但随之而来出现一个问题：古来注释儒家经典的书籍多如牛毛，观点大相径庭，科举时要不要确立一个"标准答案"？王安石的回答是肯定的！那么以谁的注释为权威？王安石适时推销自己的学术观点，组织人员编写《诗》《书》《周礼》"三经新义"，把"三经新义"作为太学和全国各州府学的指定教材，作为科举的标准答案。

当把学术应用于教育，观点异同不再是学术之争，已上升为意识形态之争。王安石用新学为变法寻找依据，企图占领思想高地，打击和排挤其他学说，必然会引起其他学派的反弹。苏轼就旗帜鲜明地反对科举改革，反对文化专制。

苏轼向宋神宗递交了一篇《议学校贡举状》的奏章，一一驳斥科举必须改革的论调，最后他总结说：

> 故风俗之变，法制随之。譬如江河之徙移，顺其所欲行而治之，则易为功；强其所不欲行而复之，则难为力。

佚名 《宋神宗坐像轴》 台北故宫博物院

苏轼的基本态度是：循序渐进，顺势而为。宋神宗很受启发，高兴地说："苏轼为朕解除了不少疑惑！"他特意召苏轼问政："你有什么策略能帮助到朕吗？"苏轼终于有机会当面陈述自己的政治观点，说："陛下求治太急，听言太广，进人太锐。愿陛下安静，以待物之来，然后应之。"这里的"进人太锐"，无疑是指王安石和他的变法追随者。

苏轼议论新奇，但结论不是宋神宗想要的，便将苏轼敷衍了过去。

熙宁二年（1069）八月，苏轼为国子监举人考试官，有拟定策问考题的权力。他拟定的题目是：

晋武平吴以独断而克，苻坚伐晋以独断而亡，齐恒专任管仲而霸，燕哙专任子之而败，事同而功异。

题目用了晋武帝司马炎、后秦世祖苻坚、春秋齐桓公、战国燕王哙四个典故，司马炎和苻坚都独断专行，结果前者成功了，后者失败了；齐桓公和燕王哙都将国事委托给他人，一个成为霸主，一个亡了国。这个问题显然在借古喻今，讽刺神宗所用非人。

有时，苏轼和王安石也会用轻松的形式讽刺戏谑。

王安石有一本书叫《字说》，是一部解析字形字意的著作，自称"平生精力，尽于此书"。不过《宋史》说它"多穿凿附会，其流入于佛老"。王安石对许多字的解释想当然，全无依据，也没有总结出什么原则。比如他想解释"飞"字，踌躇半日，不得要领。他的儿媳妇过来叫他吃饭，见他愁眉苦脸的样子，问明缘故，脱口而出："这不是鸟爪反着向上升吗？"王安石恍然大悟，非常认同。

据岳飞的孙子岳珂记载，苏轼曾嘲笑说，按照宰相的逻辑，"犇"字由三个牛字组成，牛粗壮，犇的意思应该是更粗壮；"麤"由三个鹿字组成，鹿迅捷，麤的意思应该是更迅捷。但"犇"同于"奔"，"麤"同于"粗"，两个字的意思刚好反过来，这是怎么回事？

又有一次，王安石说："波者，水之皮。"波发生在水流的表面，这种解释貌似有理，然而苏轼按照这个思路引申，说："滑者，水之骨。"以其人之道还治其人之身，讽刺王安石望文生义。

从这些事例可以看出，王安石不懂形声的原理，一律用会意的方法去解释形声字。比如"伪"字，左边单人旁表关联意义，右边"为"表读音，可王安石非要解释为"人为之谓伪"。其他如"位者，人之所立""讼者，言之于公"，都出自同一思路。

这些有趣的故事散落在宋人笔记小说中，但可信度应打折扣。《字说》是王安石晚年隐居江宁时的著作，苏轼应该没有机会当面令王安石难堪。

苏轼与王安石在学术上的分歧根深蒂固，清人全祖望总结说：

> 荆公（王安石曾封荆国公）《淮南杂说》初出，见者以为《孟子》；老泉（苏洵号）文初出，见者以为《荀子》。已而聚讼大起。《三经新义》累数十年而始废，而蜀学亦遂为敌国。上下《学案》者，不可不穷其本末。且荆公欲明圣学，而杂于禅，苏氏出于纵横之学，而亦杂于禅。

王安石推崇孟子，曾给欧阳修写诗说："他日若能窥孟子，终生何敢望韩公。"孟子学说中的一个命题"道德性命之理"，在王安石手中被发扬光大。道德即社会伦理，性命即人的心性本能，道德性命论强调后天环境、学习对人品行、性格的影响，强调道德的教化功能，这也是王安石要把道德品质列入考察项目的理论依据。

苏氏父子初出时，写的文章被人以为是出自于《荀子》，苏氏学问有纵横家风格。政论纵横捭阖、上下驰骋，侧重于兵谋权变，重视"术"而轻视"道"。但苏轼认为自家的学说才是正统，攻击王安石的"道德性命之学"是伪学：孔子的性命之学早已失传，连他的弟子子贡都看不到。现在的学者把性命之学挂在嘴边，能让人信服吗？

"价值观"的分歧是根本性的，是最难弥合的。苏轼和王安石处处针锋相对就不难理解了。

弹劾排挤，捕风捉影也伤人

俗话说"宰相肚里能撑船"，可这句话对王安石并不适用。王安石个人品行虽然洁白如玉，但度量并不宽宏。

他视苏轼如芒刺，必欲拔之而后快，多次向宋神宗建议："轼才亦高，但所学不正。今又以不得逞之故，其言遂跌荡至此，请黜之。"意思是苏轼得不到自己想要的，所以言语错乱。

宋神宗想让苏轼进条例司，王安石一口拒绝："轼与臣所学及议论皆异，别试其事可也。"司马光举荐苏轼任谏官，王安石马上反对："与司马光朝夕切磋者，即此刘攽、苏轼之徒耳。"后来宋神宗多次想提拔苏轼，王安石都从中作梗，他甚至质问宋神宗："苏轼是应该提拔的人吗？"他直接给苏轼下断语："这是个奸邪的人！"王安石的依据是，苏轼写的《贾谊论》一派胡言；苏轼阿附欧阳修，别人写文章批评欧阳修，苏轼就极力抨击人家；苏轼父亲死的时候，婉拒了韩琦送的黄金、丝绸，貌似淡泊名利，转过头却向四川贩卖几大船珍贵苏木。他告诉宋神宗："苏轼这个人的才能只配做推官、判官一类的基层官员，不适合留在陛下身边。"

熙宁三年（1070），宋神宗再次诏令大臣举荐谏官，翰林学士范镇举荐了苏轼。王安石深惧苏轼成为劲敌，他身边的人察言观色，对苏轼"先下手为强"，极尽诬陷打击之能事。

侍御史知杂谢景温的妹妹嫁给了王安石的弟弟王安礼，两家属于姻亲，王安石援以为助。谢景温也乐意阿附，一举一动皆看王安石脸色行事。谢景温上了一道奏章，弹劾苏轼治平三年（1066）在老家眉州丁忧期间往返江南、荆湖和西川路之间，假公济私，借用兵夫贩卖木材、私盐、瓷器等物资，赚取差价。宋朝虽然不禁止大臣做生意，但公船私用、雇佣兵夫却是不允许的，何况贩卖的还有朝廷垄断的食盐！

宋神宗非常重视这起"案件"，诏案件涉及到的江淮和湖北两个地方的发运司查办，羁押当时的篙工水师严加拷问。然后又派人到长江水路沿线州县一一进行调查。天章阁待制李师中因为途中曾邂逅苏轼，也被要求出来作证。

查处苏轼"贩私案"声势浩大、行动迅速，超出了大多数人的预料。宋朝御史弹劾大臣十分普遍，无论朝中显要还是地方要员，几乎没有不被弹劾的，对这类奏章，大多不了了之，或者仅由皇帝质询后得出结论，很少命有司立案调查。宋神宗对苏轼印象不错，何以突然刻薄至此，将"贩私案"闹得沸沸扬扬？不能不说，王安石在这件事上起到了推波助澜的作用，官方史籍如《续资治通鉴长编》《宋史》都认为是王安石策划、指使、操控了这起弹劾案。

这起案件调查了一年多，结果一无所得，谢景温的指控只能说是捕风捉影，无法对苏轼治罪。不过以这件事为分水岭，宋神宗对苏轼有了成见，也许他觉得虽无凭据，但应实有其事吧。其后不久，有一次宋神宗与司马光谈话，他劝司马光不要与苏轼来往，下断语说："苏轼非佳士。"

这起"贩私案"为"乌台诗案"埋下伏笔，可以看作是"乌台诗案"的预演。

苏轼人生顺遂，没有经历过坎坷，遇到事情便惶恐不安。他担心在朝中不能幸免，主动上书请求到地方为官，以远离是非之地。神宗本打算授予苏轼知州，被王安石阻拦，最后只给了他一个杭州通判。

　　苏轼去了地方，以局外人的身份旁观王安石主导的这场变法大戏。直到熙宁七年（1074），一场大旱从江南蔓延到中原，数月不雨，庄稼绝收，民众流离乞讨，饥民毙于途，白骨露于野。朝野上下借"天变"掀起了"倒王"浪潮。为了平息民怨，王安石被迫辞去相位，改知江宁府。

　　王安石下野后，他的亲密战友吕惠卿主政。吕惠卿要表现出自己的独立性，便想方设法与王安石划清界限，搞了个"手实法"，采取自报和举报两种办法统计民众的家庭财产，根据家庭财产核定税赋和差役。"手实法"在全国闹得鸡飞狗跳，更加不得人心，熙宁八年二月，下野不足一年的王安石再度回朝，复任宰相。但这时宋神宗和王安石君臣之间已经失去了固有的信任，王安石心灰意冷，加上儿子王雱病逝，便更加意志消沉、无心政事。熙宁九年十月，王安石执意辞去相位，黯然离场，退居江宁。江宁旧称金陵，他在去钟山的半道上买了一处宅院，命名"半山园"。

　　这期间，苏轼从通判杭州到知密州、知徐州，直到元丰二年（1079）发生"乌台诗案"。

从公已觉十年迟

　　元丰二年，苏轼遭遇"乌台诗案"，就在新贵们要置苏轼于死地的同时，一些正直的大臣和苏轼的朋友如张方平、章惇、王安礼等也展开了营救行动。据南宋周紫芝《诗谳》记载，已经罢相隐居江宁的王安石曾进呈奏章，向宋神宗说情："岂有圣世而杀才士者乎？"不过，以王安石的地位声望，果有营救苏轼的言辞行动，当见之于正史。之后苏轼见王安石也未有感恩之语，因此似不可信。

　　"乌台诗案"后苏轼被贬黄州，度过了一生中最痛苦的阶段。黄州也是他蝶变的地方，他放下了显宦的身架，亲自下田种地，自号"东坡"。他心中有所觉悟，从苍茫的宇宙中认识到个人的渺小和生命的无常，从而看淡了功业，看淡了名利，看淡了恩怨，"一蓑烟雨任平生"。

元丰七年（1084），苏轼在黄州近五年后，宋神宗想起了他，毕竟人才难得，便敕令移居汝州。虽然仍为戴罪，但汝州比黄州离京城近得多，这是赦免的前奏，苏轼的处境比在黄州宽松多了。苏轼也乐得借此机会拜访过去的朋友，便顺江而下，由水路回京。

七月，苏轼到达江宁，王安石隐居的城市。想起这位昔年的政敌，彻悟的苏轼心中恨意已消，那一段恩怨早已被黄州的江浪淘尽。王安石一生的功业主要是推动变法，但他的诗词文章也冠绝天下，所以才会入选唐宋八大家。既然不再是政敌，何不做文友？苏轼产生了拜访王安石的冲动。

经历过大风大浪之后，带着满身疲惫回归田园，王安石体会到了与苏轼相近的心境。冷眼看天下，政治风云皆散去，是非成败转头空。王安石也进行了反思：自己一腔热血，尽忠为国，老朋友们却大多分道扬镳，到如今孤独落寞，晚景苍凉。既然如此，何不放下政治上的恩怨，交一些真性情的挚友呢？

王安石在政治上不能认可苏轼，在文学上却不能不欣赏，退居江宁后，他一直关注着苏轼的创作动态。熙宁十年（1077），苏轼出版《眉山集》，王安石立即买回来细读。《眉山集》中有《雪后书北台壁二首》，第一首押"尖"韵，第二首押"叉"韵。这二韵可用字少，属险韵、窄韵，绝少有人使用，《全唐诗》近五万首，押"尖"韵的不过二十首，押"叉"韵的只有三首。苏轼对这二韵运用自如，极见功力。艺术家大多有争强好胜之心，王安石也不例外。他当即和诗五首，过几天意犹未尽，又作一首，题目就叫《读〈眉山集〉，爱其雪诗能用韵，复次韵一首》。

如若有客自黄州来，王安石必问苏轼消息。元丰三年（1080），他得知苏轼新写了一篇《胜相院经藏记》，一字一句地仔细阅读，忍不住赞叹："子瞻，人中龙也！"他还对文章挑了处瑕疵，认为"日胜日贫"一句不如"日胜日负"。王安石的意见传到黄州，苏轼抚掌大笑，欣然提笔

［宋］王诜（传）《瀛山图》 台北故宫博物院

加以修改。

苏轼有意拜谒王安石，但一个是致仕的宰相，一个是戴罪之身，地位悬殊，昔日又互相仇视，因此不敢贸然前往。他先抄录了自己数十篇诗文，并附一行简短的信函投石问路：

> 元丰七年七月十一日，舟行过金陵，亲录此数篇，呈宰相荆公（王安石封号），以发一笑而已，乞不示人。轼拜白。

苏轼的心思是，如果王安石作出正面回应，就正式拜谒。如果王安石置之不理，就发舟离开江宁，免得自讨没趣。王安石得到讯息，大喜，他明白苏轼的顾虑，第二天特意换了一套便服，骑着毛驴亲自到江边迎接。

由于事先没有通报，苏轼大感意外，来不及戴帽子、换衣服，就跳下船向王安石行礼作揖。他感到这样没有礼貌，抱歉地说："轼今日敢以野服见大丞相。"王安石紧紧握住苏轼的手说："礼岂为我辈设哉！"大有

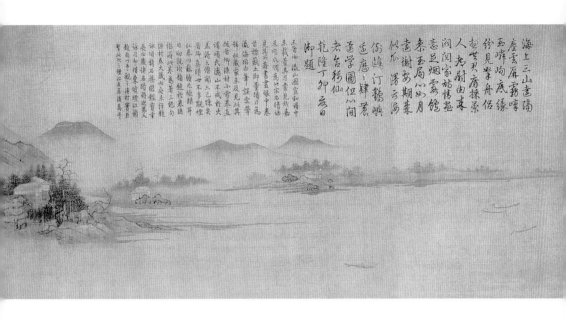

"相逢一笑泯恩仇"之意。

王安石与苏轼携手归于半山园，二人一起游览山水，探讨学问，度过了融洽的半个月。

苏轼的"雪诗"有"冻合玉楼寒起粟，光摇银海眩生花"的句子，王安石问道："道家以双肩为玉楼，以双目为银海，这两句用的是这个典故吗？"苏轼点头称是。一般人不懂这个典故，但根据字面意思亦可领会诗句含义，但若懂得这个典故，便能更深入地体会到诗句的妙处。苏轼背后向人感叹："学荆公者，岂有如此博学哉！"

王安石曾与人探讨动与静的关系，但没有满意答案。他询问苏轼，苏轼回答说："精出于动，守神为静，动静即精神。"王安石击节赞叹。

他们还一起探讨了史学。王安石显然很喜欢三国史，他认为裴松之的史学修为在陈寿之上，虽为《三国志》作注，但没有独立著作，致使名声不显。王安石还很遗憾欧阳修修了《五代史》而未修《三国志》，他说自己曾有意重修三国史，无奈岁月不饶人，精力不济了。他希望苏轼能够完成这一愿望。苏轼自觉非史才，婉谢了王安石的建议。

刘备曾对许汜说："人该忧国忘家，不应求田问舍。"王安石不同意这个观点，他作诗说："千载纷争共一毛，可怜身世两徒劳。无人语与刘玄德，问舍求田意最高。"王安石劝苏轼在金陵买地置宅，希望和苏轼比邻而居，苏轼非常感动，作诗道：

> 骑驴渺渺入荒陂，想见先生未病时。
> 劝我试求三亩宅，从公已觉十年迟。

从熙宁二年（1069）到元丰七年（1084），二人斗了不止十年！通过近距离接触，苏轼更多地了解了王安石，为他们无休无止的争斗而后悔。"从公已觉十年迟"，如果能够重新开始，苏轼愿从公游于门下。这首诗至少写出了苏轼此时此地的心声，也成为苏轼与王安石和解的见证。

苏轼游览金陵山水，考察江宁田地宅院，但终究未能买到合适的田宅。八月，苏轼离开江宁，王安石依依不舍，对身边人说："不知更几百年方有如此人物！"

是非邪正怨未了

苏轼离开江宁不到一年，宋神宗去世，宣仁太后摄政，起用旧人，苏轼进入朝廷，再获重用。而王安石于元祐元年（1086）三月在江宁去世。

新政府面临的一个问题是如何评价王安石。中国有盖棺定论的说法，意思是一个人去世后，人们会对他有一个客观的评价。王安石是北宋最有作为的宰相，去世后享受什么样的待遇？司马光说："介甫（王安石字）文章节义，过人处甚多，但性不晓事，而喜遂非，致忠直疏远，谗佞辐辏，败坏百度，以至于此。"基本的态度是否定政绩，肯定其人品文章。

司马光这个评价体现了朝中主流士大夫的共识，于是追赠王安石为"太傅"。苏轼时任中书舍人，撰写制词，高度褒扬王安石的文章节义，对政治功过则略去不提。

是年五月，清算新党二号人物吕惠卿，敕书同样由苏轼所写，其中有"始与知己，共为欺君。喜则摩足以相欢，怒则反目以相噬"的句子，其中"知己"指王安石。"欺君"这顶帽子挺大，可见苏轼对王安石的怨气在金陵相会后并没有完全消除。

元祐三年（1088），郓州州学教授周種上奏，请以故相王安石配享神宗皇帝庙廷。苏轼担心这会向天下发出错误的信号，让新党那些"小人"再生妄想，于是接连上书反对。他在奏书中提到："窃以安石平生所为，是非邪正，中外具知，难逃圣鉴。""王安石在仁宗英宗朝，矫诈百端，妄窃大名。"语句颇为严厉。

纵观苏轼王安石之交，可谓一对"怨友"，怨愤多一些，欣赏有一些，交心少一些。其根源在于二人在哲学思想、政治观点、行事作风上都大不相同。对于王安石来说，阻碍变法者都要被排挤，苏轼攻击变法最频繁、舆论影响巨大，所以是重点打压对象。对于苏轼来说，青年得志，对自己的期许很高，不料碰到了王安石变法，"今又以不得逞之故"，对王安石愈加怨愤。他们晚年在野时能够诗文唱和，交游甚欢，一旦进入朝堂，被党争裹挟，便又剑拔弩张，攻讦不断，真是"在野诗文在朝剑"，政治上终难冰雪消融。

第十八章　复仇者章惇

《宋史》按党派划分奸邪，追随王安石的新党人物多被归入《奸臣传》。但如果摘掉党争的有色眼镜，公允而言，章惇无疑是王安石之后最有影响、最有建树的政治家之一。

王安石在任时，章惇是新党的重要成员，在政治、军事方面表现出了远高于同侪的卓越才能，

在北宋时，今湖南西部、重庆南部、四川西南以及贵州、云南北部，绵延数千里的群山之中生活着古老的瑶、彝、壮等少数民族的祖先，由于地形复杂、地势险要，虽然开国已一百多年，宋朝始终未能对这些地区实行有效的统治，少数民族时而归顺，时而反叛，不时闹出一些动静，让朝廷很是头痛。熙宁五年（1072）、熙宁十年，章惇两次统兵深入蛮荒，一边武力进攻一边利益拉拢，以铁腕荡平了蛮夷军事势力，将这里的羁縻制度改成了郡县制。

王安石去任后，章惇在元丰三年（1080）拜参知政事，成为宰辅中的重要一员。

元祐八年（1093）宋哲宗亲政后，章惇被起用为相，直到元符三年（1100）因反对拥立宋徽宗而被罢相，拥有权力七年。这期间，他对内恢复熙宁政治、打击旧党、治理黄河、整修汴河，促进了生产；对外进攻西夏、平定吐蕃、开拓疆土、巩固了国防。

章惇是个天生的政治家，处事果断、勇言敢行、手段强硬。这是他成功的秘诀，也是他招祸的因由。他的这种性格体现在人际关系上，便是恩

怨分明，手段狠辣，与苏轼的关系尤其如此。

诤友

章惇，字子厚，本与苏轼同年进士。那一年的状元叫章衡，是章惇的族侄，章惇耻居族侄之下，拒不接受皇帝的任命，"委敕而出"。又三年，章惇参加下一届科举，得第五名，进士及第。

苏轼由于服母丧耽搁了出仕，章惇因为迟一届进士耽搁了出仕。等苏轼授凤翔府签判，章惇在商洛县任县令。两地同属永兴军路，二人年龄相仿，遂开始交往。

南宋曾慥《高斋漫录》记载：有一次苏轼和章惇同游秦岭，山中寺庙闹鬼，客人们吓得不敢住，章惇却不在乎，非要住在寺庙，结果吓退了鬼怪，晚上风平浪静。

次日中午，他们来到了闻名遐迩的仙游潭前。传说喝了仙游潭水便可飞黄腾达。然而要到潭边，必须走过一条狭窄而残蚀的独木桥，桥两端悬崖峭壁，下面万丈深渊。苏轼颤巍巍地说："我们还是到此为止吧。"章惇却云淡风轻，独自稳步走过木桥，而后取出一根绳索，一端系在崖边小树上，另一端系在腰间，手握绳索，脚踏崖石坠到半空，神色自若地用蘸着黑漆的大笔在崖壁上写下："章惇、苏轼来游。"

等章惇神色自若地上崖、解绳、过桥回到来处，苏轼看得目瞪口呆，过了半晌才回过神说："你将来能杀人。"章惇问何以见得，苏轼分析说："连自己性命都不爱惜的人，还能在乎别人的性命吗？"章惇哈哈大笑，默认了苏轼的说法。

从这些记载来看，章惇年轻时就有大主意，意志坚定，无所畏惧；他们二人交往的过程中，苏轼居于从属地位。

接下来的仕途，章惇比苏轼进步得更快。熙宁初，有人把章惇引荐给王安石，经过一番面谈，王安石深感相见恨晚，把章惇安排进了制置三司条例司。几乎同时进制置三司条例司的还有吕惠卿、苏辙、程颢、曾布等，他们都是嘉祐二年（1057）的进士。嘉祐二年的进士榜之所以能成为龙虎榜，一个重要的原因，是熙宁变法时他们正当年，被委以重任，所以就快速成长起来。

章惇政治上隶属于新党，跟苏轼站在对立的阵营，不过他在朝中时间不多，经常被派往外地处理棘手问题。所以苏轼与章惇之间，仍保持着相对密切的私人友谊。

熙宁七年（1074）四月，因为天灾引起民怨，宋神宗罢去王安石宰相职务，吕惠卿主持变法大局。次年二月，王安石复相，御史中丞邓绾弹劾章惇依附吕惠卿，章惇出知湖州。

行前，章惇专门往密州向苏轼告别，作诗赠苏轼：

> 君方阳羡卜新居，我亦吴门葺旧庐。
> 身外浮云轻土苴，眼前陈迹付篷簾。
> 涧声山色苍云上，花影溪光卷画余。
> 他日扁舟约来往，共将诗酒狎樵渔。

"阳羡"即宜兴，旧属湖州，苏轼多次表示要在这里买田终老。"篷簾"是古代用竹编的粗草席。官场不得意，便向往荡舟江湖的闲适生活，章惇承诺，有朝一日你定居阳羡，我们一起悠游林下，泛舟太湖，诗酒欢唱。

苏轼作诗安慰：

> 方丈仙人出渺茫，高情犹爱水云乡。
> 功名谁使连三捷，身世何缘得两忘。

早岁归休心共在，他年相见话偏长。

只因未报君恩重，清梦时时到玉堂。

诗中苏轼把章惇比作仙人，把离开朝廷比作隐居于风景秀丽的水云乡，借此劝章惇超脱现实中的利益纷争。

苏轼一番好意，但还是错估了章惇。苏轼本人向往归隐，以己度人，以为人人心中都有一个田园梦。其实章惇所谓“共将诗酒狎樵渔”只是失意的一种表达而已，他有很强的功业心、争胜心，从耻居侄下、两次科考就能看得出来。苏轼以“高情犹爱水云乡”安慰章惇，只能让章惇更加失落。

元丰二年（1079），章惇获得一个重要岗位，任翰林学士。这年九月，发生了一件大事，那就是苏轼遭遇了“乌台诗案”。

案发时，章惇利用翰林学士身份与皇帝接触多的优势，立即对苏轼展开了营救。他向宋神宗求情：“仁宗皇帝认为苏轼是一代之宝，陛下将他关进监狱，后世不知当如何议论。”

除了御史台，次相王珪也想置苏轼于死地。叶梦得《石林诗话》透露：

元丰间，苏子瞻系大理狱。神宗本无意深罪之，时相进呈，忽言苏轼于陛下有不臣意。神宗改容曰：“轼固有罪，然于朕不应至是，卿何以知之？”时相因举轼《桧》诗：“根到九泉无曲处，世间唯有蛰龙知”之句，对曰：“陛下飞龙在天，轼以为不知己，而求之地下之蛰龙，非不臣而何？”神宗曰：“诗人之词，安可如此论！彼自咏桧，何预朕事？”时相语塞。章子厚亦从旁解之，遂薄其罪。

这里的“时相”，指的就是王珪。王珪利用诗文攻击苏轼有不臣之心，而这是个不赦的罪名，比御史台更为歹毒。章惇拂逆宰相的权势，为苏轼辩解，使宋神宗减轻了对苏轼的惩罚。那么章惇是怎样反驳王珪的呢？王巩《闻见近录》记载有他们的对话。

王珪："苏轼'世间惟有蛰龙知'一句，对陛下大不敬，他这是想造反呀！"

章惇："龙，不是人君的专称，臣子也可以言龙。"

宋神宗一想，是啊，自古称龙的人多了。魏晋时期荀淑有八个儿子，称"荀氏八龙"；诸葛亮自号"卧龙"，难道他们都是反贼？

章惇关键时刻的一句话说服了宋神宗，拯救了苏轼。

退出后，章惇还在斥责王珪："相公是要灭掉苏轼整个家族吗？"

王珪支吾地说："这是舒亶说的。"舒亶正是审理苏轼的御史台官员。

章惇鄙夷地说："舒亶的唾液也可以吃吗！"

这样的语言非常符合章惇的个性，为了救苏轼，他算是豁出去了。

正是由于章惇和其他大臣勇于直言、敢于进谏，苏轼才免于一死。被贬黄州后，章惇主动给苏轼写信，劝慰苏轼说："若痛自追悔往咎，清时终不以一眚见废。此乃有才之人，朝廷所惜。"犹言你不要自暴自弃，还有东山再起的机会。章惇的劝慰水平比苏轼高多了。

别人大多当面赞扬，背后诬陷；而章惇平时说话耿直甚至尖刻，危难之时却伸出了援助之手。苏轼说能够极力劝诫自己的，只有章惇和苏辙。

熙宁、元丰年间，章惇对苏轼确实待之以真心，这大约就是所谓的"诤友"吧。

交恶

元丰八年（1085）三月，宋神宗去世，宣仁太后垂帘听政，任用司马光，开启"元祐更化"，全面否定熙宁新政。

新党宰相蔡确被任命为山陵使，出京料理宋神宗的丧事去了。朝中章惇为知枢密院事，苏轼回朝为起居舍人、中书舍人，苏辙为右司谏。

由于蔡确不在朝，章惇代表新党人物，与司马光发生了激烈冲突。

言官一向处于党争的风口浪尖，是双方必须争夺的政治资源。司马光向宣仁太后密荐二十名言官人选，章惇得到消息后，立即对推举程序提出质疑，上书说："按惯例，谏官都由两制以上大臣上奏举荐，然后由执政大臣拟定名单呈送皇帝。现在人选直接由宫中传出，臣不知陛下怎么知道这几个人适合担任谏官，难道是左右侍者推荐的吗？不能开这样的先例！"他语指司马光："大臣应光明磊落，为什么要密荐？"

在如何对待免役法上，二人也剑拔弩张。司马光总结免役法有"五害"，要废除。章惇、苏轼有基层历练经验，知道过去实行的差役法弊端更多，都对旧法持反对意见。苏轼私下同司马光争吵，司马光尚且能够容忍；章惇要在皇帝和太皇太后面前阻挠废除新法，令司马光十分头疼。

司马光知道苏轼与章惇有着良好的私人友谊，于是请苏轼劝导章惇少设置一些阻力。苏轼找到章惇，说：

> 司马君实时望甚重。昔许靖以虚名无实，见鄙于蜀先主，法正曰："靖之浮誉，播流四海，若不加礼，必以贱贤为累。"先主纳之，乃以靖为司徒。许靖且不可慢，况君实乎？

许靖是三国时名士，投奔西蜀刘璋。后刘备吞并西蜀，本不打算任用许靖，法正劝谏：有些人虽没有真才实学，徒有虚名，许靖就是，但既然已经名播天下，就应该待之以礼，否则天下人会议论主公轻贱贤才。苏轼以许靖作比，告诉章惇，司马光名望这么高，应该尊重他。

在司马光与章惇的争端中，苏轼选择站队司马光，一方面缘于苏轼对司马光的尊重，另一方面党争决定了这个结果。

司马光站稳脚跟后，指使言官围攻原新党重臣。元祐二年（1087）二月，蔡确被免除宰相职务，出知地方。接下来就是章惇。

作为右司谏的苏辙，是攻击新党火力最猛的人之一。任谏官不久，他就上言要求罢免新党诸臣。

苏辙主要针对首相蔡确和次相韩缜，对章惇评价还不错，说他是务实的人才，只是难以独任。但是，随着刘挚、王岩叟、朱光庭等人将打击对象进一步扩大，苏辙也参与了对章惇的围攻。他还专门上了一道《乞罢章惇知枢密院状》。

章惇与司马光曾在朝堂辩论役法，章惇抓住司马光奏章中的漏洞，驳得他哑口无言。苏辙偏向司马光，指责章惇阻挠司马光行事，意在使人人与司马光为敌。苏辙的奏章夸大章惇的恶行，目的很明确，就是将章惇逐出朝廷。这种罔顾事实的做法，当然让章惇感到愤愤不平。

苏辙这份弹劾尚且能就事论事，而且从语气来看，比之于对蔡确、韩缜要温和得多。不久，在弹劾韩缜的奏章中，涉及到章惇，语句已非常刻薄。

苏轼的亲家、苏迈的岳父吕陶，为殿中侍御史，也参与了围剿章惇。

元祐初的章惇，犹如困兽，明知要死却不得不竭力挣扎，大概眼中满是绝望。这时如果能得到一句公平之论，对他即是莫大的安慰，犹如荒漠中看到一棵绿植，即便不敢奢望救命，至少还残存一线希望。

旧党所有成员中，苏轼无疑是交情最深的那一个，也是关键时候他曾施恩的那一个。但是整个过程中，苏轼一言不发，既没有试图阻止苏辙、吕陶，也没有为章惇进行任何辩护。

人在绝望的时候，心理最容易扭曲、变态，章惇在这种处境下，心中生出了仇恨。他恨那些攻击他的人，更恨见死不救的朋友。

元祐二年（1087）闰二月二十三，章惇被贬汝州。十二月二十七日，苏轼给章惇写了一封信以示劝慰。

章惇出知湖州时，苏轼写诗"高情犹爱水云乡"。和这封信的主要内容一致，大意说我们本来打算归隐田园的，没想到你先做到了，让人羡慕啊，可惜我没有那样的缘分！

苏轼爱幽默，常对朋友开一些不合时宜的玩笑。如果这玩笑不涉及对方的切身利益，过一段时间会被淡忘。但给章惇这封信，玩笑开得太过，章惇感受到的是嘲讽和幸灾乐祸。

两人终于从朋友变成了仇敌。

报复

元祐八年（1093）九月，宣仁太后病逝，旧党失去了靠山，而亲政的宋哲宗则立志继承父志，再行王安石新法，于是次年改元绍圣。

像翻烙饼一样，旧党新党重新颠倒了个儿。

绍圣元年（1094）二月，李清臣任中书侍郎，邓润甫为尚书右丞，他们都是新党的追随者。

三月，李清臣首先向苏轼、苏辙发难，指责兄弟二人改变神宗法度。此时苏轼知定州，而苏辙在朝任门下侍郎，他上书反驳，其中写道：

> 汉武帝外事四征，内兴宫室，财用匮竭，于是修盐铁、榷酤、均输之政，民不堪命，几至大乱。昭帝委任霍光，罢去烦苛，汉室乃定。

宋哲宗看完奏章，大怒："这是把先帝比作汉武帝呀！"儒家主张仁政，而秦始皇、汉武帝横征暴敛，口碑不好。宋哲宗以这道奏章为借口，将苏辙贬知汝州。

皇帝树立了风向标，新得势的群臣望风而动。言官虞策、来之邵、张商英、赵挺之围攻苏轼，弹劾苏轼任中书舍人、翰林学士期间，所作文字讥斥先朝，以古况今。闰四月初三，朝廷诰令苏轼以左朝奉郎知英州军州事——左朝奉郎，是苏轼黄州起复时的官职。但两天后，群臣再议，苏轼由左朝奉郎降为左承议郎。

英州在岭南，对于苏轼这样级别的大臣，基本上算是顶格处分了。

与此同时，章惇熬过寒冷的冬季，迎来了自己生命中的高光时刻。彼时章惇提举杭州洞霄宫，住在苏州。皇帝有意拜他为相，诏即日进京！

章惇紧锁多年的眉头舒展开来，立刻动身走水路赶赴京城。船过射阳湖，江南名士陈瓘拦住了他，请他到船上一叙。陈瓘用小船作比："天下形势就像这条小船，如果把东西都放在右边，船必然右翻；如果都挪回左边，船又会左翻。最好的办法是放到中间，不偏不倚，保持平衡，这才是治国之道。"章惇愤愤难平："司马光驱逐新党，甚至将蔡确流放岭南，致使他死在了那里。"陈瓘苦口婆心劝他消除朋党，去除朝廷积弊，改变党派轮换的局面，章惇虽然认为有理，但终究心理上过不去这个坎儿。

闰四月二十二日，章惇回到京城，拜左相，也是独相。

苏轼在贬谪的路上，行到南都，听闻消息，预感会有更大的厄运到来。

果然，章惇嫌对苏轼处罚太轻，指使言官上书，重议对苏轼的处分。六月，在章惇的授意下，朝廷做出新的决定：苏轼责授宁远军节度副使，惠州安置。

这份敕令为林希所写，用语极其歹毒：

> 左承议郎、新差知英州苏轼，元丰间，有司奏轼罪恶甚众，论法当死，先皇帝特赦而不诛，于轼恩德厚矣。朕初嗣位，政出权臣，引轼兄弟，以为己助。自谓得计，周有悛心，忘国大恩，敢以怨报。若讥朕过失，亦何所不容。乃代予言，诬诋圣考。乖父子之恩，害君臣之义。在于行路，犹不戴天。顾视士民，复何面目？乃至交通阉寺，矜诧幸恩，市井不为，缙绅所耻。尚屈典章，但从降黜。今言者谓轼

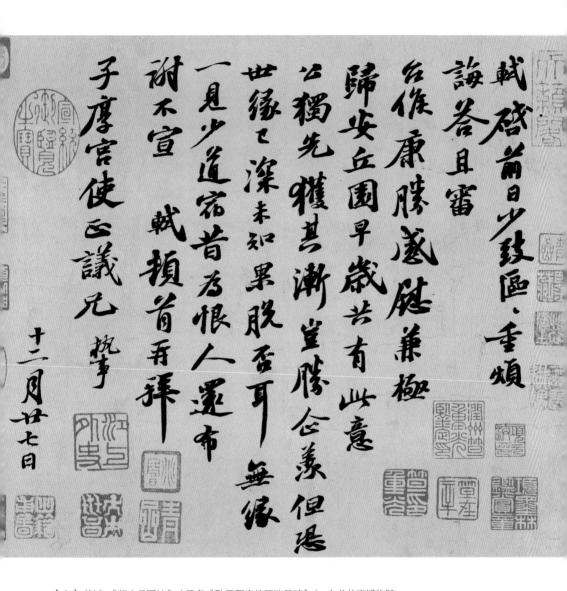

軾啓前日少致區區垂顧

誨荅且審

台候康勝感慰兼極

歸安丘園早歲共有此意

公獨先獲其漸豈勝企羨但恐

世緣已深未知果脱否耳無緣

一見少道宿昔為恨人還布

謝不宣　軾頓首再拜

子厚宮使正議兄執事

十二月廿七日

［宋］苏轼 《归安丘园帖》（又名《致于厚宫使正议尺牍》） 台北故宫博物院

287

指斥宗庙，罪大罚轻，国有常刑，非朕可赦，宥尔万死，窜之遐服。虽轼辩足惑众，文足饰非，自绝君亲，又将奚怼？保尔余息，毋重后悔。可特责授宁远军节度副使，惠州安置。

传说章惇初登相位，感叹说："元祐司马光为相，之所以能鼓动四方，就是有苏轼这样的笔杆子。我去哪里找这样的人呢？"于是有人推荐了林希。

林希也曾是苏轼友人，为了前程，不惜卖友求荣，落井下石。草制毕，林希将笔扔在地上，痛苦地说："坏了名节了！"苏轼看到诏书，揶揄说："林大亦能作文耶！"

苏轼行到当涂县时，敕令又变：责授建昌军司马，惠州安置，不得签书公事。这个职位，已经低于在黄州时的职位了。

绍圣四年（1097），章惇对旧党掀起新一轮贬谪高潮：苏辙贬为化州别驾、雷州安置，也到了岭南；而苏轼责授琼州别驾，昌化军安置。琼州即今海南省海口市，昌化军即海南儋州。

据南宋曾季狸《艇斋诗话》记载，苏轼作《纵笔》一诗，写道："白头萧散满霜风，小阁藤床寄病容。报道先生春睡美，道人轻打五更钟。"诗句传到朝廷，章惇很不高兴："苏某尚尔快活耶！"于是有了儋州之贬。

可以说，苏轼晚年所受的苦难，与章惇脱不开干系。

原谅

章惇的厄运是从宋徽宗即位开始的。

元符三年（1100），宋哲宗驾崩，没有子嗣，只好在兄弟中选择继任者。宰相章惇认为按照礼制，要么立哲宗的同母弟简王，要么立哲宗最长的弟弟申王，而神宗皇后向太后属意端王赵佶。胳膊终究拗不过大腿，最

［宋］佚名 《宋徽宗坐像轴》 台北故宫博物院

终赵佶得立，是谓宋徽宗。

雷州曾是苏辙的贬所，而苏辙已于元符三年（1100）回到了中原。

宋徽宗上任伊始，推行新、旧两党政治融合的政策，苏轼、苏辙得以赦免。苏辙在颍州居住；苏轼先徙廉州，又量移永州，接着允许任便居住。

但是，在拥立过程中站错队的大臣都要付出代价。元符三年九月初八日，章惇罢相，知越州，建中靖国元年（1101）初，再贬雷州司户参军。攻击章惇最为严厉的言官，正是曾劝章惇走中间路线的陈瓘。

苏轼得知章惇被贬雷州，给章惇的外甥黄寔写信说：

> 子厚得雷，闻之惊叹弥日。海康地虽远，无瘴疬，舍弟居之一年，甚安稳。望以此开譬太夫人也。

海康即雷州治所，苏轼对章惇心存关切，告诉黄寔说海康这个地方还好，在这里生活并没有太大的风险，不必担心。

章惇的外甥黄寔与苏辙是姻亲，苏辙的次子苏适、幼子苏远原配都是黄寔的女儿。黄寔一肩担两头，不过在政治上是元祐党人。

六月，苏轼船次京口。恰好章惇的第四子章援在京口。章援是元祐三年（1088）进士第一名，那一年苏轼知贡举，章援算起来算是苏轼的学生。章援知道父亲与老师的恩怨，担心苏轼重新当政会变本加厉迫害父亲，于是写了一封信，请求苏轼饶过章惇。

苏轼看过章援的信，情真意切，才藻富赡，非常高兴，连连夸奖："斯文，司马子长之流也。"子长是史学家、文学家司马迁的字。

苏轼给章援回了信，说我与你父亲有四十余年的交情，中间虽然有些龃龉，但情义并没有减少。

苏轼本着"向前看"的态度，向章援介绍了自己在荒蛮之地的生活经验，希望章援多带药物，既可以自治，又可以惠及乡党。苏轼又宽慰说，从"建中靖国"的年号里可以揣度皇帝的政治风向，那就是政治融合、平息党争。苏轼通过解释政策，意在解除章援怕父亲受到报复的担忧。

苏轼还许诺将自己写的《续养生论》抄一本送给章惇，在岭南贫陋之地刚好派上用场。

苏轼既然看淡了生死，自然原谅了仇人。苏轼曾说："吾上可陪玉皇大帝，下可以陪卑田院乞儿，眼前见天下无一个不好人。"一个人胸怀宽广，能够容得下爱恨情仇，容得下世间万物，他就足够强大，强大到任何魑魅魍魉都伤不了他，任何暴风疾雨都能够抵御。

苏轼从惠州到儋州，大难不死，足以证明这一点。

苏轼和章惇的关系史，是一部元祐、绍圣党争史，是文人政治的折射。南宋之后，熙宁新政成了"靖康耻"的替罪羊，当局为苏轼平反，章惇被打入冷宫。元朝修《宋史》，章惇与吕惠卿、蔡确、蔡京等一起列入《奸臣传》，而苏轼以伟大的文学成就、高尚的人格世世代代受到景仰，甚至赢得世界性声誉。

苏轼固然值得颂扬，可章惇未尝不值得同情。章惇对内发展经济，对外巩固国防，他建制的州县一直延续了下来。他当政期间，宋朝文治武功达到新的高度，论其功绩，论其操守，论其远见，论其干练，论其真、直，章惇何尝不是一个伟大的政治人物？

第十九章 "乌台诗案"的杀手们

苏轼眼前见天下无一个不是好人，但别人未必把他当好人；他悲悯苍生，有些人却只看见了利益，需要时把他当恩师，当朋友，不需要时就当敌人，当垫脚石。

科学家沈括

沈括是中国古代最著名的科学家之一，著有《梦溪笔谈》，记载了朝廷故实、耆旧出处，以及天文、方志、律历、音乐、医药、卜算和机械制造等知识。他创立了隙积术、会圆术，发现了磁偏角，改进了浑仪，揭示了共振现象，是自然科学全才。这在重文轻理的中国古代尤显可贵。

沈括是嘉祐八年（1063）进士，那时苏轼正在凤翔府任签判，苏洵在京，沈括或许此时与苏洵有交往，他在《梦溪笔谈》中曾记录有苏洵的言行。

治平二年（1065），苏轼判登闻鼓院、直史馆，沈括任一届地方官后被调入京师，编校昭文馆书籍。同在馆阁，他们应该相识于此时，但交往时间不长，也没有留下任何文字记录。再之后，苏轼回眉山服父丧，沈括回钱塘服母丧，苏轼熙宁二年（1069）回朝，沈括熙宁四年回朝。

这时他们面临着艰难的选择，是追随王安石进行变法，还是跟着老臣们结成同盟反对变法。二人在这里走上了岔路，各行其是，背道而驰。

苏轼和沈括交情不深，又身处两个阵营，没有结下深厚的友谊，也没有直接的利害冲突，长时间里相安无事。

熙宁五年（1072），淮南饥荒，沈括受命巡察，主要察看常平仓赈灾粮的发放和荒田治理情况，之后又巡察两浙的水利，这时与苏轼在杭州见面了。

李焘《续资治通鉴长编》引王铚《元祐补录》一书内容说：

> （沈）括素与苏轼同在馆阁，轼论事与时异，补外。括察访两浙，陛辞，神宗语括曰："苏轼通判杭州，卿其善遇之。"括至杭，与轼论旧，求手录近诗一通，归则签帖以进，云词皆讪怼。轼闻之，复寄诗。刘恕戏曰："不忧进了也？"其后，李定、舒亶论轼诗置狱，实本于括云。

按照这段记载，"乌台诗案"的由头可追溯到熙宁五年，沈括巡察时向苏轼讨要近作，苏轼给了他一本手抄诗集，沈括回京后献给了宋神宗，打算陷害苏轼。换言之，沈括是"乌台诗案"的始作俑者。现代作家余秋雨将这一条记载写入他的散文《苏东坡突围》中，并由此将沈括归入"小人"的行列。

李焘是位严肃的史学家，他在引文之末，特别说明："此事附注，当考详，恐年月先后差池不合。"意思是时间对不上号，毕竟熙宁五年到元丰二年（1079），相距七年，这个时间差太长了。

不过，中国有句俗话："无风不起浪"。王铚生活在两宋相交，离"乌台诗案"并不遥远，记录这一条或许有些依据，或者有些传闻。假定王铚记录为真，就一定能得出沈括是"小人"的结论吗？

未必。

王铚记载得很清楚，宋神宗非常关注苏轼，特意交代沈括"善遇之"。沈括奉命接触苏轼，回来后将苏轼诗集交给宋神宗，这属正常操作，完成圣命而已。至于"云词皆讪怼"，史籍没有留下沈括的奏章，《宋神宗实录》也没有记载，应当是王铚的臆断。

问题的关键是，宋神宗为什么格外关注苏轼？

无非有两种原因：一是惜才，认为苏轼通判杭州大材小用，准备伺机提拔；二是警惕，知道苏轼经常作诗讥讪新法，让沈括借机试探、调查。苏轼通判杭州后知密州、徐州，虽然职位有所提升，但两州都属小州、穷州，其仕途路线并不理想。再结合宋神宗一手炮制了"乌台诗案"，可以推断，沈括求苏轼的诗集，正是宋神宗的授意，从那时起，神宗就在暗中调查，收集苏轼的"黑材料"。

不要被"卿其善遇之"迷惑了，为尊者讳而已。

不孝子李定

"乌台诗案"发酵在元丰二年（1079）。

苏轼从徐州移知湖州，元丰二年四月二十一日到任，按惯例向朝廷上表谢恩。谢表呈上后，要张贴于文德殿外，供朝臣观看品评。

上谢表本是官员到任的必要流程，无非是感谢皇帝恩典，表态要殚精竭虑干好任内之事，一般人不会认真品读，更不会仔细审批。然而苏轼这篇《湖州谢上表》，偏偏有人较了真，因为谢表中的句子戳痛了某些人的神经。

七月四日，监察御史里行何正臣首先发难。他上札子说，苏轼谢上表里有句子："愚不适时，难以追陪新进；察其老不生事，或能牧养小民。""新进"怎么讲？指的是皇帝提拔的年轻人啊！这分明是"愚弄朝廷，妄自尊大"，这话流传到中外，怎能不让人惊叹！然后他从谢表引发开来，攻击苏轼"为恶不悛，怙终自若，谤讪讥骂，无所不为"。何正臣举例说："一有水旱之灾，盗贼之变，轼必倡言，归咎新法，喜动颜色，唯恐不甚。"他强调说:"世之大恶,何以复加!"

何正臣从市场上买了一本苏轼的雕版诗集,呈送给宋神宗,乞请"大明诛赏以示天下"。

对何正臣的札子,宋神宗本可以置之不理,但他批转到了中书省。这是一种态度,表示他认为这道札子有一定价值,需要中书省研究处理。

还未等中书省拿出处理意见,另一位监察御史里行舒亶的札子又呈送到了宋神宗面前。舒亶奏曰:

> 且陛下自新美法度以来,异论之人,固不为少。然其大,不过文乱事实,造作谤说,以为摇夺沮坏之计;其次,又不过腹非背毁,行察坐伺,以幸天下之无成功而已。至于包藏祸心,怨望其上,讪谤谩骂,而无复人臣之节者,未有如轼也。

意思是说,变法以来,有的人捏造事实,扰乱视听;有的人当面不说,背后乱说,诋毁新法。然而比起苏轼,这些人的罪恶算是轻微了。苏轼对圣上心怀不满,诽谤谩骂,已经失去了身为臣子应有的礼节。

如果说何正臣弹劾苏轼,尚属泛泛而谈,舒亶则从苏轼诗歌中摘出了"实例"。

陛下向贫民发钱,苏轼写诗讽刺助长了贫民的游手好闲:"赢得儿童语言好,一年强半在城中。"

陛下立法课试郡吏,苏轼阴阳怪气:"读书万卷不读律,致君尧舜知无术。"

陛下兴修水利,苏轼冷嘲热讽:"东海若知明主意,应教斥卤变桑田。"

陛下禁私盐,苏轼却作诗暗指民众吃不上盐:"岂是闻韶解忘味,迩来三月食无盐。"

舒亶的用意很明显：苏轼在跟皇帝对着干！接着，舒亶又用恶毒的语言挑拨道：

> 轼在此时，以苟得之虚名，无用之曲学，官为省郎，职在文馆，典领寄任，又皆古所谓二千石。臣独不知陛下何负于天下与轼辈，而轼敢为悖慢，无所畏忌，以至如是。

舒亶上表的第二天，御史中丞李定就迫不及待地再上札子，列举苏轼有四条"可废之罪"：一是在其恶行已经昭著的情况下，仍然不思悔改；二是皇帝耐心教化苏轼，但对他的思想改造没有效果，只能"废之"；三是苏轼的言论具有很大的蛊惑性，必须从肉体上消灭他；四是苏轼对没有受到重用心怀愤懑，讪上骂下，发泄私怨，这是法律所不能宽宥的。

李定所谓"废之"，就是要杀掉苏轼。

七月三日，宋神宗终于降下圣旨：送御史台根勘闻奏。"根勘"，即彻底调查清楚。有了这道圣旨，御史台就可以立案调查了。

何正臣、舒亶、李定是"乌台诗案"的发起人，他们过去与苏轼有什么恩怨？

何正臣，字君表，江西人，与苏轼年龄相当。江西出神童，晏殊十四岁就被赐予同进士出身，王安石笔下的"仲永"也是江西神童。何正臣八岁应童子科，赐授童子出身，宋仁宗还专门为他写过一首诗《赐神童何正臣还乡歌》。不过，何正臣中进士却很晚，一直到治平四年（1067），那时候苏轼正在眉山守孝，二人并不认识。熙宁年间，也没有现存资料显示二人有任何交集。

舒亶，字信道，慈溪人，治平二年进士，授官临海县尉。县尉主管治安，舒亶滥用职权，未经审判擅杀部属，只好辞官回乡。变法正需要不蹈常规的人，王安石看中了他，让他到各地督导青苗法落实情况，熙宁八年

（1075）又擢进御史台。

舒亶文才不错，流传下来的诗词有五十余首。不过他与苏轼也没有什么往来。

御史中丞李定，在变法初期算得上风云人物。

李定比王安石小七岁，扬州人，《宋史》记载他"少受学于王安石"。王安石二十四岁中进士后到淮南任判官，工作地点在扬州，应该在这个时候教导过李定。李定中进士几年后升任秀州（今浙江嘉兴）军事判官，相当于知州的军事助理，职位并不高。

熙宁三年四月，李定秩满入京，等待下一次任命。他先去拜访知谏院李常。李常询问秀州青苗法执行情况，李定不知道新旧两党正为青苗法争执得不可开交，傻乎乎地回答："老百姓感到便利，都非常拥护这项新政。"李常不高兴，交代他："见到别人千万不要说这样的话。"

次日，李定去拜谒王安石，向王安石陈述了在李常处的遭遇，诉苦说："学生初来京城，不知道还有忌讳，只是说了实情。"自青苗法出台以来，这是第一位报喜的地方官，王安石高兴极了，秘密将李定推荐给宋神宗，李定由此时来运转，进入了仕途的快车道。

李定的出现，对于旧党相当于一记闷拳。宋神宗将李常逐出谏院，打算由李定接任。但这时，李定曝出了一桩丑闻。

李定在秀州军事判官之前任泾县主簿，他的亲生母亲仇氏去世，李定刻意隐瞒不报，不为母亲服丧。仇氏是李定父亲的妾，地位虽低，但毕竟是生母，焉有不为生母服丧的道理？这是一颗重磅炸弹，养子不孝，有悖人伦，何以为官？如果爆料属实，不要说做御史，李定的仕途恐怕将提前终结。宋神宗下令调查，发现这位仇氏很早就离开了李家，李定并不知道生母是谁。后来李定听到风声，曾向父亲求证，父亲隐瞒了真相，告诉他亲生母亲不是仇氏。

事情似乎可以告一段落了，不想一个月后，又发生了一件事，同李定形成鲜明对比，最终影响到了李定的仕途。

驾部郎中的朱寿昌，生母刘氏也是父亲的妾，生下朱寿昌一年多，被卖出朱府，不知所向。朱寿昌想念母亲，干脆辞去官职，行走四方，到处寻找母亲。也许他的孝心感动了上苍，分别五十年后居然真的找到了母亲。

朱寿昌弃官寻母的事迹传到朝廷，人们纷纷作诗褒扬，其中就有苏轼。

有分析称苏轼作诗赞美朱寿昌，是为了衬托李定不孝，这让李定十分难堪，因此李定伺机报复，参与发起了"乌台诗案"，而何正臣、舒亶皆是受了李定指使。

这应该不是事情的全部真相。苏轼曾将王安石、吕惠卿比作董卓、王莽，王安石想利用谢景温打击苏轼，但没有成功。王安石尚且做不到的事，李定如何能做到？所以李定应该得到了更大人物的首肯甚至怂恿，这个人物的能量远在王安石之上。

谄附者张璪

御史台得了皇帝的敕令，立刻派人到湖州拘捕苏轼，将他打入大狱。

皇帝委派了两个主审官，一个是知谏院张璪，一个是御史中丞李定。

张璪初名张琥，是苏轼同年进士，苏轼签判凤翔府时，张璪任凤翔法曹，二人过往比较密切。嘉祐八年（1063）十一月，张璪调职回京，苏轼有文相赠，即《稼说》，以种田比喻学习、做事，讲述厚积薄发的道理。

二人考中进士时都很年轻，受到众人吹捧，苏轼却自以为不足，劝张璪坚持学习。苏轼曾对张璪说，你到京城如果见到苏辙，也把这番道理讲给他听。可见苏轼有意让苏辙与张璪交游，把张璪当成了"圈里人"。

然而张璪却是个见风使舵的小人，攀附上新党后，张璪将旧党这些朋友抛到了一边，包括苏轼。现在眼看苏轼要倒霉，张璪便踩上一脚，作为自己进升的阶梯。

审问一开始，张璪就颐指气使："祖上五代以内有没有可以免死的丹书铁券呀？"言外之意苏轼这次必死无疑。

舒亶已经列举了苏轼诗词中所谓"包藏祸心，怨望其上，讪怼谩骂"的内容，然而还不够，他们要通过审问扩大成果。为此他们查阅了七十多人与苏轼的往来文字，威逼利诱苏轼招认有讥刺朝廷、干涉时政之意。

对于御史台的指控，苏轼当然不会承认。据记载，八月十八日苏轼入狱，二十日即有供状，苏轼仅承认《山村》一诗涉及时政，其余文字无干时事；二十二日、二十四日先后又有供状，坚持没有讥刺之作。然而，到三十日，审问取得进展，苏轼供出有诗赋往来的人员姓名，并承认有讥讽文字。

二十四日到三十日之间，监狱里发生了什么？

原权知开封府苏颂因"失职渎职"遭舒亶弹劾，也被关在御史台。他曾在狱中赋诗，序言写道：

> 己未九月，予赴鞫御史，闻子瞻先已被系。予昼居三院东阁，而子瞻在知杂南庑，才隔一垣，不得通音息。因作诗四篇，以为异日相遇，一噱之资耳。

苏轼被独自关在一间屋子里，与苏颂一墙之隔。那么苏颂听到了什么？

> 憔怜比户吴兴守，诟辱通宵不忍闻。

因苏轼知湖州，故称"吴兴守"。苏轼屋子里辱骂之声不绝于耳，通宵达旦，连隔壁的人都受不了了。由此可见苏轼在狱中至少受到了巨大的精神折磨。

"乌台诗案"结束后，苏轼只字不提狱中之事，对于是否受到肉体折磨，不得而知。不过，苏轼在一首诗中曾流露出一些信息：

> 去年御史府，举动触四壁。
>
> 幽幽百尺井，仰天无一席。
>
> 隔墙闻歌呼，自恨计之失。
>
> 留诗不忍写，苦泪渍纸笔。
>
> 余生复何幸，乐事有今日。

元祐六年（1091），苏轼在一道札子中透露："到狱即欲不食求死，而先帝遣使就狱，有所约敕，故狱吏不敢别加非横。"由于宋神宗的约束，狱卒对他算是手下留了情。即使如此，他也曾想过绝食而死。

《孔氏谈苑》这本书里，还谈到苏轼本打算服药而死。

苏轼好道，身上备有青金丹，这种方剂，适量能够治病，过量能够致死。苏轼把它埋在土中，一旦有不好的消息，打算自尽以保持士大夫最后的尊严。

苏轼在狱中度过一生中最为黑暗的一百三十多个日夜，张璪、李定终于如愿以偿，拿到了"供状"。

李定在最初弹劾时，攻击苏轼"初无学术，滥得时名，偶中异科，遂叨儒馆"，经过这次审讯，却不得不佩服苏轼的才能：

> 李定自鞫东坡狱，势不可向。一日，于崇政殿门外语同列曰：苏轼奇才也。俱不敢对。又曰：轼前二三十年所作诗文，引援经史，随问即答，无一字之差，真天下奇才也。叹息久之。

苏轼博览群书，记忆力超强，二三十年前的诗文还记得一清二楚，连政敌都不由自主地发出感叹之声。

张璪、李定想要置苏轼于死地，但宋朝制度规定，御史台仅能审案，定案判罚则由大理寺初审、审刑院复判。

大理寺初审结果是"当徒二年，会赦当原"，意思是按所犯罪行应当关两年牢狱，但朝廷会不定期赦免犯罪，苏轼的罪行都在赦免之列，因此可以无罪释放。御史台对大理寺的判决极为不满，上书强调苏轼用心险恶，怎么可以不杀！然而审刑院的复审支持了大理寺，建议对苏轼免于处罚。

宋神宗不甘心放过苏轼，十二月二十六日特责苏轼为黄州团练副使，本州安置，不得签书公事，相当于留职察看。所谓"特责"就是利用皇帝的权力法外判决，对比杀苏轼的初心是从轻发落，对比司法部门的审理意见却是从重处理。

"乌台诗案"这才尘埃落定。

第二十章　元祐党争中的政敌

熙宁、元丰年间，宋神宗和王安石为推动变法，任用新党，排挤旧党，开启了党争，其中苏轼是最大的受害者，差一点被文字狱折磨致死。元祐初，宣仁太后拜司马光为相，尽废新法，新党几乎全部被逐出朝廷，旧党得势。苏轼深得宣仁太后恩眷，十个月四次升迁，官至翰林学士，离拜相仅一步之遥。然而随着司马光去世，旧党分裂，党争再起，苏轼又一次成为围攻的对象，被迫离开朝廷。

元祐大臣刘安世评价苏轼："士大夫只看立朝大节如何，若大节一亏，则虽有细行，不足赎也。东坡立朝大节极可观，才意迈峻，惟己之是信。在元丰，则不容于元丰，人欲杀之；在元祐，则虽与老先生议论，亦有不合处，非随时上下人也。""乌台诗案"中苏轼的敌人是李定、张璪、舒亶之流，元祐党争中，苏轼的敌人却尽来自过去的同盟军。

老夫子程颐

程颐和兄长程颢是著名的理学大师，世称"二程"，又与周敦颐、邵雍、张载并称"北宋五子"，在思想界地位很高。有一个"程门立雪"的故事，主角便是程颐。元丰年间，程颐在洛阳伊川向文彦博讨了一块庄园，办了所"伊皋书院"，开门授徒。有一位叫杨时的年轻人放弃了做官的机会，专门跑到伊皋书院向程颐求学。他去拜见程颐时，程颐正在打坐（一说睡觉），他不敢惊扰老师，就老老实实站在门外等候。等程颐发现他，门外的积雪已经没过了脚脖子。

程颢是苏轼的同年进士，程颐在学问上比哥哥名气还大，却没有功名。司马光执政后，为了将幼小的宋哲宗培养成标准的儒家皇帝，不再走变法图强的"法家"道路，便延请天下名儒为帝王师，向朝廷推荐了程颐。这样，元祐元年（1086），程颐以处士之身为崇政殿说书，专门教授宋哲宗礼仪道德。

程颐的为人就像他倡导的道学一样刻板、教条。宋哲宗还是十一二岁的孩子，有一次课间休息，折断一条柳枝玩耍。程颐看见后，板起脸孔教训起来，认为此举伤害了天地和气。司马光听到这个消息，摇头叹息："使人主不敢亲近儒生，就是因为有程颐这样的人。"

苏轼在元祐二年七月兼官侍读，也是皇帝的老师。他是个自由派，与程颐格格不入。

司马光去世的当日，元祐元年九月初一（1086年10月11日），皇帝正率领大臣祭祀，以神宗配享明堂，大赦天下。参加祭祀的朝臣要斋戒三日，不能参加其他典礼。一直到明堂祭祀完毕，众臣才匆忙脱下祭服，前去相府吊唁司马光。

重臣丧礼，皇帝要指定熟悉礼仪的儒者做主持人，这个差事便落在了程颐身上。程颐却反对众人前去吊唁，拦住大家说："《论语》有云：'子于是日哭，则不歌。'刚刚庆祝过大赦，怎么可以立即去吊丧？"

有人不服气："孔子说哭则不歌，没有说歌则不哭。"

苏轼跟着嘲讽程颐："此乃枉死市叔孙通所制礼也。"众人大笑。

程颐认死理，又是丧礼的主持人，执意不许众人吊唁，又交代司马家孝子不准受悼。众人碰了壁，闷闷不乐，苏轼又说："鏖糟陂里叔孙通也。"

苏轼两次提到叔孙通，那叔孙通是何许人也？

叔孙通是秦朝的待诏博士，后转投项羽、刘邦，汉朝建立后自荐为新朝廷制定礼仪，汉惠帝时又用他制定了宗庙仪法及其他多种仪法。

叔孙通为汉家礼法做出了贡献，但他转事多主，毫无气节，所制礼仪也逢迎皇帝的喜好，并非出自古礼，连他的学生都指责他："公所事者且十主，皆面谀以得亲贵。"司马光评价说，叔孙通媚俗取宠，逞一时之功，结果使古礼失传。

司马光是新党的一面旗帜，司马光批评过的人，苏轼以程颐比之，程颐自然不高兴。

程颐主持的丧礼一切从古，他用锦绸做囊，把遗体装在囊中，然后敛棺。苏轼嫌他做作，揶揄说："还欠一样东西，应当写一封信，捎给阎罗大王。"苏轼的意思是，把遗体装在囊中，像一个邮包，这是要把遗体寄给阎罗王吗？

苏轼和程颐由此结怨。

另据《二程外书》记载，国忌日，大臣们都在相国寺祈祷。程颐只吃素，苏轼取笑他："正叔（程颐字）不好佛，胡为食素？"程颐严肃地回答："按照礼节，居丧不可以饮酒吃肉。忌日是丧事的延伸。"苏轼故意跟程颐对着干，让人准备肉食，说："为刘氏者左袒。"结果祈祷的人分成两派，程颐的弟子吃素食，苏门弟子秦观、黄庭坚吃肉食。

"为刘氏者左袒"也是一个典故，借指在二者之中做出选择。《史记·吕后纪》记载："汉高祖死，吕后称制，诸吕封王，以危刘氏。太尉周勃入军中，行令军中曰：'为吕氏者右袒，为刘氏者左袒。'军中皆左袒为刘氏。"

苏轼与程颐的怨艾越来越深了。

客观地说，苏、程结怨，源于性格不同、思想观点相异。程颐号为儒学正统，遵循礼教，食古不化；苏轼深受佛、道影响，不拘一格，洒脱随性。苏、程相处中，苏轼处于进攻方，看不惯的事就要说出来，并且爱开玩笑、促狭弄人。对旁观者来说，这是苏轼可爱的地方；对当事人来说，这是他得罪人的地方。或者说，这是苏轼性格上的优势，也是缺陷。

苏轼与程颐个人之间的矛盾很快演变为两个团体间的冲突，正如苏轼在元祐六年（1091）请求外放时所说："臣素疾程某之奸，未尝假以辞色，故颐之党人，无不侧目。"

苏轼为自己招惹了祸端，程颐的弟子和门人群起而攻之，逐渐演变为元祐党争。

学士院风波

元祐元年十一月，朝廷选拔馆阁人员，要进行考试，苏轼以翰林学士被委任为考官。

按制，考试的前一天锁院，考官们在学士院拟策试题，共拟三题，送请皇上点定一题。这次翰林学士邓伯温拟了两道题，苏轼拟了一道题。结果皇上选中了苏轼的题目作为试题，题目为"师仁祖之忠厚，法神考之励精"。

策试即问答题，老师拟题，考生根据题目解答发挥。

宋仁宗和宋神宗是统治风格截然不同的两位君主。宋仁宗无为而治，以善听谏言、不折腾、不扰民著称；宋神宗励精图治，以独断专行、大刀阔斧进行变法而闻名。元祐之后的党争，实际上是走宋仁宗路线还是走宋神宗路线之争。但凡太后当制，都留恋宋仁宗的太平盛世；皇帝亲政，则希望像宋神宗一样有所作为，所以北宋后期在政治上左右摇摆，党争不息。

苏轼这道策试题点明了两条路线之争，意图让考生做出选择，实际上在为宋仁宗路线张目。

试题提供了三组比较对象：

第一组是周公治鲁和太公治齐。鲁讲究礼制，亲亲尊尊，齐追求功业，举贤任能，然而他们的结局都不好，都陷于衰乱。

第二组是宋仁宗和宋神宗。宋仁宗忠厚，但朝廷担心百官不举其职，或至于偷。"偷"即偷懒，行政不作为。宋神宗虽然励精图治，但又怕部门领导流入于刻。"刻"即刻薄，滥用职权，扰民害民。

第三组是汉文帝和汉宣帝。汉文帝宽仁，但行政却没有怠废；汉宣帝严格考核，也没有陷入苛政。

考生根据试题，说明不同执政风格的得失正误，得出结论，到底应该走什么样的道路。

这次考试，苏轼的弟子、门人大获全胜，黄庭坚、张耒、晁补之都进入了馆阁，只有秦观因为身份不符，没有参加考试。

但是这道策试题，给苏轼惹来了麻烦。

左司谏朱光庭首先发难，他弹劾苏轼诽谤宋仁宗和宋神宗。朱光庭攻击苏轼在试题中，贬损宋仁宗、宋神宗，暗指二帝不如汉文帝、汉宣帝，是大不敬，应当治罪。

朱光庭与苏轼同岁，也是同年进士，苏轼与他的关系还不错，二人曾多次诗词唱和。朱光庭为谏官，苏轼称赞他有耿直的名声。

朋友为何反目？难道是因为耿直吗？并不是！只因朱光庭是程颐的得意弟子，在涉及团队利益时，他毅然而然地站在了老师的一边。

朱光庭上章，宣仁太后知道缘于党争，苏轼没错，便下诏特放罪。放罪即赦免无罪。这道旨意看似中立，却让双方不满，因为朱光庭没有达到弹劾的目的，而苏轼认为自己无罪，何来放罪？苏轼上章自辩：

> 臣之所谓偷刻者，专指今之有官有司及监司、守令不能奉行，恐致有此病，于二帝何与焉？至于前论周公、太公，后论文帝、宣帝，皆是为文引证之常，亦无比拟二帝之意。

苏轼还说，题目虽然是臣拟的，但是御笔亲点，如果题目有问题能逃得过圣鉴？

其实苏轼这篇自辩章把责任推给了皇帝和太后，不是妥善的做法，但太后对他眷顾甚深，下令收回放罪诏令。

也有人帮着苏轼说话，认为朱光庭胡言乱语，攻击大臣，应当逐出朝廷。御史中丞傅尧俞、侍御史王岩叟担心朱光庭被逐，则帮助朱光庭攻击苏轼。

相比于朱光庭，傅尧俞与苏轼的关系更为密切。黄州期间，苏轼作《赤壁赋》，不愿示人，却亲自抄写了一份赠给傅尧俞。在现存的《书前赤壁赋》法书中，苏轼自题："轼去岁作此赋，未尝轻以示人，见者盖一二人而已。钦之（傅尧俞字）有使至，求近文，遂亲书以寄。多难畏事，钦之爱我，必深藏之不出也。"当时苏轼对傅尧俞是绝对信任的。

傅尧俞算是司马光门下，王岩叟是韩琦门下，私交都厚，想不到老朋友竟变成了攻击他的打手。

苏轼受到台谏交相攻击，吕陶看不惯了，旗帜鲜明地站队苏轼。吕陶既是苏轼老乡，又是苏轼的亲家，他直接点明台谏攻击苏轼的原因，就是程颐门人为老师报怨。

吕陶的参战，让争斗形势更为复杂。傅尧俞、王岩叟亲自到延和殿向宣仁太后面陈，坚持要求罢免苏轼。宣仁太后说："这是小事，不应当发展到这种地步，算了吧。"二人对曰："虽然寥寥数语，但关系到朝廷大体，不是小事，一定要有个说法。"宣仁太后不予理睬，二人干脆自掼乌纱，罢朝回家。

苏轼得到消息，只好再次上章自辩。他知道政敌们为了排除异己，已难容他供职朝中，于是竭力求去，希望太后、皇帝允许他到地方上做一名太守。为了表示自己的决心，他也不去翰林院上班，在家等候消息。

双方都以罢工相要挟，争斗已经陷入白热化状态。宣仁太后当然维护

［宋］佚名 《宋英宗后坐像》轴 台北故宫博物院

苏轼，想要罢免台谏一干人，右仆射吕公著、知枢密院范纯仁从中调停，这件事才翻过一页。

以这件事为标志，朝中派系已然明朗：苏轼、苏辙、吕陶为"蜀党"，程颐是洛阳人，他和弟子朱光庭、贾易等为"洛党"，而司马光门下刘挚、梁焘、王岩叟、傅尧俞等都是北方人，为"朔党"。

自请就郡

学士院风波虽然平息了下来，但宣仁太后到底难以容忍台谏无中生有，不久找了借口将傅尧俞、王岩叟徙官外出，命起居舍人孔文仲为左谏议大夫、吕陶为左司谏、贾易为右司谏，又令赵挺之任监察御史。

赵挺之，字正夫，密州诸城县人，后迁居青州。赵挺之是熙宁三年（1070）进士，曾通判德州，积极推行新法，是变法派基层先锋。德州隶属于大名府，当时黄庭坚在大名府当差，到德州下面的德安镇督导新法时，借口镇子比较小，民众贫困，建议暂缓实施新法，赵挺之不同意，二人产生了矛盾。这个矛盾影响到苏轼对赵挺之的评价，赵挺之应试馆职时，苏轼下结论说："赵挺之聚敛小人，学行无取，岂堪此选？"他将赵挺之刷了下去。

赵挺之与苏轼由此结怨，现在赵挺之当上了监察御史，意味着苏轼将迎来又一场风波。

元祐二年（1087）十二月，苏轼再试馆职，这次他出的题目大意是：西汉比东汉稳定，更得民心，但王莽谈笑之间取代了西汉。曹操东征西讨，功盖天下，却不敢取代东汉。这是为什么呢？让考生就这个问题展开论述。

这一科录取的第一名是廖正一，苏门"后四学士"之首。

然而又是因为试题，台谏再一次群起而攻之。

监察御史杨康国首先上书说："策试题问王莽、曹操所以攘夺天下难易，这太骇人听闻了！"

整日虎视眈眈盯着苏轼的赵挺之怎能错过这个机会，他粉墨登场，奏道：

> 苏轼专务引纳，轻薄虚诞，有如市井俳优之人，以在门下，取其浮浅之甚者力加论荐。前日十科，乃荐王巩；其举自代，乃荐黄庭坚。二人轻薄无行，少有人比。王巩虽已斥逐补外，庭坚罪恶尤大，尚列史局。按：轼学术本出《战国策》苏秦、张仪纵横揣摩之说，近日学士院廖正一馆职，乃以王莽、袁绍、董卓、曹操篡汉之术为问……此数人者，忠臣烈士之所切齿而不忍言，学士大夫之所忌讳而未常道。今二圣在上，轼代王言，专引莽、卓、袁、曹之事，及求所以篡国迟速之术，此何义也？公然欺罔二圣之聪明，而无所畏惮，考其设心，罪不可赦。使轼得志，将无所不为矣。

赵挺之这道奏章，从策试题扩而大之，到苏轼举荐王巩、黄庭坚，一并弹劾，明显在报苏轼对他恶评之仇。

侍御史王觌则建议将苏轼逐出朝廷，"若使久在朝廷，则必立异妄作"。

再次面对汹涌的"舆情"，苏轼懒得上书自辩了。他唯一的愿望就是离开朝廷这个是非之地，守一郡，得享清闲。他在《答刘贡父书》中叙述心境：

> 某江湖之人，久留辇下，如在樊笼，岂复有佳思也。

尽管没有自辩，但宣仁太后信任苏轼，对台谏弹劾的奏章照旧不理不报。

"舆情"暂时被压制了下去，但"蜀党"与"洛党"率先攻讦，两败俱伤，程颐被赶出了朝堂，苏轼一派的吕陶、王巩、黄庭坚、欧阳棐（fěi）、秦观等也不能幸免，朝中只剩下"朔党"独大。对于"朔党"来说，最有分量的异己人士只有苏轼了，必欲除之而后快。

苏轼给宋哲宗上课，与程颐不同。程颐专讲一些古代礼制方面的大道理，枯燥乏味，而苏轼善于通过历史故事启蒙君主，让宋哲宗明白善恶是非。然而一班政敌，却鸡蛋里挑骨头，又从经筵中寻找瑕疵，攻击苏轼。

苏轼在经筵中讲汉成帝故事：汉成帝时，张禹位居特进，地位等同于三公，汉成帝执之以师礼。一个小官朱云上书求见，弹劾张禹为佞臣，请诛之。汉成帝大怒，说："小臣以下讪上，廷辱师傅，罪死不赦。"御史将朱云拿下，朱云抱着大殿栏杆不松手，栏杆都被折断了。

又讲汉文帝故事：汉文帝时，申屠嘉为丞相，邓通受到皇帝宠爱。申屠嘉入朝觐见，邓通坐在汉文帝身旁，对申屠嘉怠慢无礼。申屠嘉罢朝出殿后，发檄要斩邓通。

又讲唐太宗故事：唐太宗时，李好德有精神疾病，胡言乱语，说了不该说的话。唐太宗下诏治他的罪，大理丞张蕴古为其讲情，而治书侍御史权万纪弹劾张蕴古与李好德有私交，为李好德说情不是出于公心。唐太宗大怒之下，斩了张蕴古。

苏轼为皇帝讲述这些事例，意在帮助皇帝辨明是非，让皇帝能正确把握与臣下的相处之道。然而监察御史王彭年上书，攻击苏轼给小皇帝讲这些杀戮故事，难以辅成人主仁厚德性，应当将苏轼早赐斥逐。王彭年更借机发挥，不但将苏轼讲筵上升到离间皇帝骨肉、疑贰皇帝君臣的高度，还沿袭此前台谏一贯说法，攻击他诋毁宋神宗：

> 原轼之心，自以素来诋谤先朝语言文字至多，今日乃欲谋为自完之谋，是以百端奸谲，欲惑天听。

宣仁太后又是按下不报。但这份奏章在苏轼去世后，仍被有心人罗列为苏轼罪名之一。

司马光在世时，新党早已失势，但随着司马光、韩琦、富弼等元老之臣去世，新党主要人物蔡确、吕惠卿蠢蠢欲动，试探他们有没有可能重返朝廷。他们找了一个默默无名的郓州教授周穜上书，提请将王安石牌位配享宋神宗庙庭。苏轼识破了他们的企图，立即大加挞伐。这样苏轼又得罪了新党，新党蛰伏在朝廷中的人物也猛烈攻击苏轼。

内外围困之下，苏轼多次上章乞请外放，并以眼疾为由，告假在家。宣仁太后终于明白，苏轼不走，朝堂不宁，只好准许了苏轼的请求，诰令苏轼以龙图阁学士充两浙西路兵马钤辖、出知杭州。

苏轼出守后，并没有获得安宁，政敌仍拿着放大镜盯着他，交攻不已。

在杭州期间，苏轼曾越职处理一起案件，后来主动向朝廷上章，请求重审。然而洛党贾易抓住不放，以此攻击苏轼，苏轼只好连上两篇《杭州谢放罪表》，进行说明。

元丰八年（1085）五月，苏轼居住宜兴时写有三首《留题竹西寺》诗，其中一首写道：

> 此生已觉都无事，今岁仍逢大有年。
> 山寺归来闻好语，野花啼鸟亦欣然。

此时宋神宗驾崩不久。贾易便加以附会，攻击苏轼把宋神宗死讯当成"好语"，属大不敬。贾易要制造第二次"乌台诗案"，置苏轼于死地。

元祐年间有宣仁太后护着，苏轼虽然累受攻击，仍安然无事。但此后苏轼几次回朝，朔党已经牢牢地掌控了政权，朝中已无其立身之地，苏轼屡进屡出，元祐六年（1091）在朝中只待了短短数月。

以苏轼的性格，或许只适合嬉笑怒骂作文章，不适合尔虞我诈为党争。

值得庆幸的是，当年攻击他的那些朔党、洛党人物，大多已被湮没在历史的荒草中，而苏轼以文学家享名后世，他的生命力和影响力可谓千古不朽。

元祐政敌中，赵挺之是个特殊的人物。他攻击苏轼，儿子赵明诚却是苏轼的"铁粉"。崇宁年间朝廷将苏轼及其弟子的诗文集列为禁书，而赵明诚根本不理会禁令，只要碰到苏轼、黄庭坚的书籍，哪怕只有半部也要买下来收藏。赵明诚的夫人更为有名，便是著名词人李清照，岳丈是位列"苏门后四学士"的李格非。

今人之所以还会提起赵挺之，只是把他作为苏轼和李清照的背景介绍。

如此而已。这就是历史。

卷六　弟子：沧海何曾断地脉

第二十一章　亦友亦徒黄庭坚

黄庭坚，字鲁直，号山谷，江西洪州府人。黄庭坚是个大孝子，二十四孝中有一则"涤亲溺器"讲的便是黄庭坚的故事。他的母亲爱干净，闻不得马桶的味道，黄庭坚从小为母亲刷马桶，几十年如一日，后来成为朝中显贵，家里仆从婢女很多，他仍亲力亲为，从不怠慢。苏轼赞叹他"瑰伟之文，妙绝当世；孝友之行，追配古人"。

黄庭坚的母亲姓李，是李常的姐姐；他的原配是孙觉的女儿。李常和孙觉都是苏轼极要好的朋友，按理说黄庭坚有条件与苏轼及早认识，及早结交，然而事实上，他们闻名于熙宁五年（1072），相交已经是元丰元年（1078）了。

黄庭坚只比苏轼小八岁，他最初并不甘心拜于苏轼门下，后来钦佩苏轼的学识，加上苏轼文坛盟主的地位不可撼动，便主动与苏轼交往，成为"苏门四学士"之首。

订交

黄庭坚治平四年（1067）进士及第，次年上任叶县尉。任职叶县期间，妻子孙氏不幸病逝。黄庭坚是个情意深重之人，熙宁五年改任大名府国子监教授，趁转官之际特地到湖州看望、安慰岳父孙觉。

孙觉为湖州太守，新建了一座亭子，叫"墨妙亭"，专门收藏碑刻法帖。孙觉写信让时任杭州通判的苏轼题诗吟咏，信中谈到女婿黄庭坚，这

涤亲溺器

是苏轼第一次听到黄庭坚这个名字。

熙宁五年（1072）十二月，苏轼因公出差到湖州。他心情激动，渴望一见黄庭坚，写诗给孙觉说："江夏无双应未去，恨无文字相娱嬉。""江夏无双"典出《后汉书》：江夏人黄香幼年丧母，思母惟切，遂尽心尽力孝敬父亲，夏天暑热，用扇子把竹席扇凉爽了才让父亲就寝；冬天寒冷，每晚用身体为父亲暖热被窝。黄香也是"二十四孝"人物之一，博学经典，写得一手好文章，人称"天下无双江夏黄童"。苏轼在这里用黄香代指黄庭坚，特意在句子下面注明："黄庭坚，莘老婿，能文。"

苏轼期盼与黄庭坚文字娱嬉，互相唱酬，没想到他剃头挑子一头热，黄庭坚听说苏轼要来，竟提前离去。

其时苏轼已名满天下，士子无不仰慕其人。黄庭坚为何故意躲避苏轼？如果不是黄庭坚有急事必须离开，那么只有一个解释，孙觉希望黄庭坚能拜苏轼为师，黄庭坚却孤傲自许，对苏轼并不服气，不愿拜入门下。

见到孙觉后，孙觉拿出黄庭坚诗文让苏轼看，苏轼阅后"耸然异之，以为非今世之人"，并从文章风格推断，此人"必轻外物而自重者，今之君子莫能用也"。不能不说，苏轼目光如炬，一眼看出黄庭坚是个自矜自负的人，不容易与人相处。

孙觉说："此人，人知之者尚少，子可为称扬其名。"他希望苏轼帮助黄庭坚扬名。苏轼笑着回答："此人如精金美玉，不即人而人即之，将逃名而不可得，何以我称扬为？"这不是婉拒，而是赞美：像这样精金美玉的人，想要不出名都难！

这是苏轼与黄庭坚第一次神交。

第二次是在黄庭坚的舅舅李常处。

熙宁九年（1076）九月底，苏轼密州秩满，到齐州去看苏辙，不料苏辙去了京师。彼时李常知齐州，苏轼在齐州盘桓了个把月，主要与李常畅游款叙。

黄庭坚十四岁父亲去世，母亲送他跟着舅舅李常游学，由李常督导其学习。黄庭坚在李常身边三年多，博览群书，研读经典，打下了深厚的学术和文学根基，李常为他作主聘娶孙觉之女。黄庭坚回忆说："长我教我，实惟舅氏"。这世上最了解黄庭坚的，就是李常。

李常处收藏有更多的黄庭坚诗文，他像孙觉一样请求苏轼指点。苏轼对黄庭坚有了更进一步了解："意其超逸绝尘，独立万物之表，驭风骑气，以与造物者游，非独今世。"赞其诗文和人品均超凡脱俗，世所少有。

这是苏轼与黄庭坚第二次神交，为他们正式交往打下坚实基础。

在密州，苏轼写下著名的《水调歌头·明月几时有》《江城子·密州出猎》《望江南·超然台作》等脍炙人口的词作，文坛盟主地位牢不可破，而黄庭坚仍籍籍无名。审时度势，高傲自矜的黄庭坚意识到二人之间的差距，决定放下身段，与苏轼交往。

元丰元年（1078）二月，在苏轼齐州会见李常一年之后，黄庭坚第一次写信给苏轼，表达了愿意拜入门下的愿望。

黄庭坚叙述自己对苏轼的仰慕之情：

> 庭坚齿少且贱，又不肖，无一可以事君子，故尝望见眉宇于众人之中，而终不得备使令于前后。伏惟阁下学问文章，度越前辈；大雅岂弟，博约后来；立朝以直言见排报，补郡辄上最课，可谓声实于中，内外称职。凡此数者，在人为难兼，而阁下所蕴，海涵地负，此特所见于一州一国者耳。
>
> 惟阁下之渊源如此，而晚学之士不愿亲炙光烈，以增益其所不能，则非人之情也。借使有之，彼非用心于富贵荣辱，顾日暮计功，道不同不相于谋；则愚陋是已，无好学之志，"讪讪予既已知之"者耳。

黄庭坚找了个借口，说因为年龄比先生小，身份比先生低，所以虽然很仰望您，但终究不敢贸然与您结交。然后他盛赞苏轼的文章人品，学问文章超过了前辈，高雅之士津津乐道，后进学生奉为典范；在朝中直言敢谏，在地方上考核最优，才华像大海一样兼收并蓄，品德像大地一样负载万物。

接下来，黄庭坚简要地介绍了自己，表达了虔诚的态度：

> 盖心亲则千里晤对，情异则连屋不相往来，是理之必然者也，故敢坐通书于下执事。……《诗》云："我思古人，实获我心。"心之所期，可为知者道，难为俗人言，不得于今人，故求之古人中耳。与我并时，而能获我心，思见之心，宜如何哉！《诗》云："既见君子，我心写兮。"今则未见而写我心矣！

黄庭坚还随信附上《古风》二首，其中一首写道：

> 江梅有佳实，托根桃李场。
>
> 桃李终不言，朝露借恩光。
>
> 孤芳忌皎洁，冰雪空自香。
>
> 古来和鼎实，此物升庙廊。
>
> 岁月坐成晚，烟雨青已黄。
>
> 得升桃李盘，以远初见尝。
>
> 终然不可口，掷置官道傍。
>
> 但使本根在，弃捐果何伤。

这首诗托物引类，把自己比作野生的江梅，没有经过园丁的栽培，侥幸像桃李一样结出果实，寄给远方的客人，不知道可口不可口。诗歌表达了与书信相同的用意。"孤芳忌皎洁，冰雪空自香"其实是黄庭坚当下的自况：生性孤傲但不被人赏识，非常盼望师长训导。

苏轼收到黄庭坚的书信已是春夏之交。因为督建黄楼，公务繁忙，入夏之后家中又有人生病，所以直到秋初才回信答复并和诗。苏轼的答书回忆了孙觉和李常的两次推荐，继而对黄庭坚投书赠诗表示感谢，表态说："喜愧之怀，殆不可胜。"又喜又愧，喜的当然是能结交到黄庭坚，愧的自然是怕难以胜任老师的职责。

苏轼的和诗写道：

> 嘉谷卧风雨，稂莠登我场。
>
> 陈前漫方丈，玉食惨无光。
>
> 大哉天宇间，美恶更臭香。

　　君看五六月，飞蚊殷回廊。

　　兹时不少暇，俯仰霜叶黄。

　　期君蟠桃枝，千岁终一尝。

　　顾我如苦李，全生依路傍。

　　纷纷不足愠，悄悄徒自伤。

　　关于这首诗的题旨，"乌台诗案"有供述：起四句"以讥今之小人轻君子，如莨莠之夺嘉谷"，其下"意言君子小人进退有时，如夏日蚊蛇纵横，至秋自息。比黄庭坚于蟠桃，进必迟，自比苦李，以无用全生。又取《诗》云'忧心悄悄，愠于群小'，以讥讽当今进用之人皆小人也"。

　　因为黄诗有"孤芳忌皎洁，冰雪空自香"的句子，苏轼对此表示深切的同情和理解，同时称赞黄庭坚如"嘉谷""蟠桃"，对黄庭坚给予热忱的鼓励和期待。

　　以这次书信往来为标志，苏、黄二人正式订交，中国文化史也因此呈现出新的气象。

初见

　　苏、黄订交后，仍然没有机会见面，不过书信往来频繁，诗词唱和尤多。黄庭坚读苏轼的诗，越读越有滋味，越读越内心佩服，对友人说："君闻苏公诗，疾读思过半。譬如闻韶耳，三月忘味叹。"那种迫不及待、如痴如醉、废寝忘食、击节赞叹的场景如在眼前。黄庭坚认为难以比附苏轼："我诗岂其朋，组丽等徘玩。不闻南风弦，同调广陵散。鹤鸣九天上，肯作家鸡伴。"把苏轼比作鹤，把自己比作家鸡。

　　元丰二年（1079）三月，苏轼移知湖州。听闻消息，黄庭坚作诗祝贺，其中有"天下无相知，得一已当半""安得垂天翼，飞就吴兴馆"的

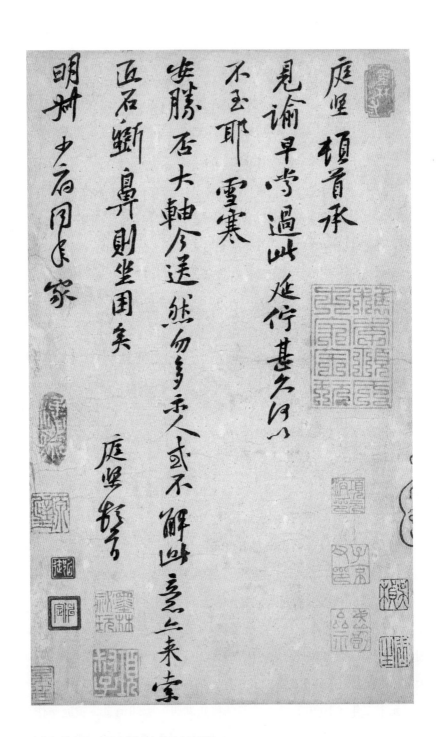

庭堅頓首承

見諭早歲過此延佇甚久歸

不至耶雪寒

安勝否大軸今送然勿多示人或不解此意二來索

匹石斷鼻則坐困矣

庭堅報

明州史君同舍家

[宋] 黄庭坚 《雪寒帖》 台北故宫博物院

句子，感念知遇之恩。

遗憾的是，他们还未来得及谋面，苏轼就陷入"乌台诗案"，被捕入狱。受审期间，苏轼有意保护黄庭坚，"不说曾有黄庭坚讥刺文字等因依"。但御史台如何肯放过这个线索，令北京留守司到黄庭坚家里搜查他们往来的书信、诗词，苏轼写给黄庭坚的《次韵黄鲁直见赠古风二首》等诗，因将新党人物比作"莨莠""飞蚊""群小"而成为罪状之一。二人还未相识，黄庭坚就被连累，罚铜二十斤。黄庭坚的舅舅李常、岳丈孙觉同时受罚。

元丰三年（1080），黄庭坚改官知泰和县，此后三年与苏轼失去联系，未见唱和之作。不过苏辙被贬筠州，与黄庭坚同属江西，相距不远，二人成为朋友。

苏辙写给黄庭坚的信中说："家兄子瞻与您交往很久了，我与您的舅舅李常关系亲密，'读君之文，诵其诗，愿一见者久矣。性拙且懒，终不能奉咫尺之书致殷勤于左右，乃使鲁直以书先之，其为愧恨可量也。'"由此可知，黄庭坚先写信给苏辙，而苏辙对黄庭坚非常推崇。黄庭坚在短时间内，给苏辙写了很多信，表达的都是辞官归隐之意和思念苏轼之情，如"欲解铜章行问道""想见苏耽携手仙"。

苏轼在黄州，也时常念叨黄庭坚。元丰五年二月，他在《答李昭玘书》中写道：

> 轼蒙庇粗遣，每念处世穷困，所向辄值墙谷，无一遂者。独于文人胜士，多获所欲，如黄庭坚鲁直、晁补之无咎、秦观太虚、张耒文潜之流，皆世未之知，而轼独先知之。

黄庭坚（字鲁直）、晁补之（字无咎）、秦观（字太虚）、张耒（字文潜），即所谓"苏门四学士"，是苏轼最得意的四位弟子。

文中又提到：

鲁直既丧妻，绝嗜好，蔬食饮水，此最勇决。

黄庭坚任叶县尉时，孙夫人去世；在北京大名府国子监任教授，娶诗人谢景初之女，元丰三年亦病逝，这一年黄庭坚三十五岁。苏轼说的"丧妻"，当指谢氏。谢氏去世时苏轼已经获罪，苏轼不仅知道谢氏去世的消息，还知道黄庭坚"蔬食饮水"，与苏辙《答黄庭坚书》中"吏事之余，独居而蔬食，陶然自得"的说法完全一致。可见在黄州，苏轼一直默默地关心、关注着黄庭坚，打听着他的消息。

李昭玘，字成季，也是苏轼的学生，彼时任徐州教授。同年十二月，苏轼又有一封给李昭玘的回信，再次提到黄庭坚："老病废学已久，而此心犹在，观足下新制，及鲁直、无咎、明略等诸人唱和，于拙者便可搁笔，不复措辞。"从文中得知，苏轼还能经常读到黄庭坚的新作。

元丰六年（1083），黄庭坚再次联系到苏轼，表达思念之情："自往至今，不承颜色，如怀古人。"随信附有一首《食笋十韵》，苏轼回了信并次韵一首。

元丰七年，苏轼量移汝州，基本恢复了自由身，乞居常州，得到恩准。黄庭坚则仕途坎坷，不知何故竟由泰和县令变为监德州德平镇。他得知苏轼被赦免的消息，欣喜之余，写下《次韵清虚喜子瞻得常州》："惊回汝水间关梦，乞与江天自在春。"

在苏轼的宣传下，黄庭坚名声渐大，文学才能很快为士大夫所认可。宋哲宗即位后，宣仁太后听政，召黄庭坚为校书郎。九月，在司马光的推荐下，黄庭坚参与《资治通鉴》的校订。

十二月，苏轼也回到京师，任礼部郎中、起居舍人、中书舍人，元祐元年（1086）九月任翰林学士、知制诰，所谓十个月四次升迁也。

苏、黄神交十五年，终于见面了。

他们见面应该在元祐元年初，黄庭坚赠送苏轼一方洮河石砚作为见面礼。苏轼有《鲁直所惠洮河石砚铭》记述其事：

> 洗之砺，发金铁。琢而泓，坚密泽。郡洮岷，至中国。弃矛剑，参笔墨。岁丙寅，斗南北。归予者，黄鲁直。

丙寅年即元祐元年，"斗东北"即北斗星柄指向东北，正是冬春之交。

苏轼在《题〈憩寂图〉诗》中记载他和李公麟共同完成《松石图》，因有"前世画师今姓李"一句，众人认为把文人士大夫与前朝画师相提并论，有辱斯文。苏轼便让黄庭坚替自己打圆场。黄庭坚解释说，李伯时的一丘一壑，是诗人的一丘一壑，不是画师的一丘一壑，"子瞻此语是真相知"。这件事发生在元祐元年正月十二日（1086年1月29日），那个时候两个人已经在一起雅集聚会，谈诗论画了。

黄庭坚晚年有《题东坡像》，写道："元祐之初吾见东坡于银台之东。"银台司是门下省的一个衙门，是苏轼任起居舍人时的办公地点。所以他们在元祐元年正月十二日之前第一次见面，应该没有问题。

从这一天起，宋朝两位顶级文人的命运就连在了一起。

提携

元祐元年十一月，苏轼试馆职，主持考试选拔馆职官员。宋朝昭文馆、史馆、集贤院、秘阁等校对、编撰岗位通称馆职，担任这些工作的大多是年轻文士，他们被视为宰执的后备梯队，前途无量。担任馆职需要经过考试选拔，一般由翰林学士主持，所以又称学士院考试。官员报考馆职，需要有进士出身，有一定履历，还要有大臣保举。

苏轼曾在治平二年（1065）凤翔府秩满后参加学士院考试，得到直史馆这个职位，直到次年苏洵去世。

苏轼鼓励他的弟子们参加馆试，黄庭坚、张耒、晁补之、毕仲游都报了名。考试结果，毕仲游第一，由卫尉丞任集贤校理。其他人也通过了考试，黄庭坚由校书郎升任集贤校理、著作佐郎。秦观由于履历不够，未能参加这次考试。

在苏轼的提携下，"苏门四学士"已经与文坛巨擘们平起平坐了。

"苏门四学士"都是文采斐然之人，苏轼认为可堪大用。元祐二年（1087）十一月，他上《举黄庭坚自代状》，要将自己翰林学士和知制诰职务让给黄庭坚：

> 蒙恩除臣翰林学士。伏见某官黄某，孝友之行，追配古人；瑰玮之文，妙绝当世。举以自代，实允公议。

寥寥数语中，尽是对黄庭坚的欣赏和褒扬。于是，黄庭坚除著作郎。

苏轼不遗余力提拔门人和弟子，虽然是为国举才，却触发了元祐党争，引起洛党、朔党的不满，监察御史赵挺之上书弹劾苏轼，其中一条罪状便是"其举自代，乃荐黄庭坚"，评价黄庭坚"轻薄无行，少有其比""罪恶尤大，尚列史局"。在赵挺之不遗余力的攻击下，黄庭坚著作郎未能上任，依旧为著作佐郎。

元祐三年正月，苏轼知贡举，吏部侍郎孙觉、中书舍人孔文仲同知贡举。知贡举有权力按自己意愿组建考官队伍，苏轼辟黄庭坚为参详官，秦观、晁补之、李公麟、刘安世等为点检试卷官，协助主考官批改卷子。

省试要锁院，在贡院与外界隔绝四十多天，考官们过集体生活。这些人都是苏轼的朋友、弟子，他们日夜相处，和睦融洽。他们在锁院公务之余，就是饮酒作诗，嬉笑怒骂皆成文章，日后都是文人佳话。

因为年岁相差不多，加上黄庭坚学识文章与苏轼相差无几，黄庭坚会经常跟苏轼开玩笑，甚至称苏轼为"苏二"。其他弟子很是眼热，对黄庭坚暗生不满。

省试是他们毕生难忘的回忆。建中靖国元年（1101）五月，黄庭坚与王霖等人在沙市舟中一起观赏苏轼墨迹，题跋于字后：

> 东坡居士极不惜书，然不可乞。有乞书者，正色诘责之，或终不与一字。元祐中锁试礼部，每来见过，案上纸不择精粗，书遍乃已。性喜酒，然不能四五龠已烂醉，不辞谢而就卧，鼻鼾如雷。少焉苏醒，落笔如风雨，虽谑弄皆有义味。真神仙中人，此岂与今世翰墨之士争衡哉！

苏轼书法极佳，皆随性而写，不轻易送人。黄庭坚在锁院时目睹苏轼酒前醉后书写情形，落笔如风雨，感叹如神仙中人。

流放

随着旧党的分裂，元祐党争加剧，朝中大臣分成"洛党""蜀党""朔党"三派，按王应麟《小学绀珠》的说法：洛党，程颐为领袖，朱光庭、贾易等为羽翼；蜀党，苏轼为领袖，吕陶等为羽翼；朔党，刘挚为领袖。

所谓的蜀党还包括苏辙以及苏门弟子。

元祐四年（1089）三月，苏轼受到排挤，出知杭州。有宣仁太后的庇护，苏轼弟子在政治上受影响不大，黄庭坚继续留在秘书省和史局。不过，在文学上，失去了苏轼这个知音，黄庭坚一度消沉，作诗很少，任渊《〈山谷诗集注〉目录》说：

山谷在京师多与东坡唱和。四年夏，东坡出知杭州，遂无诗伴，而山谷常苦眩冒，多在史局，又多侍母夫人医药，至六年六月遂丁家艰，故此数年之间作诗绝少。

黄庭坚于元祐六年（1091）三月完成《神宗实录》的修撰，到六月他的母亲去世了，黄庭坚回乡丁忧。而苏轼在元祐六年五月受诏以兵部尚书还朝，到达京师大约在六月之后，二人失之交臂。

黄庭坚元祐八年九月丁忧期满，任秘书丞，提点明道官，兼国史编修官。但这一月朝廷发生了一件大事，宣仁太后薨了，宋哲宗亲政，黄庭坚意识到时局将变，上章极力辞免，居家待命。

绍圣元年（1094）闰四月，苏轼以所谓"讥斥先朝"罪，落职追官，贬谪英州，再贬惠州。而黄庭坚被台谏指责《神宗实录》歪曲、丑化了先帝，令赴京调查。七月，行至鄱阳湖畔，黄庭坚刚好在此与苏轼相遇。

鄱阳湖又称彭蠡湖，二人在此相聚三日，苏轼为黄庭坚作《黄鲁直铜雀砚铭》，大约意识到以后见面的可能性不大了，苏轼分外珍惜，亲自将铭词刻在砚台上，以作纪念。

果然如苏轼所料，此别即是永别。

黄庭坚十一月抵达京畿陈留，十二月责授涪州别驾，黔州安置，次年四月到黔州，元符元年（1098）又移戎州。黔州、戎州都在西南偏远之地，离京城千山万水，比岭南、海南好不了多少。

听到黄庭坚被贬黔州的消息，苏轼写下《桄榔杖寄张文潜一首时初闻黄鲁直迁黔南范淳父九疑也》："遥知鲁国真男子，独忆平生盛孝章。"盛孝章名宪，吴地名士，鲁人孔融的朋友，受到孙策、孙权兄弟的猜忌。孔融想救盛孝章，但晚了一步，盛孝章为孙权所害。苏轼以盛孝章比黄庭坚、范祖禹，为他们的命运感到担忧。

黄庭坚也在牵挂着苏轼，他给苏轼写信介绍自己的情况，并表达对老师的关心。苏轼回信安慰他说，我在惠州已安顿好了，听说黔州的风土人情类似长沙，想来不算太坏，应该还能忍受。

"刘郎已恨蓬山远，更隔蓬山一万重。"岭南、黔南都是群山连绵，苏轼、黄庭坚路途隔绝，书信往来都极其困难，只能在回忆中慰藉彼此的友情。

元符元年（1098）重九日，黄庭坚在戎州与僧、道、子、侄等诸人登山，途中见到苏轼题词，"低回其下，久之不能去"。之所以再三徘徊不愿离开，一是思念苏轼，二是感伤他们共同的凄凉命运。

元符二年，黄庭坚见到一封苏轼写给王庆源的书信。苏轼的尺牍是难得的收藏品，后面少不了名人题跋。而这幅字却鲜为人知，尚未受到重视，黄庭坚在书后题道："东坡道人书尺，字字可珍，委顿人家蛛丝煤尾败箧中，数十年后，当有并金悬购者。"意思是现在你们把这些字画不当回事，数十年后将价值不菲。

黄庭坚诗文已入臻境，与苏轼齐名，并称"苏黄"，而且开创了一代诗风，被后来的"江西诗派"奉为始祖。他的书法也闻名于世，同样与苏轼齐名，位列"苏、黄、米、蔡"四大家之一。他们的书法尺牍在当时都已属珍品。

苏轼和黄庭坚书法交流频繁。元符三年，宋徽宗即位，黄庭坚得到赦免，改为监鄂州盐税，但因江水暴涨，不便出峡。因姑表弟在青神为县尉，黄庭坚便趁此机会到青神县去看望姑姑。在这里，黄庭坚见到了苏轼最著名的书法作品《寒食帖》，欣然题跋，对苏轼的诗、书都给予高度评价：

> 东坡此诗似李太白，犹恐太白有未到处。此书兼颜鲁公、杨少师、李西台笔意。试使东坡复为之，未必及此。它日东坡或见此书，应笑我于无佛处称尊也。

颜鲁公即颜真卿，唐朝书法家；杨少师名杨凝式，五代书法家；李西台即李建中，宋初书法家。

虽然苏轼的书法作品每一幅都是稀世珍宝，但黄庭坚还是从中发现了最大、最亮的那一个——《寒食帖》。此帖被誉为"天下行书第三"，仅次于王羲之的《兰亭集序》和颜真卿的《祭侄文稿》，在苏轼作品中当之无愧排名第一。《寒食帖》是苏轼在黄州特殊心境下的即兴之作，印证了黄庭坚的评语："试使东坡复为之，未必及此。"

黄庭坚在青神县耽搁些时日，建中靖国元年（1101）才行到荆州。他满怀希望这次回来能够很快见到苏轼，故次韵东坡的七夕词曰：

> 八年不见，清都绛阙，望河汉、溶溶漾漾。年年牛女恨风波，算此事、人间天上。　　野麋丰草，江鸥远水，老去惟便疏放。百钱端往问君平，早晚具、归田小舫。

"八年"即从彭蠡分别至此首尾共八年。黄庭坚以牛郎织女难得相见类比自己和东坡，思念难平。然而黄庭坚终究未能见到老师，苏轼于是年七月二十八日仙逝。

黄庭坚无比悲痛，据邵博《邵氏闻见后录》记载：

> 赵肯堂亲见鲁直（黄庭坚）晚年悬东坡像于室中，每早作衣冠，荐香肃揖甚敬。或以同时声名相上下为问，则离席惊避，曰："庭坚望东坡门弟子耳，安敢失其序哉！"

黄庭坚在屋里悬挂苏轼像，每天早上都要上香祭拜。有人问他们谁的名声更大，黄庭坚站起来诚惶诚恐地说："庭坚是东坡门下弟子，怎敢乱了秩序。"

余生岁月，黄庭坚多次在文字中表达对苏轼的敬仰和怀念。

仅崇宁元年（1102），其涉及苏轼的文字多达四十余篇。是年初夏，他给友人写信："去年失秦少游，又失东坡苏公，今年又失陈履常，余意文星已宵坠矣。"六月，他被任命为知太平州，打算到任后派人去祭奠苏轼，可惜上任九天就被免职。

黄庭坚在书信、诗文中多次称苏轼为"玉人""伟人"，足见其对苏轼的崇敬。正如他在一篇跋文中所写：

> 东坡先生道义文章，名满天下，所谓青天白日，奴隶亦知其清明者也。心悦而诚服者，岂但中分鲁国哉！士之不游苏氏之门，与尝升其堂而畔之者，非愚则傲也。

埋葬苏轼时，苏辙作墓志铭，黄庭坚给苏辙写信，自告奋勇要书写这篇墓志铭，但不知何故，苏辙并未用黄庭坚书。

此后赵挺之为相，残酷打击报复黄庭坚，黄庭坚被列入"元祐党人碑"，一再被除名外放，崇宁四年九月三十日（1105年11月8日）病逝于宜州。

去世前数月，黄庭坚还评价苏轼说：

> 轩辕弥明不解世俗书而无一字，东坡先生不解世俗书而翰墨满世，此两贤，隐见虽不同，要是魁伟非常人也。

轩辕弥明是唐宪宗时道士，世外高人，而苏轼则是不解世俗书的入世伟人。

知师者，莫如弟子；知东坡者，莫如山谷。

第二十二章　于四学士中最善少游

秦观，字少游，又字太虚，号淮海居士、邗沟居士。

民间传说，秦观是苏轼的妹夫，并由此衍生出许多生动的故事。最有名的莫过于"苏小妹三难新郎"：苏轼的妹妹文采出众，不输于兄。苏老泉将女儿许配给了秦观。新婚之夜，秦观兴致勃勃地要入洞房，却吃了个闭门羹。原来，苏小妹要测试夫婿的才学，出了三道题。第三道是个联对，苏小妹出上联"闭门推出窗前月"，让秦观对下联。这下可难住了新郎官，他眉头紧蹙、苦思冥想也对不出中意的联句。

秦观嘴里不停地念叨着联句，在院子里转来转去，时不时做出以手推窗的动作。恰好苏轼夜间散步，远远瞧见秦观，有心帮他解围，就拾起一个小石子，投向院中央的水池里。石子溅起水花，秦观来了灵感，遂对出佳句："投石冲破水中天。"

传说终归是传说，苏轼只有一个姐姐，结婚不久就去世了，并没有妹妹，秦观更不可能是他的妹夫。

［清］陈撰 《苏小妹像》 上海博物馆

不过，秦观是苏轼最欣赏、最中意的弟子，却是不争的事实。叶梦得《避暑录话》介绍得没错："苏子瞻于四学士中最善少游。"

惟愿一识苏徐州

秦观是高邮人，孙觉也是高邮人，秦观年轻时投奔孙觉，在孙觉幕府任职。孙觉平日没少念叨苏轼这位文学奇才，秦观听在耳中，记在心里，便产生了从苏轼游的想法。

苏轼是文学泰斗，如何才能引起他的关注，让他将自己收入门下？秦观还是动了一番脑子。

宋人惠洪《冷斋夜话》记载：

> 东坡初未识少游，少游知其将复过维扬，作坡笔语，题壁于一山寺中。东坡果不能辨，大惊。及见孙莘老，出少游诗词数十篇读之，乃叹曰："向书壁者，定此郎也。"

秦观得知苏轼要过扬州，在他的必经之地，一座山寺的墙壁上题诗，模仿苏轼的笔迹和风格，故意让苏轼看到。苏轼大惊，以为真的是自己的作品，继而又困惑，为什么自己没有一点记忆？

这样的场景颇有戏剧性，但可信度不高。秦观诗风、书风与苏轼迥异，特别是词，一个婉约，一个豪放，很容易分别。

假定书中叙述属实，应当发生在苏轼离开杭州、上任密州之际，途经扬州。那一年是熙宁七年（1074），苏轼三十八岁，秦观二十六岁。

后来苏轼见到孙觉，孙觉向苏轼推荐秦观，请他批点秦观的诗词，苏轼恍然大悟："过去在扬州一处山寺墙壁上题诗的，一定是这家伙了。"

但他们并没有马上见面。

君不見詩人借車無可載留得一錢
何足賴晚年更似杜陵翁右臂雖存
耳先聵人將蟻動作牛鬪我覺風
雷真一噫閒塵掃盡根性空不須更枕
清流派大朴初散頭混沌六鑿相攘更
朦壞眼花亂墜酒生風口業不停詩
債君知五蘊皆是賊人生一病今先差
但恐此心終未了不見不聞還是礙今君
疑我特佯聾故作嘲詩窮險怪須防
額癢生三丁莫放筆端風雨快

次韻秦太虛見戲耳聾詩

［宋］苏轼　《次韵秦太虚见戏耳聋诗帖》　台北故宫博物院

熙宁十年（1077），李常由知齐州转淮南西路提点刑狱，路过徐州，与苏轼畅谈甚欢。李常到扬州时见到秦观，介绍秦观前去拜谒苏轼。恰好秦观要进京赶考，就带着李常的介绍信来到了徐州。

跟黄庭坚很相似，他们归入苏轼门下，介绍人都是孙觉、李常。

元丰元年（1078）四月，秦观前往徐州拜谒苏轼，苏轼一见之下，分外赏识，当即作诗称颂秦观：

> 夜光明月非所投，逢年遇合百无忧。
>
> 将军百战竟不侯，伯郎一斗得凉州。
>
> 翘关负重非无力，十年不入纷华域。
>
> 故人坐上见君文，谓是古人吁莫测。
>
> 新诗说尽万物情，硬黄小字临黄庭。
>
> 故人已去君未到，空吟河畔草青青。
>
> 谁谓他乡各异县，天遣君来破吾愿。
>
> 一闻君语识君心，短李鬓孙眼中见。
>
> 江湖放浪久全真，忽然一鸣惊倒人。
>
> 纵横所值无不可，知君不怕新书新。
>
> 千金敝帚那堪换，我亦淹留岂长算。
>
> 山中既未决同归，我聊尔耳君其漫。

那一年秦观三十岁，苏轼在这个年龄已经任馆职了，而秦观却屡考进士不中，所以苏轼才有"将军百战竟不侯，伯郎一斗得凉州。翘关负重非无力，十年不入纷华域"这样的句子，为秦观鸣不平。

第一次相见，就确定了苏轼与秦观的友谊不同于他人。

临别时，秦观写下《别子瞻》，表达对苏轼的仰慕：

［宋］秦观 《摩诘辋川图跋》 台北故宫博物院

人生异趣各有求，系风捕影只怀忧。

我独不愿万户侯，惟愿一识苏徐州。

徐州英伟非人力，世有高名擅区域。

…………

故人持节过乡县，教以东来偿所愿。

天上麒麟昔漫闻，河东鸑鷟今才见。

不将俗物碍天真，北斗以南能几人。

把苏轼比作天上的麒麟、河东的鸑鷟，比作北斗星，这样的誉美之词几乎无以复加了。

尤其"我独不愿万户侯，惟愿一识苏徐州"，虔诚之心令人动容。

苏轼在徐州重修黄楼，见到文人学士便邀作赋咏之，秦观也不例外。对老师布置的作业，秦观很重视，很快用骈文写成了《黄楼赋》，辞藻瑰丽，想象丰富，确是赋中佳作。苏轼知道秦观有才，但没想到水平已经力压前贤，惊喜之余写了一首诗赠给秦观，其中一句：

> 雄辞杂今古，中有屈宋姿。

这一句成为文坛对秦观的经典评价。"屈宋"指屈原和宋玉。

秦观的强项是诗词歌赋，然而王安石变法，贡举不再考诗赋，对秦观极为不利，这年秦观落榜了。消息传来，苏轼安慰秦观说："这不是你的损失，这是有司的不幸。"

秦观家境贫寒，甚至买不起书，需要到亲戚处借书读。落榜后他遭人白眼，心情郁闷，把自己的遭遇写信告诉了苏轼。苏轼暗下决心，一定要帮助秦观取得功名，改善他的处境。

不遗余力荐秦观

元丰二年（1079）三月，苏轼由徐州移知湖州，途经高邮，与秦观和诗僧参寥结伴南下，同游无锡、惠山，每到一处都要赋诗唱和。

彼时山雨欲来，朋友们已经听到许多对苏轼不利的消息，而苏轼却浑然不觉。秦观提醒苏轼，苏轼不以为然，装聋作哑。

苏轼没有听从秦观的规劝，还是惹了大祸，招致了"乌台诗案"，被贬黄州。

在黄州，苏轼极少与人来往，包括"大弟子"黄庭坚，但与秦观的联系没有中断。相反，读苏轼黄州期间写给秦观的信，事无巨细尽铺陈于纸上，絮絮叨叨，啰哩啰唆，像一个与街坊聊天的中年妇女。比如老乳母丧了，堂兄去世了；开始养生了；借了三间房居住，准备闭关不出；李常近日来看我了，孙觉却不给我写信；我在这里交了几个朋友，王生杀鸡做饭招待我，潘生开了间酒店，我是他们的老主顾；还有当地土特产和物价，米多少钱一斗，羊肉跟北方的没有区别，猪、獐、鹿、鱼、蟹太便宜了……

苏轼在黄州太无聊了，需要有人聊天，有人倾听，而秦观就是最合适的人选，不用担心说错话，不用担心对方不耐烦。

这就是苏轼与秦观的友谊，想说就说，无所不谈。

苏轼最关心的当然还是秦观的文学和科考。宋代科考已经糊名，主考难以确认哪一张试卷是哪一位考生的，但毕竟每位贡生文章风格不一样，还有依稀辨识的余地。欧阳修曾把苏轼的试卷错认为曾巩的，苏轼知元祐三年（1088）贡举也有错认试卷的经历，可见主考若想提携贡生，并非完全没有机会，所以宋朝仍然保留着贡生考前行谒显贵的风气。秦观屡考不中，与无人推举、没有渠道行谒也有一定的关系。当下王安石虽已罢相，但对政坛的影响不容小觑。元丰四年（1081），淮南转运副使李琮行书向苏轼咨询西南边陲军事策略，李琮是江宁人，与王安石熟识，苏轼有《答李琮书》，在信的结尾，恳请李琮向王安石引荐秦观："秦太虚维扬胜士，固知公喜之，无乃亦可令荆公一见之欤？"

不过李琮可能并没有把苏轼的请求当回事。

元丰七年，苏轼恢复了自由身，四月别雪堂、游庐山，五月会苏辙于筠州，六月送长子苏迈赴德兴任，七月、八月谒见罢相王安石。有一种说法，正是为秦观的前途着想，苏轼才放下恩怨试探着去拜会王安石。在江宁，苏轼向王安石力荐秦观，希望王安石利用政坛影响力，帮助秦观科考入仕。

告别王安石后，苏轼与秦观相约在江南会面。这时秦观心情灰暗，把所有心思都用在写诗作文上，自编《淮海诗文集》十卷。苏轼立即派人将诗文集送给王安石一份，再次向王安石推荐秦观。

读了秦观的诗文，王安石赞不绝口：

得秦君诗，手不能舍。叶致远适见，亦以为清新妩丽，与鲍、谢似之。不知公意如何？余卷正冒眩，尚妨细读。尝鼎一脔，旨可知也。公奇秦君，数口之不置；吾又获诗，手之不舍。然闻秦君尝学至言妙道，无乃笑我与公嗜好过乎？

苏轼与秦观同游江南，一直到十一月份，秦观又要赴京赶考，这才于淮上饮别。

元丰八年（1085），秦观终于考中了进士，得官定海主簿。

后会不知何处是

元祐二年（1087），苏轼任翰林学士知制诰，立即推荐秦观为太学博士，后迁秘书省正字。这时苏门"四学士"和"六君子"齐聚京城，有了更多雅集与唱和的机会，其中秦观参加了著名的"西园雅集"。

邵博《邵氏闻见后录》有一则故事，可见苏轼、秦观当时交游的情况：

秦少游在东坡坐中，或调其多髯者。少游曰："君子多乎哉？"

东坡笑曰："小人樊须也。"

没有人会想到，词风婉约的秦观会是个大胡子。有人拿大胡子取笑他，秦观用《论语》中的句子解嘲，而苏轼对这位弟子更"损"，同样用《论语》中的句子称秦观为"小人"。他们用了谐音梗，"多乎"同"多胡"，"樊须"是孔子的弟子，这里同"繁须"，指胡子多。

如果不是亲密无间，不会开这样的玩笑。

　　随着苏门弟子队伍的扩大和交往的深入，这引起洛党、朔党人物的忌妒，他们疯狂攻击苏轼，秦观也被牵连其中。苏轼和鲜于侁举荐秦观参加"贤良方正直言极谏科"制科考试，但秦观被人以莫须有的罪名诬告，被刷了下来。

　　苏轼在《辨贾易弹奏待罪札子》提到，贾易弹劾秦观与御史中丞赵君赐勾结，借此剑指苏轼。在这种情况下，苏轼于元祐四年出知杭州，秦观也在元祐六年（1091）被罢去秘书省正字。元祐七年八月，苏轼还朝，秦观的仕途达到顶点，授左宣德郎，又秘书省正字兼国史院编修官，参与编修《神宗实录》，风光无限。

　　然而，宋哲宗亲政后，苏轼被贬岭南，作为苏轼的得意门生，秦观难逃厄运。苏门弟子中，秦观入职最短，受到的处罚却最重。他以"影附苏轼，增损实录"的罪名，于元祐八年贬监处州酒税。反对派派人紧盯着他，等他犯错。绍圣三年（1096），因为"谒告写佛书"这种莫名其妙的罪名，削秩徙郴州。削秩指削去所有官职封号，是对士大夫最严重的惩罚之一。绍圣四年又编管横州。

　　"国家不幸诗家幸，赋到沧桑句便工。"秦观屡试不中之时，写下《满庭芳·山抹微云》，这是他的代表作之一，苏轼极其欣赏这首词，还送给秦观一个"山抹微云秦学士"的雅号。在贬往郴州路上，秦观写下了另一首代表作《踏莎行·郴州旅舍》：

　　　　雾失楼台，月迷津渡，桃源望断无寻处。可堪孤馆闭春寒，杜鹃声里斜阳暮。　　驿寄梅花，鱼传尺素，砌成此恨无重数。郴江幸自绕郴山，为谁流下潇湘去。

　　词的上阕写谪居中寂寞凄冷的环境，下阕写远方友人的殷勤致意。

　　从词中可以看出，在坎坷的仕途生涯中，秦观越来越伤感、忧郁。在胸襟上，秦观远不如苏轼豁达超脱，这大概是他早亡的原因之一吧。

在处州、郴州、横州，苏轼和秦观几乎失去了联系。元符元年（1098），秦观再徙雷州，而苏轼已贬谪儋州。同在化外之地，这时他们复通音讯，苏轼文集中保留了他们的通信记录。

元符三年，苏轼遇赦回到内地，量移廉州。秦观比苏轼更先得到消息，立即差人将这一喜讯报告给老师。苏轼将信将疑，回信说：

> 前所闻，果的否？若信然，得文字后，亦须得半月乃行。自此径乘蜑船至徐闻出路，不知犹及一见否？

他还告诉秦观："至渡海前一两日，当别遣人去报也。若得及见少游，即大幸也。"

六月，苏轼与秦观会于海康，临别时秦观以一首《江城子》送别老师：

> 南来飞燕北归鸿，偶相逢，惨愁容。绿鬓朱颜，重见两衰翁。别后悠悠君莫问，无限事，不言中。　　小槽春酒滴珠红，莫匆匆，满金钟。饮散落花流水、各西东。后会不知何处是，烟浪远，暮云重。

词句通俗易懂，秦观一是感叹二人都已衰老，二是感叹相见不易，下次相会不知何时。

秦观曾自作一篇挽词，人皆以为不祥之兆。不过，文人本身特立独行，苏轼当时也没有把这件事放在心上。据其他书籍记载，苏轼拍了拍秦观的肩膀安慰他说："我也曾自作墓志铭，密封起来放在身边，不让苏过知道。"

苏轼没想到这次分别真的成了永别。一个月后，八月十二日，秦观卒于藤州光华亭。

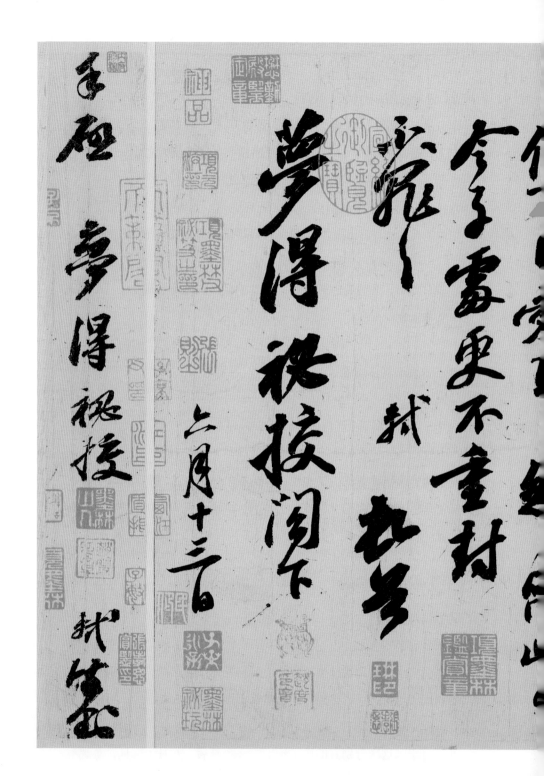

［宋］苏轼 《渡海帖》（又名《致梦得秘校尺牍》） 台北故宫博物院

武将渡海宿澄邁承
今子見訪知
泣者未歸又云退已到桂府
莫果不廢發浮於海康
相遇不不則未知
後會之期此区，無他禱惟

343

关于秦观的死，《宋史·秦观传》有比较传奇的记载：

> 徽宗立，复宣传郎，放还。至藤州，出游光华亭，为客道梦中长短句，索水欲饮，水至，笑视之而卒。

对于爱徒之死，苏轼一是震惊，二是悲伤，在给友人的信中多次表达痛惜之情："闻少游噩耗，两日为之食不下。""途中闻秦少游奄忽，为天下惜此人物，哀痛至今。""哀哉少游，痛哉少游，遂丧此杰耶？"

秦观去世时年仅五十二岁，是"苏门四学士"中辞世最早的一位。一年之后，苏轼在常州去世。苏轼对秦观的情义，仅次于家人，从这个意义上说，秦观早一步离开，大概是为了在天上侍奉师尊吧。

第二十三章 学士中的"小圈子"

黄庭坚、秦观、张耒、晁补之，是苏轼最优秀的弟子，苏轼多次将他们并提，因此有"苏门四学士"之称。"四学士"之外，还有"后四学士"，他们是：李格非、廖正一、李禧、董荣。在这些弟子门人中，张耒、晁补之、李格非三人关系较好，交往较多，虽然没有并称，其实是个"小圈子"。

张耒

张耒字文潜，自号柯山，人称宛丘先生。张耒早慧，熙宁六年（1073），十九岁即考中进士。

未考进士前，张耒游学陈州，苏辙为陈州教授，二人相识，很快成了忘年交。苏轼于是年通判杭州，不久通过孙觉发现了黄庭坚。苏轼把发现黄庭坚的消息写信告诉苏辙，苏辙自然会向苏轼介绍张耒。

熙宁八年秋，苏轼知密州，作《后杞菊赋》，寄给涟水令盛侨品读。当时张耒授临海县主簿，因公出差路过涟水县，盛侨便将苏轼《后杞菊赋》让张耒看。张耒当即作《杞菊赋》盛赞苏轼：

> 胶西先生，为世达者。文章行义，遍满天下。

胶西即密州，代指苏轼。

张耒这篇《杞菊赋》应该很快传到了苏轼的耳中，苏轼对张耒的文才有了更进一步的了解。

不久，苏轼修超然台，遍请天下文章名家为之作记、作赋，前辈文彦博、司马光，友人文同、李清臣、鲜于侁都有文字。苏轼想起张耒这名"后起之秀"，但显然，这时他们之间还没有直接的联系，他便通过老友刘攽向张耒发出了邀请。张耒欣然命笔，创作了《超然台赋》。

元丰二年（1079），苏轼守湖州。张耒始终关注着苏轼的活动，给苏轼的方外之交参寥写诗称颂苏轼："苏公守吴兴，山水方有主。子兮从之游，挂锡当可驻。"

八月，苏轼被诬下狱，继而流放黄州。张耒在给黄庭坚的信中描述当时的情形：

> 苏公黜官，贬走数千里外，放之大荒积水之上，饭粥不给，风雨不蔽。平日之誉德美者皆讳之矣，谁复议于苏公之徒哉。宜其灭息掩抑，而莫敢言之矣。

平日赞颂苏轼的人都不敢说话了，谁还敢承认自己是苏轼的学生呢？元丰五年，苏轼在书信中提到张耒，已经明确了二人的师徒身份。苏轼在《答李昭玘书》中将张耒与黄庭坚、晁补之、秦观并列，无疑已收入门下。此时二人应该已经相识，但见面于何时，他们的书信和有关史料均未明确记载。

元丰八年，苏轼回京，张耒时任咸平县丞，派人到京向苏轼祝贺，并送来了自己的新作请求指导。苏轼写了一封回信：

> 轼顿首文潜县丞张君足下。久别思仰。到京公私纷然，未暇奉书。忽辱手教，且审起居佳胜，至慰！至慰！

惠示文编，三复感叹。甚矣，君之似子由也。子由之文实胜仆，而世俗不知，乃以为不如。其为人深不愿人知之，其文如其为人，故汪洋淡泊，有一唱三叹之声，而其秀杰之气，终不可没。作《黄楼赋》乃稍自振厉，若欲以警发愦愦者。而或者便谓仆代作，此尤可笑。"是殆见吾善者机也。"

文字之衰，未有如今日者也。其源实出于王氏。王氏之文，未必不善也，而患在于好使人同己。自孔子不能使人同，颜渊之仁，子路之勇，不能以相移，而王氏欲以其学同天下！地之美者，同于生物，不同于所生。惟荒瘠斥卤之地，弥望皆黄茅白苇，此则王氏之同也。近见章子厚言，先帝晚年甚患文字之陋，欲稍变取士法，特未暇耳。议者欲稍复诗赋，立《春秋》学官，甚美。

仆老矣，使后生犹得见古人之大全者，正赖黄鲁直、秦少游、晁无咎、陈履常与君等数人耳。如闻君作太学博士，愿益勉之。"德辀如毛，民鲜克举之。我仪图之，爱莫助之。"此外千万善爱。偶饮卯酒，醉。来人求书，不能复馈缕。

文中第一段有"久别思仰"的句子，透露出二人的交往信息，即很久前曾见过面。这个"久"应不少于三年。可以推测，张耒给黄庭坚写信后不久，即不顾世人非议，毅然前去拜访苏轼，明确了师徒名分。

书信的第二段评价张耒的文才，说他的性格文风像苏辙：其文如其为人，故汪洋淡泊，有一唱三叹之声，而其秀杰之气，终不可没。

第三段表明了苏轼的文学主张：文学应百花齐放，求同存异。苏轼在文学上提携后进，尊重他们的风格，弘扬他们的特长，并不要求跟自己保持一致。比如他的词豪放，而弟子秦观却是婉约派代表，这不妨碍苏轼对秦观的认同。苏轼批评王安石"患在于好使人同己"，为天下的读书人制定条条框框，追求整齐划一，在价值观和文风上排斥异己。苏轼与王安石的差别，不仅仅是教学思想的差别，更是文化思想和意识形态的差别。

当然，苏轼批判王安石，主要针对的还是王安石变法取消了诗赋一科。

最后苏轼对张耒等提出了期望。

元祐元年（1086）末，范纯仁举荐张耒参加馆试，张耒提前到京城备考。十一月十九日，他和黄庭坚、晁补之等弟子到苏轼家作客。他们一点也不客气，翻腾苏轼的书稿，找出苏轼在黄州写的《黄泥坂词》，那是苏轼醉后所书，字迹潦草，还有很多地方涂抹改动，不容易辨析。几个人根据上下文意思，把不清楚的地方补齐，张耒重新誊抄了一份留给老师，自己把原稿拿走了。

十二月，苏轼试馆职，这几位弟子都考上了，张耒被任命为秘书省正字。对于长期在县里任副职的张耒来说，这是仕途上的飞越。

那一段时间，师徒友谊进入了高潮期。他们唱和颇多。有一次，张耒到王直方家，作一首长诗。五天之后，苏轼造访王直方，读到张耒的诗，赞叹道："此不是吃烟火食人道底言语。"那几句诗是："漱井消午醉，扫花落晚凉。众绿结夏帷，老红驻春妆。"

在"苏门四学士"中，黄庭坚几欲与苏轼比肩，苏轼以朋友待之，而对秦观和张耒称颂较多。元祐五年正月知杭州时，秦观的弟弟秦觏从苏轼学，回乡探亲，苏轼作文为他饯行，称张耒和秦观为超逸绝尘之士。苏轼还认为："秦得吾工，张得吾易，而世谓工可致而易不可致。""工"即严谨，"易"即平实，严谨容易平实难。从这个评价看，苏轼甚至认为张耒超过了秦观。晁补之有诗形容张耒文风："君诗容易不著意，忽似春风开百花。"称赞张耒的诗歌无斧凿之痕。

张耒为馆职八年，绍圣元年（1094），受苏轼连累，被攻击参与《神宗实录》时采纳了谤史，出知润州。不久，苏轼被贬英州，张耒专门派老兵王告和顾成护送照料。苏轼记述说："方某流离道路时，告奉事无少懈，又不惮万里再来。……当时同来者顾成，亦极小心。"中途，诏改贬惠州，王告二人又跟随到惠州，毫无怨言。王告归润时，苏轼将一根桃榔方杖托他送给张耒，以表谢意。

后来张耒再贬宣州，又为黄州酒税，但他仍遣使到岭南向苏轼问候。苏轼在贬所也想念张耒，曾手书张耒的《寒衣歌》。苏轼到了儋州，受眼疾和牙齿松落困扰，想起张耒过去的一段谏言，遂写在开元寺的墙壁上："眼恶点濯，齿便漱琢。治眼当如治民，治齿当如治军。治民如曹参之治齐，治军如商鞅之治秦。此张文潜言也，而吾喜书之。"

宋徽宗建中靖国元年（1101），苏轼受赦北归，张耒欢欣鼓舞，写诗相庆。可没想到，苏轼不久竟病逝于常州。时张耒知颍州，无法前去吊唁，便拿出自己的官俸，在荐福禅院为恩师饭僧缟素而哭。也正因为这件事，崇宁中他又被人弹劾，贬为房州别驾，黄州安置。政和四年（1114），他在贫困交加中抑郁而亡。

晁补之

"苏门四学士"中，晁补之最早拜入苏轼门下。

熙宁四年（1071），苏轼通判杭州，晁补之的父亲晁端友任杭州治下新城令。晁补之随父居住，非常想拜苏轼为师，次年投书门下，但苏轼没有回应。

熙宁六年，苏轼巡视新城，晁补之怎能放过这个难得的机会，袖文以见。苏轼看了他的文章，欣喜地说："我可以搁笔了。"这标志着晁补之正式成为苏门弟子。

晁补之学习很刻苦，他自己说：

> 辱在先生门下，虽疾风苦雨，晨起夜半，有所请质，必待见先生

而后去。先生亦与之优游讲析，不记寝食，必意尽而后止。

其他文献中，多记载苏轼与弟子亲密无间、平等相处，或在诗文章法、具体语句上予以指导。从上述资料中可知，苏轼教学也是不辞劳苦的。

苏轼带着晁补之游历杭州山水，为他介绍人物掌故，根据其行文特点，让他效仿枚乘、曹植。在苏轼的指导下，晁补之写成了《七述》。这是一部记述杭州风情、历史的著作，是晁补之的成名作。

苏轼由杭州移知密州，晁补之也回到了老家齐州。苏轼罢知密州，先到齐州，又回京城，在范镇的东园借居两个多月。晁补之先是在中途汶水之岸等待老师，为老师接风饯行，后意犹未尽，专程赶到京师谒见苏轼。

晁补之如饥似渴学习的情形如在眼前。

元丰二年（1079），晁补之以开封府举子资格进行科考，府试和礼部别院考试均为第一。宋神宗赞其文曰："是深于经术者，可革浮薄。"他得到的第一个职务是澶州司户参军。

及第后，晁补之专门写信感谢老师栽培之功："补之敢不益自检束，期终教育之赐。"他解释科考的原因："自吴归鲁，先人谢世，家四壁立，偏亲需养，婚姻日逼，少业慵惰，不能作业。念无以奉朝夕，束书薄游，为苟且之图，分外得之，粗饱为幸。"大意是太穷了，只能出仕养家。

同黄庭坚、张耒一样，晁补之于元祐三年（1088）苏轼试馆职时考中，升为秘书省正字，又升为校书郎。这是师徒欢聚的日子，也是文坛盛事，史称"一时文物之盛，自汉唐以来未有也"。宋人张守记其盛状云：

自东坡先生主斯文之盟，则闻先公（晁补之）与黄鲁直、张文潜、秦少游辈升堂入室，分路扬镳，蔚乎其扬袂，炳乎其相辉。每文一出，人快先睹。

　　他们聚集最畅快的事便是论文评画。一次，苏轼将自己新作的词让晁补之和张耒看，问比秦观如何。晁、张二人评价说："少游诗似小词，先生小词似诗。"这是文学史上重要的一条论断，苏轼"以诗入词"的评语，滥觞于此。

　　晁补之收藏有文同的《墨竹图》，苏轼为之题诗，重申了自己的精神追求："可使食无肉，不可使居无竹。"

　　晁补之出身名门望族，近支祖上晁迥官至翰林学士承旨、太子少保。晁迥有位哥哥晁迪，死后赠刑部侍郎，官职也不低。晁迪是晁补之的五世祖。晁补之四世祖晁宗简为吏部尚书。后来子孙官位低微，已经家无余财。到了晁补之，家庭收不抵支，生活捉襟见肘。他给张耒的诗描述当时的家境："寒衣妇补绽，学绩女娉婷。"妻子要亲自补缀衣服，孩子打小就得学习纺织，不像官宦之家。无奈之下，元祐五年（1090），晁补之上书请求补外，以奉养亲老，年底，以秘阁校理通判扬州。

　　没想到的是，一年后，元祐七年春，苏轼由颍州调往扬州，任知扬州军州事。苏轼和晁补之搭档，成了扬州的一、二把手。苏轼与弟子同守一郡，真是难得的佳话。

　　听说老师要来，晁补之抑制不住激动的心情，远迎到淮南，并写诗道：

> 去年使君道广陵，吾州空市看双旌。
>
> 今年吾州欢一口，使君来为广陵守。
>
> …………
>
> 青袍门人老州佐，于世无成志消堕。
>
> 封章去国人恨公，醉笑从公神许我。

琼花芍药岂易逢，如淮之酒良不容。

一酹孤鸿烟雨曲，平山堂上快哉风。

平山堂为欧阳修任职扬州时所修，是文人士大夫吟诗作赋的场所。晁补之已经在畅想与老师把酒唱和的场景了。

苏轼对师徒相聚也很期待，次韵和诗，称晁补之为"风流别驾"，希望在他的陪伴下尽览扬州繁华："赖有风流贤别驾，犹堪十里卷春风。"苏轼给别人去信说，幸亏有晁补之在这里辅助，真担心他被调走。

五月二十四日是晁补之生日，延请苏轼到家做客。晁补之母亲杨氏命人在大盆中装满水，采来白莲花置于水面，清凉芬芳之气充盈室内，顿觉暑气消退，凉意宜人。苏轼不顾五十七岁高龄，一定要与晁补之欢饮达旦。苏轼告诉太夫人："寿樽余沥到朋簪，要与郎君夜语深。敢问阿婆开后阁，井中车辖任浮沉。"

苏轼和晁补之扬州做了两件民生实事，一是上书朝廷免除百姓欠官府的债务；二是准许官船的船夫捎带货物，使他们有以为生。可惜，苏轼在扬州时间不长，元祐七年（1092）九月即奉诏回朝。到京后，苏轼推荐晁补之任秘书省著作佐郎。

不久，宣仁太后薨，章惇执政，苏轼被贬惠州、儋州，晁补之也连续被贬，在一些小州郡任监税。

大观年间，晁补之彻底失去官职，闲居于家乡齐州缗城，买田置屋。因苏轼喜欢陶渊明诗，晁补之便自号"归来子"，把庄园称为"归去来园"。他把住处的屋、园、亭、阁等，全部用陶渊明《归去来兮辞》中的词语命名，比如把堂屋前的树木叫"松菊"，把轩取名"舒啸"，把亭取名"临赋"；封土为台，上面盖屋权作楼房，取名"遐观"；房屋里的走道取名"流憩"。

大观四年九月二十五日（1110年10月29日），晁补之逝世，年五十八，张耒为其撰写《墓志铭》：

> 苏公以文章名，一时士争归之，得一言足以自重，而延誉公如不
> 及，至屈辈行与公交。由此，公名籍甚于士大夫间。

这说明，晁补之的成长离不开苏轼的教育和提携，晁补之从苏轼那里
汲取营养，最终也成为一代文学大师。

李格非

李格非属于"苏门后四学士"之一，声名比不上前四学士，但他有一
个名震寰宇的女儿——李清照，因此备受后人瞩目。

李格非年轻时注重经学，著有十万字的《礼记说》。宋神宗熙宁年
间，王安石改革科举，废除诗赋，专考经义，熙宁八年（1075）又颁布固
定的教材，把《周礼》作为优先考试的内容，这对李格非非常有利，他于
次年金榜题名，年仅二十六岁。

李格非与苏门弟子的友谊开始于元祐初。这一年李格非调任太学录。
太学录为国子监所属学官，负责管理太学的学生并辅助教学。太学录之上
太学正、太学博士，他们是正式教师，具有教学资格。此时晁补之正在太
学正任上，二人由此结识。

通过晁补之这层关系，李格非开始与张耒、黄庭坚等交往，并拜谒
苏轼，正式成为苏轼门下弟子。由于他入门晚于黄、秦、晁、张四学士，
终身成就也不如四人，所以与廖正一、李禧、董荣并称为"苏门后四学
士"。

苏门弟子中，李格非与晁补之、张耒年龄相仿，他们很能谈得来，关
系比其他人更好一些。

元祐四年（1089），李格非从太学录转为太学正，在汴京经衢之西买下一座官方的公租房，把家眷接到了京城。李格非在院落里种了一片竹子，取苏轼"可使食无肉，不可使居无竹"之意，得名"有竹堂"。

"有竹堂"其实很小很简陋，下雨天十分潮湿，杂草丛生，蛛网遍布，各种藤木毫无章法地交织在一起，一点也不好看。李格非特意种的竹子显得矮小，被藤木缠绕，常常被忽略。李格非却敝帚自珍，中午从太学回来，坐在有竹堂里读书作文，灵感像喷涌的泉水，写文章如行云流水，一挥而就，一天能写好几篇。

"苏门四学士"经常光顾有竹堂，特别是晁补之和张耒。李格非跟二人卧榻论诗，高谈阔论起来就忘记了时间，深夜里还能听到他们激烈的争论声和爽朗的笑声。

凭借李格非的关系，李清照有机会接受更广泛的文学滋养。晁补之、张耒对李清照不吝教诲，给予她古文、声律、辞赋方面的指导。李清照虽然没有拜入二人师门，但确实受益匪浅，他们也成了亦师亦友的忘年交。后来李清照自号"易安居士"，取自陶渊明《归去来兮辞》，与晁补之"归来子"遥相呼应。

元祐五年五月，苏轼再次回到朝廷。他有没有造访过有竹堂，历史没有记载。不过，李清照或许见过苏轼，至少能经常读到苏轼的新作，听到关于东坡的趣闻。北宋最有成就的两位诗词大家有这样的渊源，恰好体现了文学的传承。

在新旧党争中，李格非的身份比较复杂。他受过保守派韩琦的教诲，后来是苏轼的弟子，算是旧党；但早年好经文，是熙宁科举变革后的进士，是变法派培养出来的新人。他先娶王珪女儿为妻，王珪在元丰年间任宰相，立场不鲜明，至少没有站在变法派的对立面，应该属于温和的变法派；王珪女儿去世后，他续娶的是王拱辰的孙女，王拱辰属温和的保守党，与司马光有着良好的友谊。李格非与两派都有渊源，这两种身份保护

〔明〕仇英（传） 西园雅集图（局部） 台北故宫博物院

了李格非，使他在党争的前期没有受到冲击。

绍圣元年（1094），苏轼被贬岭南，李格非反而进入了秘书省，任校对黄本书籍一职。他没有忘记老师的教导，写信慰问老师，让人送到遥远的惠州。

绍圣二年，李格非迁礼部员外郎，这一年他写了一篇文章《洛阳名园记》，介绍洛阳十九处名园，其中就有富弼居住的"富郑公园"和司马光居住的"独乐园"。他在介绍了"独乐园"之后，发议论说："所以为人欣慕者，不在于园耳。"分明是在赞美司马光的品德和为人。当时司马光正在被"批倒批臭"，李格非此文不合时宜，最终为自己招来了祸端。

崇宁年间，李格非被列入"元祐党籍"，贬象郡，也到了岭南。不过这时他的老师苏轼已经去世一年多了。

李格非在象郡没过多长时间就回老家赋闲了，大约晚于晁补之去世，张耒为他写了墓志铭。

第二十四章　桃李满天下

孔子门下有贤人七十二，苏轼的弟子没有具体数目，但绝不止前后"四学士"。南宋时，人们将黄庭坚、秦观、晁补之、张耒和陈师道、李廌的文章编辑在一起，便有了"六君子"之说。除此之外，苏轼爱惜人才，在地方上广施教育，桃李满天下，载入史册的不在少数。

陈师道

陈师道，字履常，又字无己，号后山居士，彭城人。

陈师道年轻时随父亲宦游，十六岁那年遇到曾巩，拜在曾巩门下读书。父亲去世后，陈师道以布衣之身待在老家。

陈师道喜欢诗词，属于苦吟型诗人。黄庭坚有诗云："闭门觅句陈无己，对客挥毫秦少游。"传说陈师道平时出行，来了灵感就匆匆忙忙赶回家，埋在被窝里苦思冥想，像得了场大病，有时几天才起床。王安石改革科举，专考经义，陈师道很不满意，拒不应试，所以一直没有功名。

陈师道与苏轼交往，有人认为可以上溯到苏轼知密州期间，因为《苏轼文集》中有两篇尺牍标示为答陈履常，尺牍显示作于密州。然而尺牍内容与陈师道的履历对不上号，应该是张冠李戴了。

熙宁十年（1077），苏轼守徐州，陈师道在《秦少游字序》云：

> 熙宁元丰间，眉山苏公之守徐，余以民事太守，间见如客。

这里传递了两则信息，一是此时二人有了来往，二是并不熟悉，相互之间非常客气。

元丰元年（1078），苏轼建成黄楼，广求赋铭，陈师道呈上《黄楼铭并序》，描述洪水肆虐的情形："河决澶州，南倾淮泗，彭城当其冲；夹以连山，扼以吕梁，流泻不时，盈溢千里。平地水深丈余，下顾城中，井出脉发，东薄两隅，西入通洫，南坏水垣，土恶不支，百有余日而后已。"苏轼非常欣赏他的才华。

此后苏轼入狱，被贬黄州，二人几乎失去了联系。元祐二年（1087），苏轼为翰林学士知制诰，与傅尧俞一起向朝廷推荐陈师道，晁补之也上了荐书，称赞他："年三十五，孝悌忠信闻于乡间，学知圣人之意，文有作者之风；怀其所能，深耻自售，恬淡寡欲，不干有司；随亲京师，身给劳事，蛙生其釜，愠不见色。"陈师道至此走上仕途，授亳州司户参军，充徐州教授。

苏轼与陈师道的友谊，前面像是序幕，元祐二年才进入正剧。陈师道在徐州，尽管对苏轼心怀感恩，却不能像"四学士"一样侍奉左右，心里总有不少缺憾。

元祐四年五月，苏轼自请知杭州，要到遥远的南方去。陈师道为报恩，一定要送一程。宋朝官吏管理制度，任职期间不得擅自离境，陈师道只好向徐州郡守孙觉请假。但孙觉也不好违犯朝廷法令，不批准。怎么办？他只好装病不上班，偷偷溜了出来。

陈师道在南都等候苏轼，又同舟南下，一直送到宿州，分别时写了一首饯行诗：

> 平生羊荆州，追送不作远。
> 岂不畏简书，放麑诚不忍。

一代不数人，百年能几见。

昔如马口衔，今为禁门键。

一雨五月凉，中宵大江满。

风帆目力短，江空岁年晚。

羊荆州指西晋羊祜，羊祜都督荆州诸军事，深受百姓爱戴，郭奕因送羊祜出界而被免官。陈师道把苏轼比作羊祜，把自己比作郭奕，他明知将会受到朝廷处罚，依然不改初衷。

果然，谏官刘安世弹劾陈师道擅离职守、蔑视长官、徇情乱法，陈师道被免职。不久，复为州教授，不过移到了颍州。

元祐六年（1091），苏轼知颍州，这对陈师道来说真是意外之喜。颍州是欧阳修最后落户的地方。他们和签判赵令畤，以及欧阳修的两个儿子欧阳棐、欧阳辩经常举行文学聚会，不到半年的时间，唱和诗歌达十数首。这是陈师道诗歌创作爆发期，也是陈师道诗歌风格形成期，可以看出，他的诗歌受到苏轼影响越来越大。

陈师道与苏轼有师生之实，却无师生之名。苏轼有意收陈师道为徒，陈师道不愿辜负曾巩，不肯师投二门。他写诗道"向来一瓣香，敬为曾南丰"，委婉地拒绝了苏轼。

陈师道心地纯粹，即便如此，也看出苏轼处境险恶，常常规劝苏轼不要多言惹祸。苏轼在颍州仅仅半年，即调往扬州，但仍上书请求减免颍州灾民积欠的官税。陈师道给苏轼写信，劝诫他不要越职言事，不然，"必有过甚覆溺之忧"。元祐末，宋哲宗绍述熙宁政治的意图越来越明显，陈师道先后作《寄侍读苏尚书》《寄送定州苏尚书》，云"功名不朽聊通袖，海道无远具一舟"，希望苏轼急流勇退。

绍圣中，苏轼被贬岭南，陈师道受到牵连，罢官。道士吴复古要去岭南看望苏轼，陈师道让他捎去一首诗，表达对苏轼的牵挂：

闻名欣识面，异好有同功。

我亦惭吾子，人谁恕此公。

百年双白鬓，万里一秋风。

为说任安在，依然一秃翁。

宋代文学家任渊对这首诗有详细的批注："闻名欣识面"，言吴君欲识东坡也。"异好有同功"，言吴君方外之士，与后山异趣，而好贤之意则同，故云"同功"。"我亦惭吾子，人谁恕此公"，言后山不能往见苏公，此所以有愧于吴君也。此二句大妙。"百年双白鬓，万里一秋风"，时东坡年五十九，此言神交心契，与风无间也。末句后山自谓不负苏公之门，时亦坐党事废锢，故云"秃翁"。

前四句陈述二人写此诗的因由，颈联诉说自己的思念，尾联用任安的典故表达自己对苏轼的忠诚。西汉将军卫青失势后，他的门人大多转投新贵霍去病，只有任安不肯离弃。秃翁指年老没有官势的人，这里是陈师道自嘲。

此后陈师道与苏轼音讯不通，但仍不能抑制彼此的思念。他有一首《怀远》诗，为怀念苏轼所作：

海外三年谪，天南万里行。

生前只为累，身后更须名。

未得平安报，空怀故旧情。

斯人有如此，无复涕纵横。

从诗意看，这首诗作于建中靖国元年（1101）。也就在这一年，苏轼病逝于常州。

这一年，陈师道被任命为棣州教授，改除秘书省正字。十一月，朝廷在南郊进行祭祀大典，官员都要陪祀，晚上随驾住在南郊的斋宫青城。青城简陋，只有一些临时性居住设施如幔帐等，政和之后才盖上房屋。十一月极寒，陈师道家里只有一件破旧的裘衣，妻子担心夫君挨冻，从他的连襟赵挺之家里借了一件裘衣给陈师道穿。赵挺之是苏轼政治上的死敌，陈师道问明来历后，坚决不穿。就在这次郊祭中，陈师道感染风寒，于腊月二十九日不治身亡，年仅四十九岁。

李廌

李廌（zhì）在苏门弟子中显得特殊而另类，应当说，他在个人修养和性格方面存在许多缺陷，因此成为苏门弟子中最为悲剧的人物。

在"苏门六君子"中，李廌年龄最小，出生于嘉祐四年（1059）；结交苏轼最晚，晚至元丰四年（1081）；始终未能出仕，唯一的终身布衣。

然而李廌却是苏轼书信往来最多的弟子，尺牍多达十九篇。苏轼与最得意的弟子秦观不过七篇，与晁补之甚至没有留下尺牍。

李廌之所以能够结识苏轼，缘于其父李惇。李惇是苏轼同榜进士，但在李廌六岁时就去世了。李廌长大后，根据先父这条线索，给苏轼写信，拉开了二人交往的序幕。

元丰四年，李廌亲赴黄州拜访苏轼，当时苏轼身处逆境，旁人躲之不及，李廌却只身犯险，可见其乃性情中人。苏轼非常赞赏他的文才，称他的文章奔放跌宕，有飞沙走石之势，拍着他的肩膀说："子之才，万人敌也，抗之以高节，莫之能御矣。"苏轼希望他科考出仕，为朝廷效力。

此时李家极度贫困，祖母、母亲、前母、父亲死后均无钱安葬。但苏轼也在贫困中，只能解衣为助。直到元丰八年，他们第二次见面，苏轼又资助他十匹绢、百两丝，李廌才陆续将先人安葬。

苏轼在黄州给李廌写过四封信，大多是教导学问。他敏锐地觉察到李廌诗文贪多求全，不够凝练，劝他当稍有收敛。李廌希望苏轼能为其父祖撰写墓表，但苏轼曾有誓言，因此婉拒了，引经据典劝他先将父祖安葬为宜，还派长子苏迈前去吊唁。

大约因为贫困，李廌没有什么朋友，苏轼为他介绍侄婿王适兄弟、弟子李昭玘等，扩大他的交际面，帮助他慢慢融入文人圈。

他们第二次见面时，苏轼破例为李惇写了哀词，高度赞扬李廌"贤而有文""出语已精悍"。苏轼阅读李廌的诗文，感叹说："张耒、秦观之流也。"据《曲洧旧闻》记载，苏轼曾对幼子苏过说过一段话："秦少游、张文潜才识学问，为当世第一，无能优劣二人者。"把李廌同张耒、秦观并论，已是极致的评价了。

元祐初，苏轼任中书舍人、翰林学士，仕途走向巅峰。李廌写信向苏轼祝贺：

> 惟超然之先生，冠百世而称杰，操忠而秉哲，执义而全节。文章鲜丽于古今，德行争光于日月。

其钦佩之情表现得淋漓尽致，不过文辞虚华粉饰，为苏轼所不喜，回复他说："前日所贶高文，极为奇丽。但过相粉饰，深非所望，殆是益其病耳。"

这时李廌年纪渐长，急于出仕，多次恳请苏轼为他举荐，有时甚至有埋怨的口吻。苏轼也不见怪，反而"甚愧"，感到对不起这位故人的儿子。但是，苏轼从这里意识到李廌性格中的缺陷，毫不隐讳地予以指正：

> 深愿足下为礼仪君子，不愿足下丰于才而廉于德也。若进退之际，不甚慎静，则于定命不能有毫发增益，而于道德有丘山之损矣。

对于君子而言，"廉于德"算是很重的批评了。

元祐三年（1088），李廌得到一个难得的机会。这年苏轼知贡举，苏轼的朋友和弟子为参详官和点检试卷官，李廌是他们重点关注的对象。然而李廌还是落选了，这出乎所有人意料。

考前李廌俨然是状元的有力竞争者，以至于人人都想提前认识他，没想到却名落孙山，众人无不惊骇、遗憾。苏轼也写诗给李廌，表示未能录取他的"愧意"。

得天时地利人和而不得及第，李廌只能仰天长叹："吾道有用舍，无乃天所否。"这都是老天爷的安排呀！

据罗大经《鹤林玉露》，考前苏轼曾将试题透露给李廌，李廌还未来得及看，被恰好来访的章惇的两个儿子偷了去，所以李廌落榜，章援得了头名状元。这则记载过于荒诞，不可信。

很多书籍引申附会，李廌有乳母年七十，听到李廌落榜的消息，痛哭道："吾儿碰到苏内翰尚且不能及第，以后还有什么指望！"李廌十分绝望，遂自缢而死。也有说李廌责怪苏轼不举荐自己，从此自暴自弃，浑浑噩噩、庸碌而终。

这些都不是事实。李廌一如既往地钦佩、尊重苏轼，事之如父。他不再谋求出仕，而是埋头著书立说。他晚年写了一本《师友谈记》，记述苏轼和黄庭坚、秦观等人关于治学为文的言论，是最有史料价值的宋人笔记之一。

倒是苏轼的弟子们为李廌落榜而遗憾，有时会怪罪到师父身上。李廌《师友谈记》记述：苏轼上任定州，弟子们为他饯行，李廌没有参加这次饯行，却是话题的中心人物。苏轼罚欧阳棐、陈师锡、常安民酒，理由是他们身为主管却没能任用李廌，而张耒也要罚苏轼酒，理由是苏轼知贡举却黜落了李廌。

　　古代出仕几乎是改变生存状况的唯一途径，李廌无法出仕，家庭依然贫穷。元祐四年（1089），苏轼出知杭州时，送给李廌一匹马。这匹马乃朝廷所赐，值些银两，苏轼知道李廌一定会因为贫穷而卖掉这匹马，为了能让他卖个好价钱，专门写了一张"凭证"，证明这匹马曾是御马。

　　除了苏轼作券，苏轼的朋友、弟子也纷纷伸出援助之手，苏辙、李之仪为之作贺诗，黄庭坚为苏轼的券作跋，结果这匹马身价大涨。后来，李廌果然卖出了这匹宝马。

　　李廌当然能体会到老师的良苦用心，一口气写了十四首送行诗，歌颂苏轼高尚的品行。如第四首："纷纷竞干禄，汩汩第谋身。先生独任重，忧道仍忧民。精诚贯白日，孤忠横北辰。求之千载上，古亦鲜若人。"

　　苏轼知颍州时，李廌得知老师与赵令畤、陈师道唱和甚欢，也想要移居颍州，从苏轼游。苏轼知道在颍州任上时间不会太长，制止了他。

　　苏轼知定州时，李廌最后一次拜访苏轼，但相处时间不长。之后苏轼贬黜岭南、海南，二人再未谋面。

　　建中靖国元年（1101），苏轼去世，据《宋史·李廌传》：

　　　　轼亡，廌哭之恸，曰："吾愧不能死知己，至于事师之勤，渠敢以生死为间！"

　　他恨不能追随老师而去。李廌作祭文云：

　　　　端明尚书德尊一代，名满五朝。道大不容，才高为累。惟行能之盖世，致忌之为仇。久蹭蹬于禁林，不遇故云；遂飘零于障海，卒老于行。方幸赐环，忽闻亡鉴。识与不识，罔不尽伤；闻所未闻，吾将安放？皇天后土，知一生忠义之心；名山大川，还千古英灵之气。系斯文之兴废，占吾道之盛衰。兹乃公议之共忧，非独门人之私议。

这篇饱含真情的祭文打动了万千读者，传遍大江南北，世间"人无贤愚皆诵之"。

苏轼葬于郏城，葬前，李廌亲自前来帮助苏迈选定墓址。八年后，李廌贫寒而死，年五十一岁，苏过为他写了祭文。

李之仪

李之仪，字端叔，因为一首《卜算子》广为人知：

> 我住长江头，君住长江尾。日日思君不见君，共饮长江水。
> 此水几时休，此恨何时已。只愿君心似我心，定不负相思意。

词写得明白如水，却清新隽永，很有古乐府的韵味。

李之仪出生在楚州山阳，是张耒的远房舅舅，相知于苏轼也是因为李常。

苏轼通判杭州任满，移知密州，路过扬州拜会李常，遂有"六客之会"。这一年是熙宁七年（1074），苏轼给李常写信说："某已到扬州，此行天幸，既得李端叔与老兄。"不过"六客之会"并没有李之仪，而且李之仪去年刚刚上任四明，不可能在扬州。因此所谓"既得李端叔"，应该是李常向苏轼介绍了李端叔的诗文，受到苏轼的肯定和赞赏。

直到元丰三年（1080），苏轼和李之仪才开始真正交往。是年李之仪在家丁母忧，他先委托苏辙转呈自己的诗文作品，但苏轼刚刚经历"乌台诗案"，不愿与人来往，没有回应。李之仪不甘心，再次投书，表达景仰之情，以及想要拜入门下的请求。苏轼写了回信，这就是《答李端叔书》，说"闻足下名久矣"，闻其名、读其诗，未能谋其面。

虽是初次通信，但苏轼对李之仪极其坦率，他介绍了自己求仕经历及获罪遭贬的情况，谈到了眼下的处境："得罪以来，深自闭塞，扁舟草履，放浪山水间，与樵渔杂处，往往为醉人所推骂。辄自喜渐不为人识，平生亲友，无一字见及，有书与之亦不答，自幸庶几免矣。"

苏轼对自己的遭遇心有余悸，信的结尾不忘叮嘱李之仪："自得罪后，不敢作文字。此书虽非文，然信笔书意，不觉累幅，亦不须示人。必喻此意。"

这封书信之后，两人诗文往来不断。李之仪丁母忧后，先到鄜延路从军，元丰六年（1083）被委派赴高丽任书状官。苏轼关注着他的行踪，有《次韵答李端叔》诗："若人如马亦如班，笑履壶头出玉关。已入西羌度沙碛，又来东海看涛山。识君小异千人里，慰我长思十载间。"

苏轼与李之仪第一次见面在元丰八年，这年李之仪从高丽出使回来，任枢密院编修，苏轼也回到了朝廷。据《宋人轶事汇编》："东坡新迁东阙之第，鳷同李端叔、秦少游往见之。"意思是苏轼搬进了新家，在宫城之东，李之仪和李鳷、秦观去拜访他。之后李之仪像"四学士"一样，经常聚集到苏轼身边诗酒唱和。李公麟《西园雅集图》中，"捉椅而视者，为李端叔"，他搬了把椅子，聚精会神地观看苏轼书写。能与"四学士"一起参加这样高端的文化聚会，足见苏轼对李之仪的器重。

元祐八年（1093），山雨欲来，苏轼出任定州太守以避祸，辟李之仪为管勾机宜文字，让他跟随自己去定州。李之仪视为莫大的荣幸，后来写道："元祐末，东坡老人自礼部尚书，以端明殿学士加翰林侍读学士为定州安抚使，开府延辟，多取其气类，故之仪以门生从辟。"苏轼的门生都十分羡慕，张耒介绍说："元祐八年，苏先生守定武，士愿从行者半朝廷，然皆不敢有请于先生。而苏先生一日言于朝，请以端叔佐幕府。苏先生之位，未能进退天下士，故用子如此，然其意可知也。"苏轼之所以召辟李之仪为幕府，大有深意。是时除了陈师道、李鳷不在朝中，"四学

［宋］李之仪　《汴堤帖》　北京故宫博物院

士"均任馆职，只有李之仪官职最微，苏轼辟召他，有提拔的用意。

李之仪在定州与苏轼相处融洽。有一次他们在公厅举行歌宴，歌妓演唱了一首柳永的《戚氏》，"戚氏"属冷门词牌，为柳永所创，之后再也没有人写过。歌妓想要试试苏轼的才学，请求苏轼也写一首《戚氏》，这便有了《戚氏·玉龟山》。李之仪为《戚氏》作了一篇长跋，叙述当时情形：

> 五人者，每辨色会于公厅，领所事竟，按前所约之地，穷日力尽欢而罢，或夜则以晓角动为期。方从容醉笑间，多令官妓，随意歌于坐侧，各因其谱，即席赋咏。

正如苏轼与晁补之相处于扬州、与陈师道相处于颍州，与李之仪相处于定州，也是一段师生佳话。

好景不长，不久苏轼遭贬南迁，李之仪历任一些小官，元符中也遭罢免。

元符三年（1100），得知苏轼被赦免北归，李之仪非常高兴，立即写信祝贺，此后书信频繁。到苏轼去世仅仅一年有余，双方通信多达八封。

李之仪还用诗歌表达兴奋的心情：

> 凭陵岁月固难堪，食蘗多来味却甘。
> 时雨才闻遍中外，卧龙相继起东南。
> 天边鹤驾瞻仙袂，云里诗笺带海岚。
> 重见门生应不识，雪髯霜鬓两毵毵。

李之仪想象着他们重逢的情形，自己已经雪染双鬓，老师恐怕不一定能认出来了。可惜，还未等到他们相见，苏轼就病逝于常州。

李之仪在崇宁年间，因撰写元祐党骨干范纯仁的行状，被逮捕入狱。他出狱后编管太平洲，居于姑熟（在今安徽当涂境内），自称"姑溪居士"，大约终老于此。

姜唐佐

宋朝不杀士大夫，对官员最重的处罚是贬到海南。苏轼之前，贬到海南的名臣有宋太宗时期的宰相卢多逊和章献明肃太后听政时的宰相丁谓。卢多逊病逝于流所，丁谓好一些，终于熬过了三年，受恩内迁雷州。

对于官员来说，海南无疑是"生死鬼门关"，怎样活下去是最重要也是唯一的问题，而在海南做些事情，有贡献于社会，根本不在他们的考虑之内。

苏轼形容他初贬海南的情形：

> 并鬼门而东鹜，浮瘴海以南迁。生无还期，死有余责……臣孤老无托，瘴疠交攻。子孙恸哭于江边，已为死别；魑魅逢迎于海上，宁许生还。

一幅生离死别的场景。

苏轼于绍圣四年（1097）七月初二到达儋州即昌化军，正是一年中最热的时候。海南炎热甚于中原，空气湿度高，汗液不能排出，人的生理机能不能正常运转；等到海风起时，却又极寒。忽冷忽热，很容易生病，苏轼刚到贬所就病倒了，好一阵子不能起床。加之贬所地广人稀，没有熟识的人，居住饮食又极其简陋，苏轼静极生愁，不知该如何面对这样恶劣又孤独的生活。

苏轼是个闲不住的人，很快找到了生活的乐趣，那就是劳动——开垦荒地，种植粮食，自食其力。劳动之余，他到城乡各处漫游，因此又交结了当地的一些朋友，熟人渐渐多了起来，就这样，他的生活逐渐走上了正轨。

海南偏僻荒芜，当地土著大多没有受过教育。庆历四年（1044），宋仁宗推行新政，要求各州府建立学校，儋州也在城东设立了儒学学堂。然而不久，学堂就荒废了。苏轼查访学堂时，学生零零散散，老师无所事事，根本谈不上教书育人。

苏轼的到来，无疑给儋州乃至整个海南的文化发展带来了新的机遇。一些读书人慕名而至，虚心请教，苏轼很乐于提携后进，延纳学生。海南诸生中，最突出的是姜唐佐。

姜唐佐，字君弼，海南琼州琼山县人，于元符二年（1099）闰九月，背着行李、带着母亲来儋州拜苏轼为师。

姜唐佐刚到儋州，正碰上苏轼生病，便投以长笺，表达自己的倾慕之情。苏轼看了长笺，立刻意识到这是一位可造之才，抱病回信，对姜唐佐的文才给予了很高的评价。

身体恢复后，苏轼便正式收姜唐佐为徒，悉心教导。十月十三日，姜唐佐陪侍苏轼聊天，聆听苏轼谈论诗文，一直到深夜。第二天，他冒雨上山采摘奇荈（chuǎn）赠送东坡。苏轼非常感动，给他一封短笺说：

> 昨日辱夜话，甚慰孤寂。示字承起居安胜。奇荈佳惠，感服至意，当同啜也。适睡不即答，悚息。

奇荈是一种粗茶。海南物资匮乏，喝茶也成难事，而文人又好这一口，所以姜唐佐才冒雨上山。苏轼感激之余，邀请姜唐佐一起品尝。

十五日，雨过天晴，苏轼用天庆观乳泉水泡茶招待姜唐佐，说："只有你能与我一起享用它。"喝完茶吃饭，因为海南很难买到肉，他们只能吃菜饭，苏轼对此感到抱歉。

见到老师每日只吃菜饭，姜唐佐心里过意不去，给老师送来一些酒、面，并邀请老师次日到自己住处吃饭。第二天，苏轼果然践约，还从姜唐佐处借来《烟萝子》两卷、《吴志》四册、《会要》两册。

苏轼性情随和，没有架子，经常独步到姜唐佐处，就像到了自己家里。

在苏轼的指导下，姜唐佐学业精进。苏轼曾在姜唐佐的作业本上批示：

> 云兴天际，欻若车盖。凝眸未瞬，弥漫霪霶。惊雷出火，乔木糜碎。殷地蒸空，万夫皆废。悬溜绠縆，日中见沫。移晷而收，野无完块。

这段话出自刘禹锡《楚望赋》，苏轼用它来形容姜唐佐的文章气势磅礴，飙忽多变。

姜唐佐在儋州学习半年，元符三年（1100）三月离儋，打算到广州参加乡试。苏轼手书柳宗元《饮酒》《读书》二诗以赠别，还给姜唐佐题写了两句诗："沧海何曾断地脉，白袍端合破天荒。"意思是说，海南尽管与大陆之间隔着大海，但文化一脉相承，文化交流从来没有中断过；你马上要参加贡举了，一定能考中，为海南做一件破天荒的事情。苏轼还承诺，如果姜唐佐及第，将续写诗句，将这两句连缀到诗里，形成完整的诗篇。

两人分别不久，苏轼即遇赦北归，立即给姜唐佐写信，告知这一消息，并归还了所借书籍。当时苏轼没打算走琼州，为此深感遗憾："无缘更到琼会见也。"

不过，后来由于天气原因，行程发生了变化，苏轼决定由琼山出海。在琼山，苏轼再次见到姜唐佐，送给姜唐佐一方端砚作为留念。现在，这方端砚收藏在四川眉山"三苏祠"，砚的背面有姜唐佐亲手刻的题记：

元符三年，东坡移廉州，过琼，端溪砚赠余为别。余得之，不胜宝爱之至，而岁月迁流，追维先生言论，邈不可即，因志之以示不忘云。崇宁元年十月十九日，琼州姜君弼谨识。

姜唐佐于崇宁元年（1102）通过了乡试，获得省试资格，成为海南第一位举子，而苏轼已与世长辞矣。姜唐佐赴京赶考路上，途经颍州，专门拜访了苏辙，并将题有诗句的扇子让苏辙看。见到兄长遗迹，苏辙泪流满面，强忍悲痛代苏轼续写了全诗：

> 生长茅间有异芳，风流稷下古诸姜。
>
> 适从琼管鱼龙窟，秀出羊城翰墨场。
>
> 沧海何曾断地脉，白袍端合破天荒。
>
> 锦衣他日千人看，始信东坡眼目长。

苏辙祝姜唐佐"锦衣千人看"，可惜姜唐佐并没有考中。直到大观三年（1109），儋州人符确登进士第，成为海南第一位进士。

虽然不知道什么原因姜唐佐没有考中，但姜唐佐在海南文化和教育史中具有"破天荒"的意义，这一点得到了公认。明中叶，海南人王佐在《东岳行祠会修志序》中写道："宋以科目取士，而吾乡人才若姜唐佐者，以白袍倡文运，肇破天荒，后世仰之。"

正是在东坡文风熏陶下，海南科名鹊起。据不完全统计，姜唐佐中举后的一百七十多年中，海南中进士九名，举人十名。明清两代更是人才辈出。不可否认，苏轼对海南文化教育起到了开拓作用，正如清朝戴肇辰所言："宋苏文忠公之谪居儋耳，讲学明道，教化日兴，琼州人文之盛，实自公启之。"

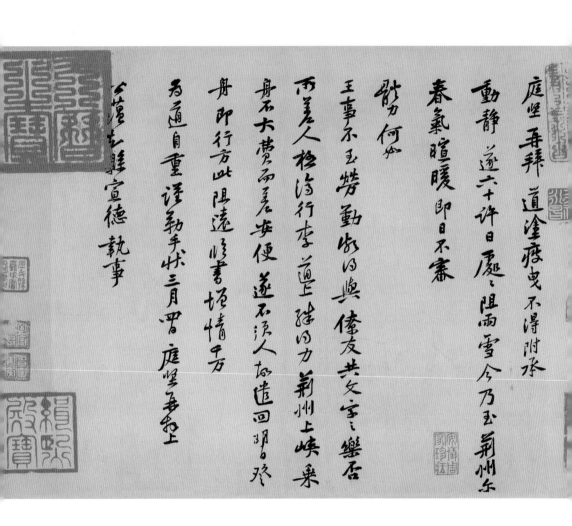

庭堅再拜　道塗疲曳不得附承

動靜　逾六十許日處處阻雨雪今乃至荊州未

春氣暄暖即日不審

尊

體何如

王事不至勞動愁憂興僚友共文字之鑒居

丙舍人稍得行李道塗強以力荊州上峽乘

舟石大費而甚安便遂不須人扶遣回耳所恨

舟即行方此阻遠修書增情耳萬

為道自重謹勒手狀三月晦　庭堅再拜上

　　　　　　　　　　　　宣德執事

[宋] 黄庭堅 《荆州帖》 台北故宫博物院

卷七 方外人：咸酸杂众好

第二十五章　最与参寥稀

苏轼平生与佛教结下不解之缘，无论走到哪里都要拜访寺院，与僧人交游，为人为诗也深受佛教影响。

据苏轼自己讲，他与佛教结缘来自前生。程夫人怀苏轼时，梦见一个和尚前来投宿，还记得这个和尚一只眼睛是瞎的。而苏轼本人八九岁时，曾梦到自己就是个和尚，往来陕右。

元丰七年（1084），出现了更离奇的故事。

苏辙贬为筠州盐酒监，筠州州治在今高安。苏辙与云庵禅师、聪禅师过往密切，有一天早上，云庵禅师和聪禅师向苏辙说梦，二人做了一个相同的梦，梦见五祖戒禅师就要来高安了，请他们迎接。

他们议论方罢，有人前来报信，说苏轼快到高安了。三人大喜，出城到二十里外建山寺迎接苏轼，告诉苏轼二人同梦的奇事。苏轼也给他们讲了程夫人和自己小时候的梦，云庵禅师和聪禅师听后大惊，因为五祖戒禅师就是陕右人，瞎了一只眼睛。从此，众人认定苏轼就是五祖戒禅师转世，苏轼亦毫不怀疑，经常将僧人的衣服穿在身上。

苏轼一生交往了许许多多的和尚，因两次任职杭州，在吴越交往最多，用他自己的话说就是"吴越名僧与予善者十九"。其中与苏轼关系最密切、友情最深厚的是杭州西湖孤山智果院的道潜和尚。

道潜本姓何，原名昙潜，苏轼建议他改名道潜，号参寥，元祐八年（1093）朝廷赐号妙总大师，世人多以参寥、参寥子称之。

参寥真可人

苏轼熙宁年间在杭州做郡倅，多次路过参寥的老家于潜，有宋人笔记记述二人相识于此时，苏轼还告诉参寥自己前身是山僧，第一次登某山即知山中台阶有多少级。但实际情况是，熙宁年间参寥还不在杭州，他们二人相识很晚。

参寥先结交孙觉、秦观，三人曾同游和州汤泉山，他从孙、秦二人口中听到苏轼的才学和趣事，由是产生崇敬之心。元丰元年（1078）四月，秦观赴京赶考，转道徐州拜入苏门，并向苏轼推荐了参寥。秋天，参寥只身前来徐州谒见苏轼，写了一首《访彭门太守苏子瞻学士》诗，赞美苏轼道：

> 少年著书即稽古，经纬八极何峥嵘。
>
> 未央宫中初射策，落笔游刃挥新硎。
>
> 翰林醉翁发奇叹，台阁四座争相惊。
>
> 逡巡传玩腾众手，一日纸价增都城。
>
> 同时父子擅芳誉，芝兰玉树罗中庭。
>
> 风流浩荡播江海，粲若高汉悬明星。

苏轼和诗一首："道人胸中水镜清，万象起灭无逃形。独依古寺种秋菊，要伴骚人餐落英。"诗中点明参寥两种身份：笃诚而纯粹的僧人，多才而淡泊的诗人。

参寥有才，于经藏、文史无所不读，诗文俱佳，特别是诗歌，被评为宋朝僧侣之翘楚，也是古代文学成就最高的和尚之一。参寥的才学渊博和修为澄净，很对苏轼的胃口，二人一见如故，一起登黄楼，游戏马台，泛舟百步洪，成为至交。苏轼给秦观写信说："参寥真可人，太虚所与之，不妄矣。"秦观你推荐参寥，没有虚言啊。

其实参寥脾气并不好，性格古怪。他爱拿起"放大镜"看人，总能发现别人很多缺点，而且说话带刺，经常弄得场面尴尬，让人下不来台。对于凡夫俗子，他更不愿与人家交往，躲他们像躲仇人。就是这样一个非常自我的人，独独佩服苏东坡，毫不吝啬对苏轼的赞美，在他眼中，苏轼就是完人、伟人。

苏轼欣赏参寥的诗才，也想试探一下这位怪人能固执到什么程度。在多个宋人笔记里，讲述了彭门相会时一则关乎风月的故事。

苏轼宴请参寥，歌妓轻歌曼舞，食客高谈阔论，场面逐渐达到高潮。苏轼悄悄指使一名风情万种的歌妓，上前极尽挑逗之能事，向参寥索诗。一群朋友冷眼私语，等着看参寥笑话。只见参寥面不改色，徐徐吟诵："寄语东山窈窕娘，好将幽梦恼襄王。禅心已作沾泥絮，不逐春风上下狂。"襄王指楚襄王，曾梦见与巫山神女相遇，但不曾有云雨之乱。参寥用这首诗婉拒歌妓，表明自己禅心坚定，像落入泥中的柳絮，不会飘忽不定、随波逐流。

苏轼对参寥的禅学修养和作诗技巧大加赞赏，说："我尝见柳絮落泥中，私谓可以入诗，偶未曾收拾，遂为此人所先，可惜也。"正如李白见崔颢诗："眼前有景道不得，崔颢题诗在上头。"

史载参寥"幼不茹荤"，酒肉尚不破戒，何况美色？苏轼虽然爱开玩笑，但初次见面就以女色试探，情理不通。不过《参寥子诗集》中确实收录了这首诗，题作"子瞻席上，令歌舞者求诗，戏以此赠"，看来确有此事，是不是在徐州，另当别论。

如我与君稀

苏轼人生最失意的时候，更加依赖佛学，照他自己说，"专读佛书"，借此纾解心理上的压力。因是戴罪之身，与官员来往不便，来看望他的大多为方外朋友，有些乃本地新结交的僧人，有些则翻山越岭不远千里而来。元丰六年（1083）三月间，参寥从杭州来看苏轼，寓居雪堂整整一年，直到次年四月随同苏轼一起离开。

一年的时间，足够他们从容游定慧院、登武昌西山、泛舟赤壁，这些地方留下了他们唱和的诗作。苏轼有一首《再和潜师》，写尽他们肚里挨饿、嘴上争锋的乐趣：

> 吴山道人心似水，眼净尘空无可扫。
>
> 故将妙语寄多情，横机欲试东坡老。
>
> 东坡习气除未尽，时复长篇书小草。
>
> 且撼长条餐落英，忍饥未拟穷呼昊。

苏轼曾向文同称颂参寥："其诗句清绝，与林逋上下，而通了道义，见之令人肃然。"苏轼评价参寥诗"清绝"，可谓中肯。参寥诗追法陶渊明，有"隔林仿佛闻机杼，知有人家住翠微"之句，隔着郁郁葱葱的小树林听见织布的机杼声，知道山里面住着烟火人家，诗句干净、幽美，传诵甚广。京城有人听说参寥在黄州陪伴苏轼，给苏轼写信："听说你天天与诗僧待在一起，难道是'隔林仿佛闻机杼'的那个人吗？真像是谢安隐居在东山啊。"谢安是东晋士族，出仕前隐居在会稽郡的东山，交游名士、高僧，白天出门打猎捕鱼，晚上闭门吟诗作文。苏轼把京城的信让参寥看，参寥不无得意地说："此吾师七字师号。"

苏轼与参寥同游西山时，梦到参寥赠给他诗，有两句"寒食清明都过了，石泉槐火一时新"。苏轼问参寥："槐火新也就罢了，石泉如何新？"参寥告诉他："民间风俗，清明时要淘井。"后来苏轼守杭州，还真的见识了"淘井"。

苏轼由黄州移汝州，参寥与苏轼作别，写了一首《留别雪堂呈子瞻》：

策杖南来寄雪堂，眼看花絮老风光。

主人今是天涯客，明日孤帆下渺茫。

　　本来苏轼是雪堂的主人，可现在浪迹天涯，成为旅客，参寥想象他孤帆顺江而下、远影苍茫的情形。

　　然而，苏轼成功说服参寥与自己一起离开黄州，同游庐山。庐山是佛教圣地，大小寺庙难计其数，来这里参拜游历的和尚也不可胜数。苏轼与参寥游览之处，都能看到得道高僧大觉禅师的遗迹。大觉禅师曾被宋仁宗召至化成殿对御，为皇帝说法，很合宋仁宗心意，因此被赐名大觉。治平年间，苏轼曾与大觉禅师有过交往，之后禅师归居四明，再未相见，如今看到他的遗迹，不禁感慨时光流逝，人各天涯。

　　元祐四年（1089）七月，苏轼出任杭州太守，次年春，参寥卜居杭州的智果院，在孤山之下。二人同居一城，虽不像黄州那样时时见面，但政治上不再灰暗压抑，相处更加随性开朗。

　　智果院里，从石缝间流出一股涓涓细流，参寥把石壁凿开，得到一眼清泉，泉水清洌甘美，最宜泡茶。寒食节，龙井新茶采摘，参寥请苏轼来喝茶，钻火煮泉招待他。他们想起梦见"寒食清明都过了，石泉槐火一时新"的诗句，茶是新茶，泉是新凿的泉，恰如梦中所见。一晃九年过去了，二人不禁一番感慨，不知是庄生梦蝶，还是蝶梦庄生。感慨触动文思，苏轼取出纸墨，挥笔而就，为这眼石泉写了一道铭：

在天雨露，在地江湖。皆我四大，滋相所濡。伟哉参寥，弹指八极。退守斯泉，一谦四益。余晚闻道，梦幻是身。真即是梦，梦即是真。石泉槐火，九年而信。夫求何神，实弊汝神。

参寥把这篇铭刻在石上，立于泉旁，从此这眼石泉就叫"参寥泉"。

元祐六年（1091），苏轼被召回朝，临别之际写了一首《八声甘州》送给参寥：

> 有情风、万里卷潮来，无情送潮归。问钱塘江上，西兴浦口，几度斜晖？不用思量今古，俯仰昔人非。谁似东坡老，白首忘机。　　记取西湖西畔，正春山好处，空翠烟霏。算诗人相得，如我与君稀。约它年、东还海道，愿谢公、雅志莫相违。西州路，不应回首，为我沾衣。

上阕以钱塘江潮喻人世的聚散分合，下阕回忆与参寥的友情。词的后两句，用了谢安的典故。谢安喜欢在东山隐居的生活，即使身居要位也始终不渝。他准备好行装，打算随时隐退，然而直到病死建业西州门，都未能如愿。谢安在世时对外甥羊昙很好，谢安死后，羊昙辍乐弥年，不敢看到西州门，有一次醉酒路过，回忆起往事，悲戚不已，恸哭而去。

苏轼回朝后，帮助参寥取得皇帝赐号。元祐八年（1093），宰相吕大防奏请，赐号妙总禅师。

不可晓者

绍圣元年（1094），苏轼被贬到惠州。得知消息，参寥心情沉重，派人专程到惠州问候。苏轼非常感动，亲笔抄写自己的近作让使者带回，还给参寥写了一封信。苏轼告诉参寥，自己过得还不错，就像灵隐寺的住持和尚被免职后，换了个偏院居住，没了权势，没了锦衣玉食的生活，但还不至于饿死，这样过一辈子也好。中原人谈岭南，最顾忌瘴气，瘴气常导致疟疾、痢疾、出血热、咽喉肿痛等一大堆疾病，人们谈瘴色变。参寥担心苏轼水土不服，苏轼劝慰说，生老病死，南方北方都一样。最后还嘱咐参寥也要保重。

等到苏轼再贬儋州，参寥再也坐不住了，要渡海前去看他。苏轼劝参寥说，渡海风险很大，我们不能把自己当作胥靡（获罪的奴隶），一点也不珍惜生命，这样冒险没有什么价值，况且余生还有相见的时候。

自古涉足政界，便身不由己，党锢之祸，即使参寥这样的方外之人也不能幸免。参寥还未启程，便因"依附苏轼"而获罪。浙江发运使吕温卿是吕惠卿的弟弟，对苏轼的朋友下手毫不留情。

钱济明名世雄，为苏州通判，与苏轼交好；廖明略名正一，是"苏门后四学士"之一，知常州，二人都被吕温卿捏造事由，构陷入狱。有位僧人投其所好，检举参寥度牒与实名不符。吕温卿查验得知，参寥原名昙潜，苏轼为他改名道潜办了度牒。吕温卿绝不放过任何打击苏轼的机会，不仅奏请朝廷收回"妙总禅师"的赐号，还废除了参寥的度牒，这意味着参寥不再是和尚身份，参寥被迫还俗，被编管兖州，失去了自由。

宋徽宗登基后，政策宽松，一批元祐党人得到赦免。苏轼北归时得知参寥重新落发为僧，替他高兴。参寥写信向苏轼问安，苏轼已然病重，仍然强支病体，写了回信：

> 某病甚，几不相见，两日乃微有生意。书中旨意一一领，但不能多书历答也。见知识中病甚垂死，因致仕而得活者，俗情不免效之，果若有应，其他不恤也。

苏轼在短短不足六十字中，说明了病情，解释了致仕的原因。这是苏轼对参寥的最后遗笔。

七月，苏轼去世，参寥作《东坡先生挽辞》数首，表达悼念之意。他把苏轼的政治才能比作商朝名相伊尹和西周功臣吕尚，把苏轼的文学才能比作汉朝的班固和扬雄，把苏轼的辩才比作孔子学生端木赐和东汉名士郭泰，赞扬苏轼的品德和名声远播海外，倾动蛮夷。他还对苏轼的生平进行了回忆，歌颂苏轼在朝廷和地方上的功绩。其中第十首刻画苏轼的形象最为超卓：

峨冠正笏立谈丛，凛凛群惊国士风。

却戴葛巾从杖履，直将和气接儿童。

苏轼立于朝堂，令人敬畏；下了朝堂，又和蔼可亲。这正是参寥眼中的苏轼，也是所有弟子心中的苏轼。

崇宁政和年间，参寥再次被迫还俗，后不知所终。

苏轼曾写过一篇《参寥子赞》，认为参寥子是个矛盾体，让人捉摸不透，至少体现在五处：经济上贫寒，道行却很高；口才不行，文才却很好；外表看起来柔弱，性格却很坚毅；与人无争，却好讥刺朋友缺点；对世事没有兴趣，却能写出性情文字。

嘴上说"不可晓"，其实最了解参寥的还是苏轼。

第二十六章　原是一山僧

据宋何薳《春渚纪闻》记载，苏轼在杭州作郡倅时，与参寥游，登殿拜佛。刚开始拾阶而上，苏轼回过头对参寥说："我平生没有到过这里，但一砖一瓦都如此熟悉。我记得从下面到忏悔堂，一共九十二级台阶。"参寥不信，边走边数，果然九十二级。苏轼悟道："我的前世就是这座山里的僧人。现在的和尚都是我的弟子。"夏天的时候，苏轼光着膀子在竹荫下纳凉，仔细观察他的后背，依稀可以看到星斗状的纹路，这是仙人的标志。

这段记述并不准确，苏轼通判杭州时还不认识参寥，至于背有星斗更是故弄玄虚。

唐宋佛道很盛行，文人与僧道交朋友非常普遍，但苏轼走到哪里都要拜访寺庙，却也不同寻常。人们信佛，大多是为了从中找到精神寄托，苏轼也不例外。"乌台诗案"后，苏轼在现实生活中碰壁，只能到方外去寻找慰藉。同时，他经历了无常，看破生死，放下功名，如佛家所言，得失随缘，心无增减，不喜不悲，才能练就在尘世中生存的定力。

佛印

苏轼与佛印的故事在民间流传甚广，远超参寥，主要是受明代话本小说《三言二拍》的影响。《喻世明言》中有一篇《明悟禅师赶五戒》，说五世戒禅师破色戒转世为苏轼，明悟为度脱他，亦转世到人间，帮助他修成了正果。明悟就是佛印。《醒世恒言》中有一篇《佛印师四调琴娘》，写苏轼为了让佛印还俗，让琴娘去色诱佛印，佛印严守戒律，临终不乱，感染了苏轼。

话本往往比史实更精彩，更符合平民的口味，所以流传甚广。真实历史中，确有佛印其人，他的确与苏轼有着不错的交情。

苏轼一生写给佛印的书信多达十五封，在方外人中仅次于参寥。查书信往来，二人大约交往于元丰三年（1080）夏天，但只是书信往来。元丰五年正月，苏轼得以与佛印相见，分别时佛印派人用舟船将苏轼送回。时佛印在庐山归宗寺，苏轼或许曾短暂离开黄州拜访佛印。苏轼还赠送佛印各种各样的奇石，放在铜盘里，注入清水，可以放在案头作为摆设。奇石大多红黄相间，上面有如指上螺旋般的图案，是苏轼从齐安江里精心淘选来的。苏轼为此作《怪石供》，一并送给佛印。

苏轼重获自由时，佛印已经到润州金山寺做了住持，他写信约苏轼同游。苏轼恰好奏请定居常州，润州与常州毗邻，是常州往来中原的必经之地，苏轼多次往返，与佛印有了密切接触，有时在润州逗留时间比较长，就住在金山寺里。

苏轼托佛印为他看地买地，另外还要张罗刻印张方平的《楞伽经》，也需要佛印帮忙。《书楞伽经后》记载：

> 公（张方平）以为可教者，乃授此经，且以钱三十万使印施于江淮间。而金山长老佛印大师了元曰："印施有尽，若书而刻之则无尽。"轼乃为书之，而元使其侍者晓机走钱塘求善工刻之板，遂以为金山常住。

了元是佛印的名字，他俗姓林，字觉老，佛印是朝廷赐号。佛印不但建议将《楞伽经》制成雕版，而且派弟子晓机到杭州寻找刻工，苏轼则住在金山寺抄写经文。

回到京城后，苏轼升任翰林学士，写信向佛印报喜。读到佛印来信，则"读之如蓬蒿藜藿之迳而闻謦欬之音，可胜慰悦"。通过信的内容可知，二人是交心的好友。

元祐四年（1089）六月，苏轼出知杭州，路过润州，给佛印捎来礼物——一条玉带，而佛印则回赠以衲裙。关于赠送玉带，后人演绎出一些故事，如王文浩辑注《苏轼诗集》注曰：

> 佛印禅师，住持金山寺。公便服入方丈。师云："此间无坐处。"公戏云："暂借和尚四大，用作禅床。"师曰："山僧有一转语，言下即答，当从所请；如稍涉拟议，则所系玉带，愿留以镇山门。"公许之，便解带置几上。师云："山僧四大本空，五蕴非有，欲于何处坐？"公拟议未即答，师急呼侍者曰："收此玉带，永镇山门。"公笑而与之，师遂取衲裙相报。

从这则故事看，苏轼与佛印交往，二人关系平等，苏轼甚至更被动一些。这跟参寥不同，参寥对苏轼崇敬有加，非常客气，甚至可以说执弟子礼。民间将苏轼与佛印作为机锋相向的一对，不是没有道理的。换作参寥，他不可能这么随性地与苏轼互不相让。

因为"四大作禅床"的故事，苏轼专门写了一首《戏答佛印偈》诗：

> 百千灯作一灯光，尽是恒沙妙法王。
> 是故东坡不敢惜，借君四大作禅床。

这四句偈语，是苏轼的了悟，芸芸众生如恒河沙数，只有看破红尘，才能将四大当作禅床。

而佛印则在金山寺修建了一座"留玉堂"，把那条玉带放在里面供人瞻仰。

苏轼倾心向佛，与家庭影响有关。他的祖母史氏迷信民间神祇，敬天敬地敬菩萨，母亲程氏则是虔诚的佛教徒。

苏轼的祖母史氏留下两件绣幡，原是向菩萨祈福之物，苏轼将其供奉到佛印主持的金山寺，圆祖母之愿。

苏轼贬往岭南时，佛印写信让人追到南昌送给他，苏轼心中郁结，没有回信，而是在白纸上写下几个大字：戒和尚又错脱也！错脱，指难以超度解脱人世间的苦难。

苏轼跌入苦海，尚未度脱，佛印已于元符元年（1098）圆寂。听到消息，苏轼不信，写信向朋友求证，还关切地问："其母今安在？"而后又自言自语："谤者之言，何足信也。"

然而，他们终究未能再见，也未能度脱彼此。

惟简

苏轼早年亲近佛教，除了家庭影响，与僧侣交游，对于宋代文人士大夫来说是一种时尚，是超凡脱俗的表现。

苏轼最早交往的有影响的僧人是成都大慈寺的文雅惟庆和宝月惟简两位大师。苏轼二十岁时，随父亲晋谒知成都府张方平，而后游览成都诸寺，在大慈寺见到惟庆、惟简两位大师，为他们的超凡气度和博学多识所折服。

两位大师读书不一定比"三苏"多，但道听途说的野史能侃侃而谈，这一点让喜欢历史的苏轼痴迷，于是与之交游，成了朋友。出川之后，苏轼与宝月惟简继续来往，诗文简牍中却很少再提起惟庆，不知是文雅大师已经圆寂还是另有他故。

宝月惟简也是眉山苏姓，与苏轼是远房族兄，这有助于他们越走越近。苏轼丁母忧，因事到成都，与惟简交往频繁，大多关乎佛事，比如向惟简讨要绣观音等。苏轼丁忧期满回京，与惟简相约在嘉州见面，但惟简不知何故爽约，苏轼翘首以盼五六天，只好遗憾而去。

治平四年（1067）九月，苏轼丁父忧时，惟简前来拜访。恰苏辙带来一本《兰亭序摹本》，惟简要了去，让人刻在寺院碑石上。苏轼写了《书摹本兰亭后》，详细叙述了摹本的涂改情况，评价说："又尝见一本，比此微加楷，疑此起草也。然放旷自得，不及此本远矣。"

惟简在大慈寺任中和胜相院住持，苏轼这位顶流大文豪、大书法家在此，惟简当然不会放过为寺院宣传的机会。他请求苏轼为中和胜相院作记，苏轼欣然命笔，写下了著名的《中和胜相院记》。为寺院作记，当然应该颂扬佛法，体谅僧众，但苏轼在文中对"剟其患，专取其利，不如是而已，又爱其名。治其荒唐之说，摄衣升坐，问答自若"的所谓长老极尽抨击，也算寺院文字中的另类。

惟简说服苏轼将珍藏的爱物捐献给寺院，"舍施必所甚爱与所不忍舍者"，以超度父亲亡灵。苏轼在凤翔花费十万钱买到四块唐朝画圣吴道子的画作，正面是菩萨，背面是天王，原是长安某藏经阁的门板，经战乱流落到岐山。这是苏轼手中最珍贵的艺术品。苏轼忍痛将四板画捐给了大慈寺。惟简则表示要以自己的生命来守护这些珍贵的画作："吾眼可霍，吾足可斫，吾画不可夺。""又盟于佛，而以鬼守之。凡取是者，与凡以是予人者，其罪如律。"惟简专门花费百万钱盖了一座大阁来收藏这四块画作，并且画苏洵像悬于阁中。

苏轼服除出川后，与惟简再未相见。不过通判杭州期间，他请托王诜，为惟简谋求朝廷赐号，得名"宝月大师"，还送给惟简一幅王诜的亲笔画《古松图》。

在黄州时，惟简派弟子悟清来看望苏轼，并请为胜相院新建的藏经阁作记。在记中苏轼写道：

> 有一居士，其先蜀人，与是比丘，有大因缘。去国流浪，在江淮
> 间，闻是比丘，作是佛事，即欲随众，舍所爱习。周视其身，及其室
> 庐，求可舍者，了无一物。如焦谷芽，如石女儿，乃至无有，毫发可
> 舍。私自念言，我今惟有，无始已来，结习口业，妄言绮语，论说古
> 今，是非成败。以是业故，所出言语，犹如钟磬，黼黻文章，悦可耳
> 目。如人善博，日胜日负，自云是巧，不知是业。今舍此业，作宝藏
> 偈。愿我今世，作是偈已，尽未来世，永断诸业，客尘妄想，及诸理
> 障。一切世间，无取无舍，无憎无爱，无可无不可。

与《中和胜相院记》不同，苏轼自称"居士"，惭愧自己一无所有，
没有物事可以施舍，虔诚之心溢于字间。历经生死之后的苏轼，对佛教的
态度发生了很大的变化，甚至产生过出家当和尚的念头，写信嘱托惟简：

> 他日天恩放停，幅巾杖屦，尚可放浪于岷峨间也。知吾兄亦清
> 健，发不白，更请自爱，晚岁为道侣也。

尽管在危难困苦中，苏轼还是送吴道子画、舍利和唐画十六大罗汉，
让悟清带回大慈寺供奉。

惟简比苏轼早亡六年，其时苏轼在惠州，为惟简作《宝月大师塔
铭》，并特意选用最好的澄心堂纸、鼠须笔、李廷珪墨，以示敬重。

杭僧

　　"自佛法流入中国，民俗趋之，而南方尤盛。"宋朝时杭州是南方最繁华、最发达的城市，寺院也到处可见，有"东南佛国"之称。苏轼说过："钱塘佛者之盛，盖甲天下。"据统计，元祐三年（1088），杭州有寺院532座，星罗棋布地散落于杭州各处。寺院里高僧数量也非别处能比。

　　熙宁四年（1071）、元祐四年，苏轼曾两次任职杭州。他流连佛寺，结交僧众，是一生经历中特殊而重要的一环。除参寥外，他熟识的还有辩才、慧辩、梵臻、怀琏、契嵩、惠勤、惠思、清顺、可久、惟肃、义诠等僧人。苏轼说："杖藜芒履，往来南北山，此间鱼鸟皆相识，况诸道人乎？"

　　两次都是被迫离京，刚到任时苏轼情绪低落。为杭州倅时，他到上天竺寺寻找清静，在这里结识了海月禅师，即慧辩，清谈数日，心中阴霾顿扫，豁然开朗。他后来写有《海月辩公真赞》，谈到自己因此开悟。

　　可久是钱塘门外祥符寺僧人，诗写得好，但不喜结交，不慕繁华。某个元宵之夜，苏轼上街观灯，走到祥符寺附近，屏退侍从，独自入寺拜访可久。不料寺内一片漆黑，一点灯火都没有。苏轼一个人驻足院中，依稀闻到一缕檐卜花香，灵感涌动，作诗道：

　　　　门前歌舞斗分朋，一室清风冷欲冰。

　　　　不把琉璃闲照佛，始知无尽本无灯。

　　离杭五年后，可久想念苏轼，捎去书信，苏轼回信，墨迹至今保存，这就是著名的《北游帖》："承法体安隐，甚慰想念。北游五年，尘垢所蒙，已化为俗吏矣。不知林下高人，犹复不忘耶。"

　　元祐初，苏轼长时间没有可久的消息，还写杂记怀念他："予监郡日

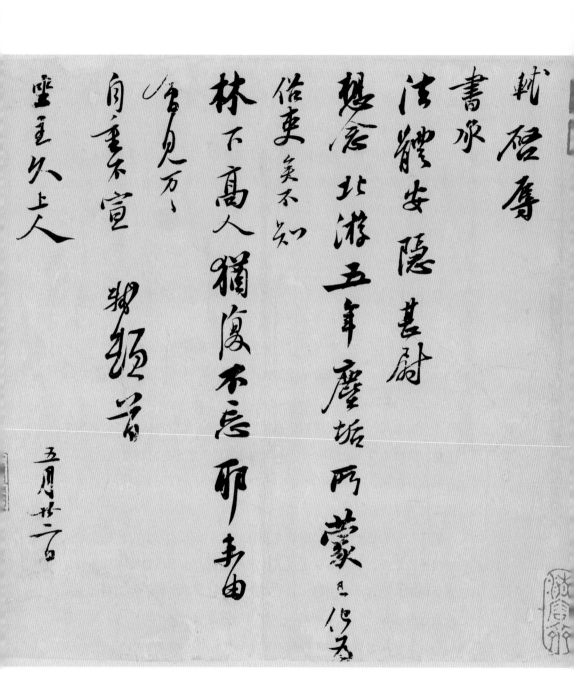

轼启辱

书承

法体安隐甚慰

想念 北游五年尘坑所蒙 㤀 㤀 𫝱 㤀

俗事日不知

林下高人猶復不忘耶尋由

善见万、

自重不宣

物㗱某

五月廿二日

座主只上人

［宋］苏轼 《北游帖》 台北故宫博物院

所与往还诗友也。清介贫甚，食仅足，而衣几于不足也。然未尝有忧色。老矣，不知尚健否？"其实苏轼不知，这时可久已经故去，他守杭州时，已经见不到斯人了。

除了参寥，诸杭僧中，苏轼与辩才友情最深。

辩才与参寥是同乡，都是于潜人，法名元净，辩才是宋神宗赐予的法号。他与慧辩是明智大师的弟子，先在上天竺寺出家，沈遘为太守时让他做了住持，后来退居龙井寺。

苏轼描写辩才法师：

> 南北一山门，上下两天竺。
> 中有老法师，瘦长如鹳鹄。
> 不知修何行，碧眼照山谷。
> 见之自清凉，洗尽烦恼毒。

辩才身材瘦长，两只眼睛炯炯有神。苏轼次子苏迨身体不好，四岁还不会走路，请辩才为苏迨摩顶，后来苏迨走起路来像小鹿一样飞快。

苏轼离开杭州，二人书信不断。苏轼贬黄州时，辩才专门派人前来问候，使苏轼倍感情谊深厚。

苏轼二次任职杭州，拜谒退居龙井寺的辩才。辩才与他讲诗论茶，送行时继续谈古论今，不知不觉走过了虎溪归隐桥，步下风篁岭。辩才曾为自己立下规矩，送客不出山门，这次早已越界过了归隐桥。左右提醒他："远公复过虎溪矣。"辩才笑曰："杜甫不是说过'与子成二老，来往亦风流'吗！"回去之后，辩才在风篁岭上盖了一座小亭子，取名过亭，又叫三一老亭，为此写诗：

> 煮茗款道论，奠爵致龙优。

［宋］苏轼 《次辩才韵诗帖》 台北故宫博物院

　　　　　过溪号犯戒，兹意亦风流。

　　　　　自惟日老病，当期安养游。

　　　　　愿公归廊庙，用慰天下忧。

　　苏轼用其韵和诗，其中有句：

　　　　　送我还过溪，溪水当逆流。

　　　　　聊使此山人，永记二老游。

　　据说，辩才退居期间，发现龙井泉水若甘露，土地肥绵，气候温润，于是组织僧徒在狮峰山上广垦荒地，开辟茶园，是为龙井茶。辩才因此被奉为龙井茶鼻祖。他还在风篁岭上辟路植竹，修龙井泉，建龙井亭。

　　元祐六年（1091），辩才趺坐而去，时苏轼守颍州，作《祭龙井辩才文》和《辩才大师真赞》。

　　径山寺是江南五大禅院之一，北宋前期，其传承制度为"甲乙制"，即门人师兄弟相继住持，院内传承，私相授受。不久，多数寺院实行"十方制"，即延请诸方高僧担任本院住持，在此过程中，官方的参与逐步增多。据南宋楼钥《径山兴圣万寿禅寺之记》，苏轼一手推动了径山寺改制。苏轼的《东坡志林》则记述得更为详细：

　　　　径山长老维琳，行峻而通，文丽而清。始径山祖师有约，后世止以甲乙住持。予谓以适事之宜，而废祖师之约，当于山门选用有德，乃以琳嗣事。众初有不悦其人，然终不能胜悦者之多且公也，今则大定矣。

　　苏轼推行改制，请维琳为住持，起初有人反对，但支持的人更多，最终维琳确立了权威。

　　维琳为大觉怀琏禅师的弟子，早年在明州出家，苏轼推举他住持径山寺。佛家讲事有因果，苏轼提拔了维琳，而维琳是最后守护苏轼的僧人。

　　苏轼从海南北归后，不久病重。维琳听到消息，特意赶到常州探询。苏轼自知不久于人世，手书与维琳告别，维琳则为苏轼说偈：

　　　　扁舟驾兰陵，自懦旧风物。

　　　　君家有天人，雄雄维摩诘。

　　　　我口吞文殊，千里来问疾。

　　　　若以默相酬，露柱皆笑出。

　　苏轼头脑依然清醒，答偈道：

　　　　与君皆丙子，各已三万日。

一日一千偈，电往那容诘。

大患缘有身，无身则无疾。

平生笑罗什，神咒真浪出。

建中靖国元年七月二十八日（1101年8月24日），苏轼生命到了最后一刻，气若游丝。维琳在他耳边大声说："端明勿忘西方！"苏轼最高职级为端明殿学士，西方则是佛家所谓的极乐世界。

"西方不是没有，但个里着力不得。"苏轼努力寻找，仍看不到所谓的极乐世界。

钱世雄在苏轼身边侍奉多日，也大声喊："至此更须着力！"还要再用些力气。而苏轼答道："着力即差。"越用力越无力。

钱世雄又问："端明平生学佛，此日如何？"

苏轼："此语亦不受。"这是苏轼留在世上的最后一句话。

南华长老

相传北魏时期，印度人达摩来中原传教，提出一种新的修行方法，即禅宗。达摩将这一禅法传慧可，慧可传僧璨，又传道信、弘忍。弘忍之后分两派，北方以神秀为领袖，为北宗；南方以惠能为领袖，为南宗。中唐之后，南宗渐成主流，惠能被尊为六祖。

南华寺是南宗惠能传道的地方，宋朝属韶州。

苏轼被贬英州、惠州，虽然做好了思想准备，但生活上巨大的落差需要很长一段适应期。特别是文化上，岭南不比中原，连书都买不到、看不到，民众中读书人不多，能够写诗论文的朋友极少，对于苏轼这样一个文化人来说，内心无疑是寂寞的。

好在岭南也有佛老，为苏轼提供了强大的精神支撑。

未到贬所，中途路过南华寺，苏轼毕恭毕敬参拜六祖惠能真身。这是他第一次参访南华寺，写下了一首《南华寺》：

云何见祖师，要识本来面。

亭亭塔中人，问我何所见。

可怜明上座，万法了一电。

饮水既自知，指月无复眩。

我本修行人，三世积精炼。

中间一念失，受此百年谴。

抠衣礼真相，感动泪两霰。

借师锡端泉，洗我绮语砚。

苏轼沿袭自己前身是僧人的说法，"我本修行人"，见惠能真身如见祖师，感动得泪流满面。他在给南华寺重辩禅师的信中也说："窜逐流离，愧见方外人之旧。达观一视，延馆加厚，洗心归依，得见祖师，幸甚！幸甚！"

南华寺就是苏轼心目中的圣地，《寄苏伯固》诗云："水香知是曹溪口，眼净同看古佛衣。不向南华结香火，此身何处是真依。"曹溪是南华寺旁的一条溪流。

到达贬所后，苏轼多次找机会游访南华寺："莫言西蜀万里，且到南华一游。扶病江边送客，杖掣浦回口头。"他不但与南宗禅结下深缘，而且与南华寺的住持重辩禅师结成好友。重辩怕苏轼初到，物质匮乏，受不了苦，多次派人给他送食物和生活用品。苏轼在《与龚行信》中介绍：

辩禅师与予善，尝欲通书，而南华静人皆争请行。或问其故，曰："欲一见东坡翁，求数字终身藏之。"予闻而笑曰："此子轻千里求数字，其贤于藐山姥远矣。固知辩公强将下，无复老婆态也。"

重辩禅师的弟子争相做跑腿小哥，有人问其缘故，弟子说，见到东坡老人，求来一幅字，供终身收藏。

绍圣二年（1095），重辩请苏轼书写唐王维《六祖能禅师碑铭》、柳宗元《赐谥大鉴禅师碑》、刘禹锡《大鉴禅师碑》，打算刻石立碑于寺中。苏轼认为王维、刘禹锡的碑格调不高，只书写了柳宗元的碑，并在碑后书跋。跋文写道：

> 柳子厚南迁，始究佛法，作曹溪南岳诸碑，妙绝古今，而南华今无刻石者。长老重辩师，儒释兼通，道学纯备，以谓自唐至今，颂述祖师者多矣。未有通亮简正，如子厚者，盖推本其言，与孟轲氏合。其可不使学者昼见，而夜诵之。故具石请予书其文。

这块碑跋主体是介绍柳宗元被贬柳州时研究佛法的情况，顺带赞扬重辩禅师"儒释兼通，道学纯备"。

此后，苏轼还为南华寺和重辩禅师写过《苏程庵铭》《卓锡泉铭（并叙）》等。

建中靖国元年（1101）正月，苏轼从海南返回广东，再次到南华寺礼拜六祖惠能，此时重辩禅师已经去世两年多了。新任住持明禅师接待了他，请求他为南华寺历代长老题词。苏轼作《南华长老题名记》，谈儒、佛之间的关系，其中谈到明禅师，说：

> 南华长老明公，其始盖学于子思、孟子者，其后弃家为浮屠氏。不知者以为逃儒归佛，不知其犹儒也。

对重辩禅师他强调"儒释兼通"，对明禅师说"其犹儒也"，这里涉及苏轼思想体系中的一个重要观点，那就是儒释融合，相互借鉴。宋朝崛起了新儒学，到宋神宗年间形成多个流派，如王安石的新学、洛党的道学、苏轼的蜀学等。蜀学的最大特点是包容、开放、自由，具有很强的人情味。相对于传统儒学，蜀学显得有些离经叛道，南宋朱熹等道学传人对其大加排斥。不过，传统儒学只关注社会伦理，很少关注人的本性和内心感受，新儒学有意无意吸纳了佛老哲学精华，儒释道合流成为儒学发展的趋势。到明朝王阳明心学，强调人心的主体作用，打破了程朱理学人心和道心的二元对立，其中就可以看到佛老的影子，也可以看到蜀学的影子。

第二十七章　人生之"道"

北宋曾掀起两次崇道热潮，一次是宋真宗时，另一次是宋徽宗时。这两位皇帝热衷于制造各种祥瑞，以显示政权的合法性和治下的国泰民安。在皇帝的提倡下，北宋道教的地位不逊于佛教，有时候皇帝下诏"崇道抑佛"，道士的地位还要高于僧人。

苏轼接触道教要比佛教早得多，他八岁被送到天庆观北极院读书，老师张易简就是一位道士。晚年在岭南，苏轼还梦到过这位老先生。

苏轼崇奉道家哲学，尤其是庄子逍遥自由的思想。他少年时读《庄子》，喟然叹息曰："吾昔有见于中，口未能言，今见《庄子》，得吾心

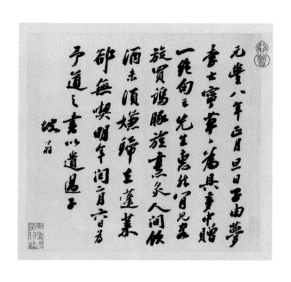

[宋] 苏轼　《元丰八年遗过子尺牍》 台北故宫博物院

矣。"他还说"自言其中有至乐，适意无异逍遥游""清诗健笔何足数，逍遥齐物追庄周"。从本质上讲，苏轼是个自由主义者，渴望无拘无束、洒脱肆意的生活，这一点刚好与道家相契合。他尊崇的是道家的精神境界。

道之道

苏轼被贬惠州时，路过广州，下榻在天庆观。天庆观崇道大师何德顺仰慕苏轼，与苏轼谈诗论道，性情契合。苏轼记述，在何德顺屋里见到了女仙，"赋诗立成，有超逸绝尘语"。苏轼再贬儋州后，天庆观东庑建了一座供奉老子的"众妙堂"，何德顺寄书海南，请苏轼为众妙堂作文。苏轼欣然命笔，写了《众妙堂记》。这篇记，集中体现了苏轼的道教思想。

眉山道士张易简教小学，常百人，予幼时亦与焉。居天庆观北极院，予盖从之三年。谪居海南，一日梦至其处，见张道士如平昔，汛治庭宇，若有所待者，曰："老先生且至。"其徒有诵《老子》者曰："玄之又玄，众妙之门。"予曰："妙一而已，容有众乎？"道士笑曰："一已陋矣，何妙之有。若审妙也，虽众可也。"因指洒水薙草者曰："是各一妙也。"予复视之，则二人者手若风雨，而步中规矩，盖焕然雾除，霍然云散。予惊叹曰："妙盖至此乎！庖丁之理解，郢人之鼻斫，信矣。"二人者释技而上，曰："子未睹真妙，庖、郢非其人也。是技与道相半，习与空相会，非无挟而径造者也。子亦见夫蜩与鸡乎？夫蜩登木而号，不知止也。夫鸡俯首而啄，不知仰也。其固也如此。然至蜕与伏也，则无视无听，无饥无渴，默化于荒忽之中，候伺于毫发之间，虽圣知不及也。是岂技与习之助乎？"二人者出。道士曰："子少安，须老先生至而问焉。"二人者顾曰：

"老先生未必知也。子往见蜩与鸡而问之，可以养生，可以长年。"
广州道士崇道大师何德顺，学道而至于妙者也。故榜其堂曰"众
妙"。书来海南，求文以记之。予不暇作也，独书梦中语以示之。戊
寅年三月十五日，蜀人苏轼书。

苏轼假托于梦，阐述"众妙"之理。梦见"小学教师"、眉山天庆
观道士张易简在打扫卫生，孩子们在诵读《老子》一书，其中有一句"玄
之又玄，众妙之门"。苏轼不太理解，问张易简说："玄妙的事物，有一
件就行了，怎么能容下万物？"张易简和蔼地给他讲解："一件玄妙也是
胡扯，哪里有什么玄妙！既然要说玄妙，不如说万物玄妙。"他指着正在
洒水除草的两个人说："他们各得一妙。"苏轼看时，两人手脚麻利，有
条不紊，一会儿把庭院整治干净，像天空中云雾霍然散去。苏轼惊叹道：
"这么妙啊，像庖丁解牛、郢人斫鼻，我相信了。"那两个洒水除草的人
放下手中的活计，走过来理论说："庖丁解牛、郢人斫鼻是因为技艺纯
熟，蝉爬树鸣叫、鸡低头吃米，这是习性，这些都不算妙。蝉脱壳、鸡抱
窝，不看不听、不知饥不知渴，在虚幻中实现了进化，在瞬间完成了突
变，这些与技巧和习性无关，这才是玄妙啊！"

用西方哲学去解读，《众妙堂记》讲了一个量变和质变的道理。庖丁
解牛、郢人斫鼻，虽然高妙，但只是比常人熟练而已，常人用更多的时间
或许可以达到。但蝉脱壳、鸡抱窝，孕育了新的生命，取得了质变，质变
的层次显然高于量变，如果不是达到玄妙的境界，是不可能实现的。

如何实现质变？这就是道家无为而为、浑然天成的道理。庖丁解牛、
郢人斫鼻都有努力的痕迹，是刻意人为的结果，但蝉脱壳、鸡抱窝则是事
物发生发展的客观规律，只要顺应这个规律，就能实现脱胎换骨，这与技
巧无关，与习性无关。

苏轼在最后又点出："可以养生，可以长年。"养生和长寿都要遵循

这个道理！

　　苏轼对道家哲学和养生之道的理解，都体现在《众妙堂记》里。"玄之又玄，众妙之门"，众人都可以达到这个境界，关键看能不能悟道。

养生之道

　　苏轼信奉道教，还与养生有关。他经常与苏辙以及朋友们交流养生心得，每每感叹苏辙养生功夫深厚，这些全赖中医理论和道教滋养。苏轼的杂文集《东坡志林》中，有很多关于养生的篇幅。

　　有一位李士宁，蓬州人，平时沉默寡语，据说寿命超过了百岁。李士宁能掐会算，在成都见到年轻的苏轼，预言说："你将来定会大贵，能考中头名状元。"后来苏轼果然在制科考试中拔得头筹。

　　李士宁游历天下，在京城待的时间最久，是许多显贵的座上宾。王安石都对他信任有加，作诗说："自嗟不及门前水，流到先生云外家。"而欧阳修却认为这个人没什么立场，没什么本事，就是靠一些小把戏糊弄人。他有文《赠李士宁》：

　　　　蜀狂士宁者，不邪亦不正。混世使人疑，诡谲非一行。平生不把笔，对酒时高咏。初如不著意，语出多奇劲。倾财解人难，去不道名姓。金钱买酒醉高楼，明月空床眠不醒。一身四海即为家，独行万里聊乘兴。既不采药卖都市，又不点石化黄金。进不干公卿，退不隐山林。与之游者但爱其人而莫见其术，安知其心？吾闻有道之士游心太虚，逍遥出入，常与道俱。故能入火不热，入水不濡。尝闻其语，而未见其人也，岂斯人之徒欤？不然言不纯师，行不纯德，而滑稽玩世，其东方朔之流乎。

李士宁看起来卷入了新旧党争，新党喜欢、旧党不屑。不过苏轼并没有受欧阳修影响，他仍然同李士宁交往，谈道学、谈性命、谈养生。他还把李士宁介绍给苏辙，苏辙有一次梦到李士宁为自己说鬼怪之事，专门写诗留念。

熙宁十年（1077），李士宁参与宗室赵世居谋逆案，险些波及王安石。

陆惟忠是一位热衷于炼丹养生的道士，与苏轼交情颇深。他是苏轼的眉山同乡，字子厚，与章惇同字。陆惟忠一心想炼成长生不老的仙丹，苏轼认为不现实，便同陆惟忠探讨：

> 世外之道，金丹为上，仪邻次之，服食草木又次之，胎息三住为本，殆无出此者。嵇中散曰："守之以一，养之以和，和理日济，同乎大顺，然后承以灵芝，润以醴泉，晞以朝阳，绥以五弦。"不用其他，举以中散为师矣。

苏轼这里强调的是"世外之道"的"本"——"胎息三住"。胎息即静养屏神护气，三住为气住、神住、形住。苏轼引用嵇康的《养生论》，说明胎息三住的重要性。唐宋道士炼丹，分内外丹，外丹指有形的、吞服的金丹，内丹就是胎息。

苏轼还向陆惟忠推荐了"桂酒"："桂酒，乃仙方也。酿桂而成，盎然玉色，非人间物也。"苏轼邀请他来同饮，认为道家少量饮酒不算破戒。

陆惟忠对自己炼丹很有信心，相信绝不会死。可苏轼指出他修炼方法有误："子神清而骨寒，其清可以仙，其寒亦足以死。""骨寒"是陆惟忠炼丹中最大的问题。苏轼谪惠州，陆惟忠专门去探望苏轼，这时他已经瘦成了皮包骨头。二人继续讨论养生的问题，陆惟忠说："我大概真的要因为骨寒而死了。没想到研究一辈子养生，却被养生害死。"苏轼笑着说："你要是死了，下辈子还做道士，继续研究养生。"苏轼拿出一块黑玉般的石头，说："我用这块石头给你写墓志吧。"陆惟忠认为这是他的荣幸。

不久，陆惟忠果然死了，只活了五十岁。

所以，苏轼相信炼内丹，不相信炼外丹。一位叫何宗一的道士寄给苏轼一个炼外丹的药方，苏轼回信说："此不难修制，当即服饵，然此终是外物，惟更加功静观也。"

苏轼在《东坡志林》里还讲述了道士陈太初得道飞升的故事，陈太初算是修成正果，长生不老了。

苏轼在天庆观学习，同学数百名，老师张易简只称赞二人——苏轼和陈太初。但陈太初无意仕途，长大后做了道士。

陈太初不仅道行高深，而且心存善念，大年初一将衣食钱物散于众人，然后坐化。为了不让小卒受累，他死后复活，自己走到桥下跌坐去世。苏轼虽然不相信得道成仙之说，但对这位儿时同窗还是十分赞赏的。

文艺之道

道士大约平日比较清闲，有时间、有精力研究文艺。陆惟忠就精通诗、棋、医、卜、术。他第一次拜访苏轼是在黄州，当时他先拿出自己的诗作让苏轼批评，然后才开始讨论养生，苏轼称赞他"诗益工"。

"君子之座，必左琴右书"，苏轼本人精通琴学，明代张右衮《琴经·大雅嗣音》记："古人多以琴世其家，最著者眉山三苏。"他的道士朋友中也有鼓琴高手，那就是戴日祥。

据苏轼《游桓山记》记载"登桓山，入石室，使道士戴日祥鼓雷氏之琴，操《履霜》之遗音"，桓山在徐州泗水之滨，传说为春秋时期宋国司马桓魋之石室墓。苏轼让道士戴日祥鼓琴，戴日祥心存顾虑，说死人墓前鼓琴合乎礼制吗？苏轼认为合乎礼制，其一古人有先例，其二司马桓魋是个恶人、愚人，其三墓葬早已化为飞尘，死人哪里能听到琴声。

唐代最著名的斫琴家族姓雷，所以雷氏之琴成了名琴的代称。《履霜》是古代名曲。尹吉甫的儿子伯奇被继母撵出家门，没有吃的穿的，只好把荷叶围在身上遮蔽身体，采摘椁花充饥。伯奇早晨踏着霜露，伤心不已，鼓琴而奏，弹起了哀怨的曲子，就是《履霜操》。

用名琴，鼓名曲，戴日祥的艺术水平足见高超。

吴复古

吴复古，字子野，号"远游先生"，广东揭阳人，是与苏轼关系最为亲密的道士。

吴复古的父亲吴宗统官至翰林院侍讲，吴复古也曾跻身官场，但不久就厌倦了，挂冠而去，做了云游四方的道士。

苏轼有位朋友叫李师中。熙宁四年（1071）朝廷调查苏轼守孝期间贩卖私盐、木材的案件，让李师中作证，李师中拒绝构陷苏轼。李师中也是吴复古的朋友，曾向苏轼谈论过吴复古，苏轼从中了解到不少吴复古的信息。

熙宁九年年底，苏轼由密州改知徐州，到齐州探望苏辙未获，却见到了吴复古。二人有共同的兴趣，那就是养生，这让他们很快成为朋友。苏轼记述他们相识的经过：

> 与子野先生游，几二十年矣。始以李六丈待制师中之言，知其为人。李公人豪也，于世少所屈伏，独与子野书云："白云在天，引领何及。"而子野一见仆，便谕出世间法，以长生不死为余事，而以练气服药为土苴也。仆虽未能行，然喜诵其言，尝作《论养生》一篇，

为子野出也。

这是苏轼写给吴复古儿子的信，"白云在天，引领何及"指李师中预言吴复古能得道升仙。后面表述了吴复古的养生观念：长生不死、练气服药都不是人生的追求。那么吴复古追求什么呢？"出世间法"，当然是活得潇洒自如，超脱生死，不为世事羁绊。"出世间法"是佛教用语，吴复古借此说明他并不在意身份名誉，只在意精神上的解脱。

吴复古先于苏轼离开齐州，打算回老家揭阳。苏轼和晁补之把他送到齐州边境，晁补之写诗赠别："汶阳我昔见苏李，人言吴子归未几。长啸春风大泽西，却望麻田山万里。"苏李指苏轼和李师中，麻田山是吴复古即将隐居的地方，在潮州，离揭阳很近。

吴复古在老家建了一座"远游庵"，请求苏轼为之记，苏轼作《远游庵铭》，其铭曰：

> 悲哉世俗之迫隘也，愿从子而远游。子归不来，而吾不往，使罔象乎相求。问道于屈原，借车于相如，忽焉不自知历九疑而过崇丘。宛兮相逢乎南海之上，踞龟壳而食蛤蜊者必子也。庶几为我一笑而少留乎？

铭中流露出浓重的避世思想，想要跟着吴复古游历四方，这应当是苏轼不如意时的真实想法。

其时恰好文同给苏轼寄了一卷黄绢，求他书写近期的诗文作品，苏轼便把这篇铭文同时抄送给文同。

苏轼被贬黄州后，不愿与亲戚朋友相见，却希望见到吴复古。吴复古正在家里守孝，不便前来，担心苏轼吃不好，派人给苏轼送来食物，有福建茶、沙鱼、赤鲤，都为北方所罕见。

苏轼回赠了吴复古一件礼物——李明的一幅山水画，并致歉说这里实在没有能拿得出手的礼物，太惭愧了。

元祐年间，朝廷起复苏轼，吴复古也到了京师。苏轼春风得意之时，除了朝政，大部分时间都与文士交流诗词和艺术，道教的出世思想暂时收敛起来，与吴复古交往并不多。

苏轼被贬惠州，出世思想又泛滥起来，而这时吴复古也适时伸出援手，一直安慰、帮助和陪伴苏轼。

苏轼南贬，恰好吴复古要到北方去，二人巧逢于真州、扬州。吴复古从思想上开导苏轼说：

> 邯郸之梦，犹足以破妄而归真。子今目见而身履之，亦可以少悟矣。

卢生在邯郸旅店住宿，入睡后做了一场梦，享尽一生荣华富贵。梦醒来，小米饭还没有熟，因有所悟。这就是"邯郸之梦"或叫"黄粱梦"，向世人揭示的道理是，所谓的荣华富贵都不可靠，像梦一样短促而虚幻。吴复古用这个典故让苏轼面对现实，不要产生悲戚绝望之心。

苏轼刚到惠州，吴复古就让他儿子送来了酒、面、海产品和荔枝等，还写信讲了一些诸子百家的道理，并告诉苏轼，自己尚在北方，不过会很快回来看望他。苏轼称赞吴复古的儿子"词气翛然，又以喜子野之有佳子弟也"。

绍圣三年（1096）秋，吴复古与陆惟忠来到惠州，陪伴苏轼，他们同游逍遥堂、罗浮道院等地。苏轼赠送吴复古很多书帖，可考知者有《远游庵铭》《书神守气诗》《书李承晏墨》《煨芋帖》等。

吴复古在惠州待了三个多月，这是除参寥外，方外之人与苏轼最长的陪伴。他们经常谈兴盎然，彻夜不困。苏轼有诗描述他们相处的情形：

［宋］刘松年 《松荫谈道图》 北京故宫博物院

往岁追欢地，寒窗梦不成。

笑谈惊半夜，风雨暗长檠。

鸡唱山椒晓，钟鸣霜外声。

只今那复见，仿佛似三生。

其间发生了一些有趣的事，苏轼在《和陶岁暮作和张常侍》一诗的引子中将其记录了下来：

十二月二十五日，酒尽，取米欲酿，米亦竭。时吴远游、陆道士皆客于余，因读渊明《岁暮和张常侍》诗，亦以无酒为叹，乃用其韵赠二子。

穷得买不起酒了，就用米酿吧，结果一看，米也没了。苏轼尴尬极了，只好写首诗送给二人，作为补偿。

绍圣四年（1097）五月，苏轼追贬海南。这种流放接近于被判死刑，想要活着回来希望渺茫。很多朋友想去看望苏轼，都被苏轼回绝了，然而吴复古已年过九旬，还是义无反顾地浮槎渡海，到儋州陪伴苏轼。苏轼在海南三年，吴复古四次往返琼州海峡，最后一次带来宋徽宗登基及赦免苏轼兄弟的消息，他和秦观是最早把消息传给苏轼的人。

苏轼北归时，吴复古陪同，在广州和英州接壤的地方，九十六岁的吴复古忽患重病，竟微笑而逝。苏轼作《祭吴子野文》：

急人缓己，忘其渴饥。道路为家，惟义是归。卒老于行，终不自非。送我北还，中道弊衣。有疾不药，但却甘肥。问以后事，一笑而麾。飘然脱去，云散露晞。我独何为，感叹歔欷。一酹告诀，逝舟东飞。

吴复古对苏轼似乎只有帮助，没有所求，这正是苏轼特别感激的地方。苏轼相信，吴复古之逝，像云一样散了，像露水一样蒸发了，像乘着小舟远游了。道家看淡生死，苏轼的这篇祭文，把悲伤寓于洒脱之中。

第二十八章　隔世之交陶渊明

儒释道是中国古代哲学的主流，三家中，只有儒家入世，其余两家都试图跳出世俗之外，远离教条的礼制，远离肮脏的权斗，远离无休止的贪婪。在社会生活中，还有一类人，虽然没有出家，却尽量不问世事，不为世俗所羁绊，随心所欲地过着淡泊的生活。这类人通常生活在郊野山林之中，人们称之为"隐士"。

隐士没有度牒，没有道士和尚的身份，不需要遵守严格的戒律，但他们精神上更接近无为而为、无欲而刚的佛道中人，他们都是方外人。

隐逸诗人之宗

中国历史上最有名的隐士莫过于陶渊明。

陶渊明又名潜，字元亮，号五柳先生，私谥靖节，东晋诗人。陶渊明曾出仕为官，最后一任为彭泽县令，做了八十多天便弃职而去，过上了田园生活。陶渊明传世作品有诗125首，文12篇，代表作有诗《饮酒二十首》、赋《归去来兮辞》、散文《五柳先生传》等。

陶渊明生前仅以隐士著称，不以文学显达。南朝梁刘勰《文心雕龙》体大虑周，几乎论及了在他之前的所有重要诗人，却无一字提及陶渊明。钟嵘的《诗品》仅将陶渊明列入中品，不过封了他一个"隐逸诗人之宗"的称号。直到陶渊明去世一百年后，萧统单独编撰《陶渊明集》，盛赞他人格之光辉、诗格之优美、诗德之圣洁，才给予陶渊明应有的文学地位和文化尊重。

在文学创作上，大诗人鲍照首先关注到陶渊明的诗歌，并与陶渊明穿越时空唱和，作《学陶彭泽体》；江淹亦有《拟陶征君田居》，开创了和陶、学陶、拟陶范例。南朝文风繁缛典丽，而陶诗清新质朴，不合时宜，却给文坛吹进了一丝田园风。

不过，由于南北朝隔阂，陶渊明走入主流文化人视野，享受一流诗人的待遇，还需要很长一段时间。初唐时，人们论及史上著名作家，能够提及曹植、建安七子、竹林七贤、左思、谢灵运、鲍照、江淹，却很少提到陶渊明。直到盛唐，李白十分推崇谢灵运，提及陶渊明时却写"醒醒东篱下，渊明不足群"。杜甫也极力贬低陶渊明："陶潜避俗翁，未必能达道。观其著诗集，颇亦恨枯槁。"

第一位仰慕陶渊明的大诗人是白居易。他虽然在家庭出身、人生道路、文化思想等方面与陶渊明有云泥之别，却自称"异世陶元亮"。陶渊明是浔阳人，白居易任江州司马时专门拜访了陶渊明故居，在诗文中提到陶渊明的地方也很多。白居易还创作了《效陶潜体诗十六首》，在陶渊明接受史上意义重大。

无论初唐、盛唐还是中唐，对陶渊明都有褒有贬，陶渊明诗歌的审美追求和价值追求虽然受到一定程度的肯定和尊重，但由于唐朝中前期个性张扬、精神奋发，即便隐逸如孟浩然、储光羲，官场失意如白居易、韩柳，也多介于出世与入世之间，很少有人能甘于寂寞、不问世事。陶渊明的洒脱和闲趣被人们欣赏，陶诗平淡自然、率真无饰的内核却很难被效仿。所以唐人对陶渊明欲迎还拒，还没有从理性上形成更高层次的认知。

到了晚唐，帝国残阳夕照，与东晋动乱社会有几分相似，文学界对陶渊明已经很少再有非议。但李商隐、杜牧们都活得很累，这一时期主流诗人仿效陶体的更少了。

钱锺书先生认为，唐人"虽道渊明，而未识其出类拔萃"，"渊明文名，至宋而极"。其中最重要的节点人物，便是苏轼。

苏轼对陶渊明评价极高，贬谪岭南时，曾给苏辙写过一封信，较为详细地阐述了他对陶渊明的看法：

> 吾于诗人，无所甚好，独好渊明之诗。渊明作诗不多，然其诗质而实绮，癯而实腴。自曹、刘、鲍、谢、李、杜诸人皆莫及也……然吾于渊明，岂独好其诗也哉？如其为人，实有感焉。渊明临终，疏告俨等："吾少而穷苦，每以家贫，东西游走。性刚才拙，与物多忤，自量为己必贻俗患，黾勉辞世，使汝等幼而饥寒。"渊明此语，盖实录也。吾今真有此病，而不早自知。半生出仕，以犯世患，此所以深服渊明，欲以晚节师范其万一也。

苏轼在文中评价了陶渊明的诗和为人，称颂其诗看起来朴实，其实很华丽，看起来很清瘦，其实很丰满，曹植、刘桢、鲍照、谢灵运、李白、杜甫这些所谓的大诗人都比不上他。陶渊明的为人，围绕一个"穷"字，突出了其"性刚才拙，与物多忤"。苏轼感叹，这毛病我也有啊，只是自己不知道罢了！

苏轼推崇陶渊明，在于二人性情、境遇相近。正如苏辙所言："嗟夫！渊明不肯为五斗米一束带见乡里小人，而子瞻出仕三十余年，为狱吏所折困，终不能悛，以陷于大难，乃欲以桑榆之末景，自托于渊明，其谁肯信之？"在隐逸这件事上，陶渊明主动而为，苏轼迫于无奈，但结果有相似之处。黄州之后，苏轼有意无意模仿陶渊明，不仅在诗歌语言、题材、风格上进行学习，而且在人生态度上趋于认同。

只渊明，是前生

苏轼在熙宁年间的创作汪洋恣肆、灏气旋转，然而"乌台诗案"让他的心灵受到极大的摧残。贬到黄州后，他躬耕于东坡，心境发生了变化，过去张扬的儒家思想趋于黯淡，此时更渴望平淡而自由的生活。这种情形下，他需要借助新的力量去排遣深重的精神包袱，寻找个体生命的自在律动。而陶渊明诗歌中的平和冲淡、自在率真能够唤醒他的心灵记忆，为他提供精神依托，他自然而然地想起了陶渊明。

陶渊明曾游斜川，远眺南阜，作《游斜川》诗。苏轼"元丰壬戌之春，余躬耕于东坡，筑雪堂居之，南挹四望亭之后丘，西控北山之微泉，慨然而叹，此亦斜川之游也"。他觉得东坡和雪堂很像陶渊明笔下的斜川，于是写下一首《江城子》：

> 梦中了了醉中醒。只渊明，是前生。走遍人间，依旧却躬耕。昨夜东坡春雨足，乌鹊喜，报新晴。　雪堂西畔暗泉鸣。北山倾，小溪横。南望亭丘，孤秀耸曾城。都是斜川当日景，吾老矣，寄余龄。

苏轼把陶渊明认作自己的前生，觉得自己的生活与陶渊明像极了。从整首词的格调来看，苏轼对这种田居生活不但认同，而且洋洋自得。

东坡很贫瘠，雪堂很简陋，一位被罢免的官员董钺却"过而悦之"。董钺本来要去鄱阳，现在却不走了，想跟苏轼卜邻而居。苏轼将董钺引为知音，把陶渊明的《归去来兮辞》谱上曲，"使家童歌之，时相从于东坡，释耒而和之，扣牛角而为之节，不亦乐乎？"其怡然自乐，不逊陶令风采。

在耕作生活中，苏轼体会到田居的劳苦和快乐，作《东坡八首》。这八首诗一改诗人平素豪迈之风，语言朴实平和，如清代纪昀所说：

［明］陈洪绶　《玩菊图》　台北故宫博物院

"八章皆出入陶、杜之间，而参以本色。"陶渊明不仅在精神上给予苏轼以支撑，而且拓展了他的创作风格。

陶渊明好饮酒，有饮酒诗二十首。在《书渊明饮酒诗后》，苏轼找到了与陶渊明的共鸣：

> 陶诗云："但恐多谬误，君当恕醉人。"此未醉时说也，若已醉，何暇忧误哉！然世人言："醉时是醒时语。"此最名言。
>
> 张安道饮酒，初不言盏数，少时与刘潜、石曼卿饮，但言当饮几日而已。欧公盛年时，能饮百盏，然常为安道所困。圣俞亦能饮百许盏，然醉后高叉手而语弥温谨。此亦知其所不足而勉之，非善饮者，善饮者淡然与平时无少异也。
>
> 若仆者又何其不能饮，饮一盏而醉，醉中味与数君无异，亦所美尔。

酒是忘忧的欢伯，是失意者的

［明］杜堇 《陶渊明赏菊图》 大都会艺术博物馆

良药，有了它，可以忘记一切烦恼。被贬黜黄州的苏轼正需要酒的慰藉。但是，他又不敢饮酒，怕酒后失言，被人传到京城，又惹出祸端。苏轼便借张方平等人饮酒的情态发表议论：他们都是饮酒中的高手，只有梅尧臣虽能饮百盏，但醉后话多，此"非善饮者"。文章用平淡的闲笔抒发了苏轼"饮中真味老更浓，醉里狂言醒可怕"的担心，其实乃借陶诗表达自己的无奈和不平。

元丰七年（1084），苏轼量移汝州，结束了黄州的编管生活。他在《陶骥子骏佚老堂二首》中再次提到陶渊明："渊明吾所师，夫子仍其后。挂冠不待年，亦岂为五斗。""能为五字诗，仍戴漉酒巾。人呼小靖节，自号葛天民。"葛天民是陶渊明《五柳先生传》中一个"不戚戚于贫贱，不汲汲于富贵"的人物形象，苏轼想做那样的人，希望在无奈的现实里找到精神上的适意与安乐。

因为"乌台诗案"的人生遭遇，因为在黄州的亲身耕作，苏轼从文学和为人上都接受了陶渊明。

我即渊明

终于熬过了黄州的漫漫长夜，元祐中苏轼回到朝廷，但旋即又因旧党分裂，受到围攻而知杭州、知颍州、知扬州。只要在人生逆境中，他总会产生急流勇退的思想，总会想起陶渊明。

他羡慕陶渊明来去自由，叹息自己身不由己。在《书李简夫诗集后》中他评价陶渊明：

> 欲仕则仕，不以求之为嫌；欲隐则隐，不以去之为高。饥则叩门而乞食，饱则鸡黍以迎客。古今贤之，贵其真也。

［宋］赵令穰（传）《陶潜赏菊图》 台北故宫博物院

　　他认为陶渊明最可贵的品质是"真"，即丝毫不掩饰自己内心的想法，不在意世俗的看法和外在的规则，从而做出完全符合自己性情的选择。

　　从隐逸耕作之乐到真我的表达，苏轼逐渐挖掘出陶渊明及其诗歌最大的文化价值，让陶渊明的形象更加清晰、丰富和立体。

　　陶渊明最著名的诗歌莫过于《饮酒二十首》，作于晋宋之交，诗前有序说："余闲居寡欢，兼比夜已长，偶有名酒，无夕不饮，顾影独尽。忽焉复醉。既醉之后，辄题数句自娱，纸墨遂多。辞无诠次，聊命故人书

之，以为欢笑尔。"说是为了高兴才饮酒，实则以酒寄慨，表达对现实的不满和对田园的喜爱，抒发迷茫、矛盾、晦暗的情绪。

苏轼在扬州时，继续遭受洛党围攻。贾易弹劾苏轼作诗欣幸神宗升仙，要求立案勘治。这时的苏轼，同陶渊明一样陷入矛盾、迷茫和晦暗之中，于是将陶渊明《饮酒二十首》一一唱和，作《和陶饮酒二十首》。他在序中说：

吾饮酒至少，常以把盏为乐。往往颓然坐睡，人见其醉，而吾中了然，盖莫能名其为醉为醒也。在扬州时，饮酒过午，辄罢。客去，解衣盘礴，终日欢不足而适有余。因和渊明《饮酒二十首》，庶以仿佛其不可名者，示舍弟子由、晁无咎学士。

苏轼的状态说不出是醉了还是醒着，心情是欢乐不足而舒适有余。看起来刚刚好，但妙就妙在醉与醒之间，别人以为醉了，当事人自己心里清醒着呢！醉和醒，在古代语境中不仅指饮酒，还代表着处世。苏轼的醉，是表面上的酒醉；苏轼的醒，是对现实处境的清醒。唯其清醒，所以痛苦。他在"其十五"中写道：

> 去乡三十年，风雨荒旧宅。
>
> 惟存一束书，寄食无定迹。
>
> 每用愧渊明，尚取禾三百。
>
> 颀然六男子，粗可传清白。
>
> 于吾岂不多，何事复叹息。

苏轼把外出做官叫作"寄食"，想起家乡的旧宅已经荒芜，田地无人耕种，还不如陶渊明自食其力，自给自足。这种出仕和归隐的矛盾，从苏轼出川那一刻起，无时不纠结于心。任凤翔签判时就发出"退居吾久念，长恐此心违"的心声，熙宁间也有"田园处处好，渊明胡不归"的感叹。但古代社会，读书人要实现自己的理想和抱负，改善家庭的生活待遇，只有做官这一条道路，要真正退居田园，需要非凡的勇气和决心，这正是苏轼感觉"愧渊明"的地方。

如果说在黄州和扬州，苏轼虽因无法实现政治抱负而苦闷，尚不能完全熄灭建功立业的雄心，绍圣年间他贬居岭南，早已放下事功之心，更多的是为自己的生活和生存担忧。他在惠州白鹤峰上盖房子、建新居，做了定居久住的打算。这时苏轼的身份虽然仍是官员，却已经身心疲惫、穷苦潦倒，与陶渊明隐居之时的拮据处境非常相似，陶渊明再次成为其精神慰藉。苏轼身无长物，"流转海外，如逃空谷。既无与晤语者，又书籍举无有，惟陶渊明一集，柳子厚诗文数策，常置左右，目为二友"。

苏轼在《书渊明东方有一士后》中写道：

〔明〕张鹏 《渊明醉归图》 广东省博物馆

"东方有一士，被服常不完。三旬九遇食，十年著一冠。辛苦无此比，常有好容颜。我欲观其人，晨去越河关。青松夹路生，白云宿檐端。知我故来意，取琴为我弹。上弦惊别鹤，下弦操孤鸾。愿留就君住，从今至岁寒。"此东方一士，正渊明也。不知从之游者谁乎？若了得此一段，我即渊明，渊明即我也。绍圣二年二月十一日，东坡居士饮醉食饱，默坐思无邪斋，兀然如睡，既觉，写渊明诗一首，示儿子过。

《东方有一士》是陶渊明的诗歌，

诗人笔下的"东方一士"，是一位隐居的高人，住在密林深处，白云之间。诗人去拜访他，他为诗人弹琴，琴技高妙，能够让仙鹤和凤凰与之律动。苏轼读这首诗，悟到诗中的"东方一士"，就是陶渊明本人啊！那么诗中的"我"即去拜访东方一士的又是谁呢？还是陶渊明啊！这就是所谓的"我即渊明，渊明即我"。当然，诗中的"我"，也代表了所有向往高士生活的人，包括苏轼。他既是诗中的"我"，又是本真的"我"。"我即渊明，渊明即我"，与在黄州时"只渊明，是前生"遥相呼应，并更进一步。

苏轼相信，自己与陶渊明已经融为一体，是生活在不同时代的同一人，这就是"我即渊明，渊明即我"，二者完全重叠，已经分不出彼此。

这是隔世之交的最高境界了。

既然与陶渊明融为一体，苏轼便下决心将陶渊明的所有诗歌全部唱和一遍。绍圣二年（1095），"三月四日，游白水山佛迹岩……归卧既觉，闻儿子过诵陶渊明《归园田居》诗六首，乃悉次其韵。始余在广陵，和渊明饮酒诗二十首，今复为此，要当尽和其诗乃已耳"。此后数年，苏轼完成了这一宏愿，一共作和陶诗109首，"至其得意，自谓不甚愧渊明"，寄给苏辙，嘱苏辙为其写序，结集成《追和陶渊明诗》。

苏辙为苏轼写的引言中，认为陶渊明比不上苏轼："渊明隐居以求志，咏歌以忘老，诚古之达者，而才实拙。若夫子瞻仕至从官，出长八州，事业见于当世，其刚信矣，而岂渊明之才拙者哉？"苏轼看到弟弟的引言，删除了这一段，更加强调自己不如陶渊明："渊明不肯为五斗米一束带见乡里小儿。而子瞻出仕三十余年，为狱吏所折困，终不能悛，以陷大难，乃欲以桑榆之末景，自托于渊明，其谁肯信之？"这段话指出自己觉悟太晚，屡受挫折却仍不悔过，直到桑榆末景，才悟出陶渊明早已践行过的道理。

除了和陶诗，苏轼还有许多读陶诗时的笔记流传了下来。比如读《饮

［明］仇英　《桃源仙境图》　天津博物馆

酒其五》，其中名句"采菊东篱下，悠然见南山"，有版本作"悠然望南山"，苏轼指出："因采菊而见山，境与意会，此句最有妙处。近岁俗本皆作望南山，则此一篇神气都索然矣。古人用意深微，而俗士率然妄以意改，此最可疾！"这句评语流传下来，影响极大，"望南山"版本遂绝于世。

在所有的前世诗人中，对陶渊明，苏轼熟读于心，和之以诗，践之以行，真可谓隔世知音。

师渊明之雅放

在苏轼的影响下，苏门弟子几乎个个都是陶渊明的崇尚者。

元丰三年（1080）冬，黄庭坚由大名府移知吉州太和县，途经陶渊明故里彭泽，瞻仰了陶渊明故居，作《宿旧彭泽怀陶令》，感叹陶渊明生不逢时，不为世所用，表达了对陶渊明的景仰。

陶渊明有一首《责子诗》，后人读其诗，认为陶渊明的儿子们不肖，而陶渊明又过于在意儿子能否成才，与隐士超脱之风不符。黄庭坚却有新的见解，跋其诗曰："观渊明之诗，想见其人恺悌慈祥，戏谑可观也。俗人便谓渊明诸子皆不肖，而渊明愁叹见于诗，可谓痴人前不得说梦也。"黄庭坚认为，陶渊明戏谑的笔法，表现的是与孩子们没有隔阂的亲情，展示的是天伦之乐。

苏轼和陶诗结集后，黄庭坚很认同苏轼与陶渊明乃隔世知音，跋其诗集曰："子瞻谪岭南，时宰欲杀之。饱吃惠州饭，细和渊明诗。彭泽千载人，东坡百世士。出处虽不同，风味乃相似。"

苏轼去世后，黄庭坚像老师一样，也自比陶渊明："远公引得陶潜住，美酒沽来饮无数……与君深入逍遥游，了无一物当情素。"他对陶诗爱不释手，"老夫久不观陶谢诗，觉胸次逼塞"。在那样一个党同伐异的年代，如果没有陶诗作精神慰藉，他怕是要抑郁了。

［明］马轼 《归去来兮图·问征夫以前路》 辽宁省博物院

苏轼北归时，作有一篇《和归去来》，充满了理性的思考。如其最后一段云：

> 已矣乎，吾生有命归有时，我初无行亦无留。驾言随子听所之，岂以师南华而废从安期。谓汤稼之终枯，遂不溉而不耔。师渊明之雅放，和百篇之新诗。赋归来之清引，我其后身盖无疑。

苏轼此时已经超越了生死，超越了个人得失，真正做到了"师渊明之雅放"。

苏轼《和归去来》传至京师，其门下宾客从而和者数人，其中包括"苏门四学士"之一的张耒。张耒的和辞最后一段说："已矣乎，万物之作各其时，吾独与时而去留，岂或能力而违之。既往莫或追，来者尚可期。盖雨暘之在天，岂吾稼之不耔。彼蜀雄之必传，作犹愧于书诗。"一副听天由命的姿态。陶渊明的顺应自然、无为而为中包含有达观、进取之意，张耒则消沉一些。

有人说在人生态度上，"苏门四学士"中张耒最接近苏轼，此言不虚。苏轼评价张耒"得其易"，平淡冲和、平易自然。张耒虽然评论陶渊明不多，但诗歌风格更接近陶渊明。

"苏门四学士"中最推崇陶渊明的是晁补之。他晚年隐居齐州，自号"归来子"，把隐居地称为"归来园"，园中所有亭台草木全部在陶渊明《归去来兮辞》中选取词汇命名。

晁补之的崇陶甚至影响了他的弟子。"苏门后四学士"之一李格非，其女李清照曾跟随晁补之学诗，仰慕老师为人，像晁补之一样，从《归去来兮辞》"审容膝之易安"一句中提取"易安"二字作为自己的号。

因为有千年前的陶渊明，苏轼在最困厄的时候获得了精神力量；因为有千年后的苏轼，陶渊明的诗歌为更多文人士子所接受，渐渐攀至文学史的巅峰。

这一切，皆源自其相似的人生经历、相若的文化修养和相近的哲学思考。

参考文献

《宋诗鉴赏辞典》，上海辞书出版社，1987。

《唐宋词鉴赏辞典》，上海辞书出版社，1988。

白化文、张智主编：《中国佛寺志丛刊》，广陵书社，2006。

北京大学古文献研究所编：《全宋诗》，北京大学出版社，1998。

陈鼓应注释：《庄子今注今译》，中华书局，2020。

陈鼓应著：《老子今注今译》，中华书局，2020。

陈师道撰：《后山居士文集》，上海古籍出版社，1984。

程敏政编：《明文衡》，社会科学文献出版社，2015。

崔铭著：《王安石传》，天津人民出版社，2021。

戴肇辰撰：《琼台纪事录》，清刻本。

道潜著，孙海燕点校：《参寥子诗集》，上海古籍出版社，2017。

邓椿撰，李福顺校注：《画继》，山西教育出版社，2017。

邓乔彬著：《宋代绘画研究》，河南大学出版社，2006。

丁福保辑：《历代诗话续编》，中华书局，2015。

方健著：《北宋士人交游录》，上海书店出版社，2013。

冯友兰著：《中国哲学简史》，四川人民出版社，2020。

盖菲著：《道教内外丹关系研究》，巴蜀书社，2019。

高叶青著：《范祖禹生平与史著研究》，科学出版社，2018。

郭庆藩撰，王孝鱼点校：《庄子集释》，中华书局，2013。

郭瑞祥著：《大宋文官》，现代出版社，2021。

郭味蕖编：《宋元明清书画家年表》，人民美术出版社，1982。

韩国强著：《苏东坡在儋州》，华夏出版社，2002。

何士信编：《草堂诗余》，广陵书社，2020。

何文焕辑：《历代诗话》，中华书局，2004。

胡仔著：《苕溪渔隐丛话》，人民文学出版社，1993。

黄庭坚著，刘尚荣校点校，任渊、史容、史季温注：《黄庭坚诗集注》，中华书局，2017。

黄庭坚著：《黄庭坚集》，山西古籍出版社，2007。

蒋一葵撰，吕景琳点校：《尧山堂外纪》，中华书局，2019。

孔凡礼点校：《苏轼诗集》，中华书局，1982。

孔凡礼点校：《苏轼文集》，中华书局，1986。

孔凡礼著：《三苏年谱》，北京古籍出版社，2004。

黎靖德编，王星贤点校：《朱子语类》，中华书局，2020。

李昌宪著：《中国行政区划通史·宋西夏卷》，复旦大学出版社，2017。

李焘撰，上海师范大学古籍整理研究室、上海师范大学古籍整理研究室点校：《续资治通鉴长编》，中华书局，1980。

李一冰著：《苏东坡新传》，四川人民出版社，2020年。

史月梅著：《李之仪诗词笺注》，郑州大学出版社，2020。

李之仪撰，史月梅笺注：《李之仪文集笺注》，中国水利水电出版社，2019。

李之仪撰：《姑溪居士全集》，中华书局，1985。

李廌撰：《四库全书珍本·济南集》，台湾商务印书馆，1975。

厉鹗撰：《宋诗纪事》，上海古籍出版社，2008。

梁建国著：《朝堂之外：北宋东京士人交游》，中国社会科学出版社，2016。

林语堂著：《苏东坡传》，湖南文艺出版社，2016。

刘克庄撰，王秀梅点校：《后村诗话》，中华书局，1983。

刘琳等点校：《宋会要辑稿》，上海古籍出版社，2014。

刘墨著：《苏东坡的朋友圈》，人民美术出版社，2021。

刘熙载撰：《艺概》，上海古籍出版社，1978。

刘正成主编：《中国书法鉴赏大词典》，大地出版社，1989。

陆心源辑撰，吴伯雄点校：《宋史翼》浙江古籍出版社，2017。

逯钦立校注：《陶渊明集》，中华书局，1982。

马端临撰，上海师范大学古籍研究所点校：《文献通考》，中华书局，2018。

米芾撰：《宝晋英光集》，中华书局，1985。

米芾撰：《米芾集》，浙江人民美术出版社，2019。

莫砺锋著：《漫话东坡》，凤凰出版社，2008。

缪钺、叶嘉莹撰：《灵谿词说》，台湾正中书局，2013。

秦观撰，徐培均笺注：《淮海集笺注》，上海古籍出版社，1994。

饶学刚著：《苏东坡在黄州》，京华出版社，1999。

上海师范大学古籍整理研究所编：《全宋笔记》，大象出版社，2016。

沈迈士著：《王诜》，上海人民美术出版社，1961。

舒大刚著：《三苏后代研究》，巴蜀书社，1995。

司马光编著，胡三省音注：《资治通鉴》，中华书局，2011。

司马光撰，李文泽、霞绍晖校点：《司马光集》，四川大学出版社，2010。

司马光撰：《传家集》，吉林出版集团有限公司，2005。

四川大学中文系唐宋文学研究室编：《苏轼资料汇编》，中华书局，2004。

苏过著，舒大刚等校注：《斜川集校注》，巴蜀书社，1996。

苏轼著，朱孝臧编年，龙榆生校笺：《东坡乐府笺》，上海古籍出版社，2016。

苏轼著：《东坡书传》，海豚出版社，2018。

苏轼撰，薛瑞生笺证：《东坡词编年笺证》，三秦出版社，1998。

苏轼撰：《东坡易传》，上海古籍出版社，1989。

苏洵著，曾枣庄、金成礼笺注：《嘉祐集笺注》，上海古籍出版社，2013。

苏辙著，曾枣庄、马德富校点：《栾城集》，上海古籍出版社，2009。

唐圭璋编纂，王仲闻参订，孔凡礼补辑：《全宋词》，中华书局，2010。

唐玲玲著：《东坡乐府研究》，巴蜀书社，1993。

陶慕宁著：《青楼文学与中国文化》，东方出版社，1993。

陶渊明著，龚斌点校：《陶渊明全集》，上海古籍出版社，2015。

脱脱等撰：《宋史》，中州古籍出版社，1998。

王伯敏著：《中国绘画通史》，生活·读书·新知三联书店，2000。

王夫之著，舒士彦校：《宋论》，中华书局，2011。

佚名著，王群栗点校：《宣和画谱》，浙江人民美术出版社，2019。

王士禛撰，勒斯仁点校：《池北偶谈》，中华书局，1997。

王士禛撰，湛之点校：《香祖笔记》，上海古籍出版社，1982。

王水照主编：《王安石全集》，复旦大学出版社，2016。

王晓玮译注：《注音全译老子：附王弼〈老子道德经注〉和苏辙〈老子解〉》，新华出版社，2022。

王兆鹏著：《唐宋词史论》，人民文学出版社，2000。

魏庆之著，王仲闻点校：《诗人玉屑》，中华书局，2007。

吴文治主编：《宋诗话全编》，江苏古籍出版社，1998。

佚名著，王群栗点校：《宣和书谱》，浙江人民美术出版社，2019。

杨伯峻译注：《论语译注》，中华书局，1980。

叶梦得撰，逯铭昕校注：《石林诗话校注》，人民文学出版社，2011。

余英时著：《宋明理学与政治文化》，吉林出版集团有限责任公司，2008。

曾枣庄、刘琳等著：《全宋文》，上海辞书出版社，2006。

曾慥辑，陆三强校点：《乐府雅词》，辽宁教育出版社，1997。

张方平著，郑涵点校：《张方平集》，中州古籍出版社，1992。

张耒撰，李逸安、孙通海、傅信点校：《张耒集》，中华书局，1990。

张宗橚编，杨宝霖补正：《词林纪事、词林纪事补正合编》，上海古籍出版社，1998。

周義敢、程自信等校注：《秦观集编年校注》，人民文学出版社，2001。

周勋初主编：《宋人轶事汇编》，上海古籍出版社，2015。

朱弁撰：《风月堂诗话》，中华书局，1991。

朱刚著：《苏轼苏辙研究》，复旦大学出版社，2019。

朱熹撰：《四书章句集注》，中华书局，2003。

参考论文

曹廿：《佛印东坡交往故事流变及其文化意蕴》，《天中学刊》2017年第1期。

陈凯：《略论苏轼与米芾的交往及对米芾书风丕变的影响》，《文物鉴定与鉴赏》2017年第9期。

崔铭：《晁补之初入"苏门"论析——"苏门研究"系列之一》，《石油大学学报（社会科学版）》2001年第5期。

崔铭：《基本人生取向与人格理想：论苏轼与黄庭坚的内在契合》，《南京大学学报（社会科学版）》2002年第1期。

戴建国：《"东坡乌台诗案"诸问题再考析》，《福建师范大学学报（哲学社会科学版）》2019年第3期。

丁建军、陈羽枫：《苏轼对王安石变法的理性批判——以〈上神宗皇帝书〉为中心》，《大连大学学报》2015年第4期。

范春芽：《苏轼与杭州诗僧诗文酬唱及其相互影响》，《南昌大学学报（人文社会科学版）》2004年第2期。

方蔚：《从"从公已觉十年迟"看苏轼王安石之恩怨》，《文学教育》2015年第4期。

付嘉豪：《李之仪与苏轼交游详考》，《衡水学院学报》2009年第5期。

高学德：《苏轼、王巩徐州诗歌与交谊述论》，《南华大学学报（社会科学版）》2020年第5期。

高云鹏：《苏轼的陶渊明批评研究》，《江苏科技大学学报（社会科学版）》2018年第1期。

韩敏：《苏东坡与姜唐佐》，《海南大学学报（社会科学版）》1984年第2期。

韩鑫、金身佳：《苏轼与道士的交游》，《江苏第二师范学院学报》2017年第5期。

蒋凡：《苏轼的三位妻侍及家世述论》，《天水师范学院学报》2021年第3期。

李景新：《苏东坡的爱情及其文学表达》，《海南热带海洋学院学报》2022年第1期。

李显根：《苏轼与秦观相知相契探因》，《求索》2010年第11期。

李旋翠：《从〈方山子传〉看苏轼与陈慥》，《乌鲁木齐职业大学学报》2018年第4期。

李越深：《苏轼与杭僧参寥交游考述》，《浙江大学学报（人文社会科学版）》1994年第1期。

梁九明：《文人画之王诜》，《学理论》2013年第9期。

梁秀坤：《〈赤壁赋〉的拟作及其典型化意义》，《宁波大学学报（人文科学版）》2022年第2期。

刘成国：《王安石与苏轼关系新论——兼论宋学流变中新学与蜀学之争》，《东华理工大学学报（社会科学版）》2001年第2期。

刘宇飞：《苏辙与王巩关系探讨——以存世书信为例》，《乐山师范学院学报》2020年第6期。

罗绍文：《米芾为西域人后裔考》，《历史研究》1988年第2期。

马东瑶：《苏门六君子眼中的苏轼》，《四川大学学报（哲学社会科学版）》2003年第2期。

彭敏：《苏轼与范镇交游述略》，《芒种》2012年第14期。

彭文良：《苏轼与李鹰交游考》，《乐山师范学院学报》2015年第2期。

彭滢燕：《唐宋时期杭州径山寺的法脉传承与寺制变革》，《史林》2022年第2期。

祁琛云：《苏轼与李鹰师友关系论析》，《青岛大学师范学院学报》2009年第3期。

祁深云：《唐宋变革视野下的进士同年关系与党争：立足于苏轼与章惇关系考述》，《青岛大学师范学院学报》2011年第2期。

饶学刚：《缔造跨越世界时空意义的东坡文化——苏东坡与杞县穷士马正卿的非凡交往》，《乐山师范学院学报》2021年第6期。

饶学刚：《举目无亲，相待如骨肉——苏东坡和黄州太守徐君猷的交往》，《黄冈职业技术学院学报》2019年第4期。

饶学刚：《倾盖如故　抱洁没身——苏东坡与黄州太守陈君式的交往》，《黄冈职业技术学院学报》2019年第1期。

宋皓琨：《黄州耕作：苏轼接受陶渊明历程中的关键因素——在北宋诗学背景下考察》，《中国韵文学刊》2017年第4期。

宋荟彧：《北宋神宗时期徐州文人活动研究——以苏轼、秦观、陈师道为中心》，《江苏广播电视大学学报》2011年第4期。

田瑞莲：《苏轼与陈慥的交谊——兼谈苏轼的崇侠情结》，《太原城市职业技术学院学报》2020年第10期。

万新华：《致敬苏轼——傅抱石东坡笠屐图读记》，《收藏家》2020年第12期。

王宏武：《从诗文酬唱看苏轼与黄庭坚的非凡友谊》，《乐山师范学院学报》2013第4期。

王宏武：《苏轼苏辙兄弟情结浅析》，《九江学院学报（哲学社会科学版）》2015年第3期。

王连旗：《苏轼与章惇交往关系初探》，《开封大学学报》2011年第1期。

王团华：《北宋姜唐佐端砚：兼叙苏东坡与姜唐佐的师生谊》，《南方人物》2011年第4期。

徐晓洪：《千古风流名寰宇　一蓑烟雨任平生——三苏祠馆藏〈东坡笠屐图〉研究》，《黄冈职业技术学院学报》 2010年第5期。

薛颖：《北宋官员苏轼的经济状况探析》，《历史教学（下半月刊）》2012年第8期。

颜中其：《司马光与苏轼》，《东北师大学报（哲学社会科学版）》1987年第5期。

杨庆存：《苏轼与黄庭坚交游考述》，《齐鲁学刊》1995年第4期。

杨胜宽：《陈师道与苏轼交谊考论》，《乐山师范学院学报》2004年第3期。

杨胜宽：《苏轼评价司马光论析》，《乐山师范学院学报》2019年第5期。

杨胜宽：《苏轼与李常的交往及评价》，《地方文化研究辑刊》2020年第1期。

杨胜宽：《苏轼与李公麟交往考评》，《江苏科技大学学报（社会科学版）》2019年第1期。

杨胜宽：《张方平与苏轼的契心之交》，《中国文学研究》1992年第4期。

喻世华、朱广宇：《休戚相关　荣辱与共——论苏轼与王巩的交谊》，《江苏科技大学学报（社会科学版）》2013年第2期。

喻世华：《"岂以闾里，忠义则然"——论苏轼与范镇家族的四代交谊》，《南京理工大学学报（社会科学版）》2012年第3期。

喻世华：《"早以一日之知，遂托忘年之契"——论苏轼父子与张方平的交谊》，《西南石油大学学报（社会科学版）》2012年第4期。

喻世华：《坚守与宽容——苏轼与章惇的交往及身后两极化评价探析》，《扬州大学学报（人文社会科学版）》2011年第1期。

喻世华：《君子之交，和而不同：论苏轼与秦观的交谊》，《南京邮电大学学报（社会科学版）》2012年第3期。

喻世华：《论苏轼的为师之道——以李廌为例》，《河南科技大学学报（社会科学版）》2012年第2期。

喻世华：《千秋功罪任评说——苏轼与王安石关系及其评价的审视》，《南京林业大学学报（人文社会科学版）》2010年第3期。

喻世华：《苏轼与佛印交游考》，《江苏大学学报（社会科学版）》2013年第4期。

喻世华：《苏轼与沈括的一段公案——沈括"告密"辩》，《湖南城市学院学报》2014年第5期。

曾枣庄：《陈师道师承关系辨》，《文学遗产》1993年第3期。

张弛：《阅世走人间，观身卧云岭：论苏轼倾心向禅》，《社会科学辑刊》1992年第2期。

张海沙、赵文斌：《曹溪一滴水：苏轼在岭南及其心灵的安顿》，《华南师范大学学报（社会科学版）》2009年第2期。

张荣国：《王诜生卒年略考及其书法艺术》，《艺苑》2011年第2期。

张宜喆：《"乌台诗案"的文书运行过程及相关文本属性考辨》，《复旦学报（社会科学版）》，2021年第2期。

张永芳：《从〈前赤壁赋〉看儒释道思想对苏轼的影响》，《文学教育》

2019年第4期。

　　周兴禄：《米芾姓氏及民族考辨》，《贵州民族研究》2017年第8期。

　　朱飞镝：《苏轼与章惇之恩怨述略》，《乐山师范学院学报》2013年第3期。

　　朱刚：《"乌台诗案"的审与判——从审刑院本〈乌台诗案〉说起》，《北京大学学报（哲学社会科学版）》2018年第6期。

图书在版编目（CIP）数据

苏轼的朋友圈/郭瑞祥著．—长沙：岳麓书社，2023.9（2024.4 重印）
ISBN 978-7-5538-1855-9

Ⅰ.①苏…　Ⅱ.①郭…　Ⅲ.①苏轼（1036—1101）—人物研究
Ⅳ.①K825.6

中国国家版本馆 CIP 数据核字（2023）第 095477 号

SUSHI DE PENGYOUQUAN

苏轼的朋友圈

作　　者：郭瑞祥
出 版 人：崔　灿
出版统筹：马美著
责任编辑：李郑龙　蒋小涵
责任校对：舒　舍
封面设计：东合社

岳麓书社出版发行
地址：湖南省长沙市爱民路 47 号

版次：2023 年 9 月第 1 版
印次：2024 年 4 月第 4 次印刷
开本：710mm×1000mm　1/16
印张：27.75
字数：370 千字
ISBN 978-7-5538-1855-9
定价：108.00 元

承印：湖南省众鑫印务有限公司

如有印装质量问题，请与本社印务部联系
电话：0731-88884129